미래 교사를 위한

교육과정학

이론과 실제의 통합적 이해

미래 교사를  위한

이론과 실제의 통합적 이해

교육과정학

김희수·황청일·정철민 공저

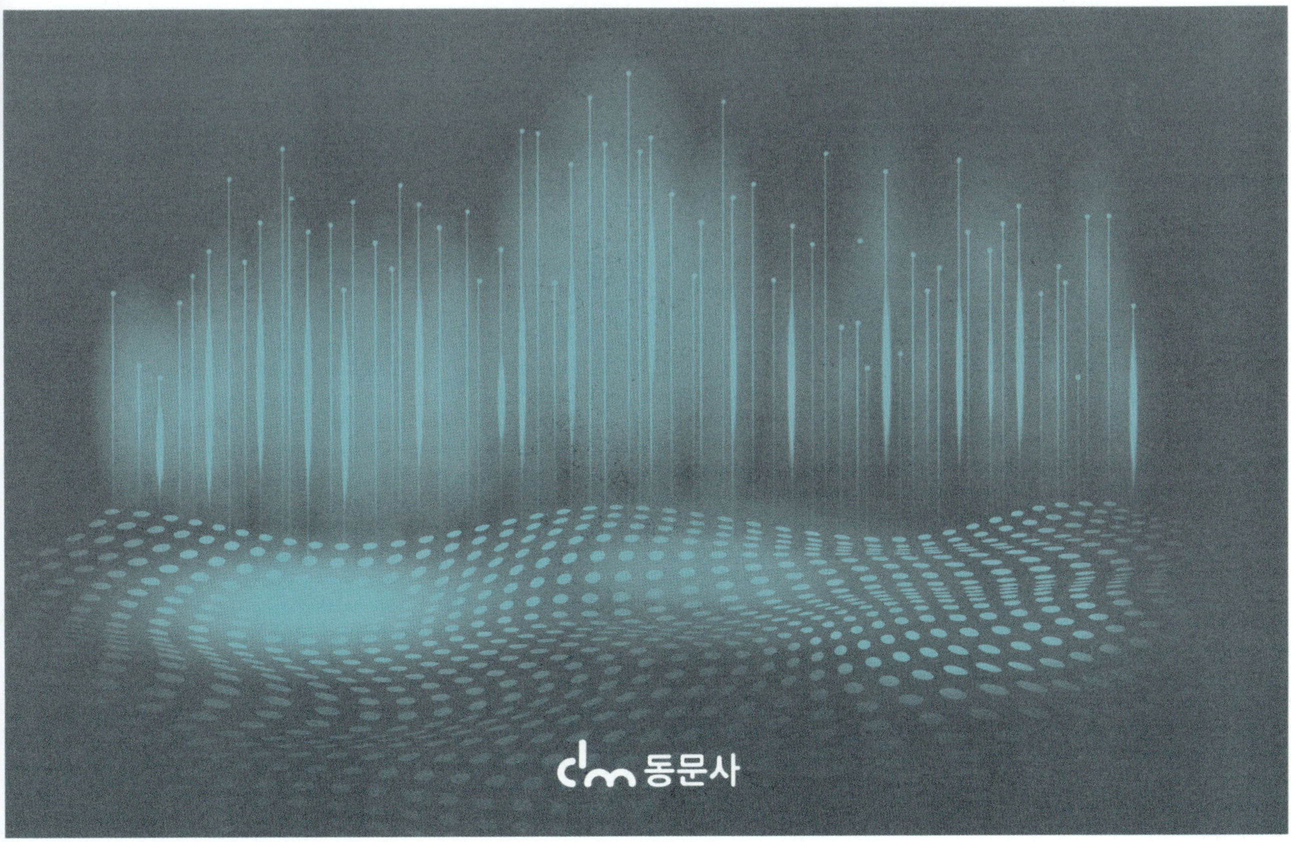

들어가는 말

일찍이 중국의 삼조는 "개나 원숭이는 교육 없이도 개나 원숭이일 수 있지만, 인간은 교육 없이 인간일 수 없다"라고 강조하였다. 그만큼 인간에게 있어서 교육은 중요하다는 의미이다. 교육은 교사가 학생들에게 지식을 가르치고 의미 있는 경험을 통해 개인의 삶이나 사회적으로 유용한 인간으로 성장하도록 돕는 일이다. 이 일은 아무나 할 수 있는 것이 아니며 어떤 인간을, 어떤 내용으로, 어떤 방법을 동원하여 수행하고, 수행한 결과를 어떻게 평가할 것인가에 대한 분명한 교육관을 가지고 있는 사람이어야 한다. 또한 교육관을 바탕으로 이를 방법론적 원리를 적용할 수 있는 능력을 지니고 있어야 한다. 방법론적 원리 중의 하나가 바로 교육과정을 구성하는 능력이다.

그러나 정작 현장의 교사들 중에는 교육과정에 관한 전문적인 지식이 부족한 경우가 적지 않다. 여기에는 두 가지 원인이 있을 수 있다. 하나는 교사들이 교원양성기관에서 교육과정에 대하여 교육을 받을 때, 교육과정이 어렵게 느껴져 교육과정의 기본적 소양을 쌓는 데 소홀히 한 이유이고, 다른 하나는 현장과 다른 이론적 측면에서 교육이 다루어지다 보니 막상 교사가 된 후에 교육과정을 어떻게 다루어야 할지 난감해하는 것이다. 어떤 원인이든 간에, 교사들에게 교육과정에 관한 전문적인 지식은 자신의 일에 대한 전문성뿐만 아니라 자율성, 독창성을 발휘할 수 있는 교사 고유의 영역이다. 이런 난제를 해결하기 위해 이 책은 학생들이 한 학기 동안 현장에서 요구하는 핵심 가치와 내용을 이해하기 쉽도록 집필하는 데 초점을 맞추었다. 이 책은 총 3부 11장으로 구성되어 있다. 1부에서는 교육과정의 이론적 기초, 2부에서는 교육과정 개발 및 운영, 3부에서는 교육과정 평가를 다루었다. 각 장마다 '학습개요 → 학습목표 → 학습내용 → 요약 → 형성평가 및 연구과제' 순으로 조직화하여 제시하였으며, 핵심적인 내용만 간추려서 제시하되, 현장에서 두려움 없이 적용 가능한 내용으로 구성하였다. 부디 이 책을 통해 교육과정에 대한 두려움과 부담감을 떨쳐버리고 교육과정을 이해하는 데 조금이라도 도움이 되었으면 한다.

이 책이 나오기까지 많은 관심과 조언을 해주신 동료 교수님들에게 감사의 마음을 전하며, 특히 이 책이 세상에 빛을 보도록 발간해 주신 동문사 이중수 대표님과 유재영 상무님 그리고 임직원 여러분의 노고에 깊이 감사드린다. 또한 부족한 두 후학이 함께 집필할 수 있는 기회를 주신 김희수 교수님께도 감사를 드린다. 마지막으로 언제나 삶의 든든한 동반자가 되어준 가족, 특히 두 아이(서우, 인준)의 응원과 배려에 깊은 감사를 전한다.

2025년 8월

저자 일동

차 례

Part 03
교육과정 평가

Appendix
부록

Part 01

교육과정의 이론적 기초

Chapter 01

교육과 교육과정

1. 교육의 정의
2. 교육과정의 정의
3. 교육과정 관련 질문들
4. 교육과정의 유사개념

학습개요

이 장에서는 교육과 교육과정의 관계를 살펴보고자 한다. 교육과 교육과정은 분리할 수 없는 동일체의 개념이다. 하지만 교육의 개념, 필요성, 가능성 등을 명확히 이해할 때 비로소 무슨 내용을 가지고 어떻게 교육해야만 효과적이고 효율적인 교육이 될 것인지 보다 분명해질 것이다. 이에 이 장에서는 교육이 지향하는 방향과 올바른 교육의 개념을 정립하고, 이를 바탕으로 교육과정과 연계하기 위한 교육과정의 기본개념과 교육과정과 관련된 근원적인 문제들을 짚어볼 것이다. 여러분은 이 장을 마치고 나면 교육과 교육과정의 올바른 연계성을 생각해 볼 수 있을 것이고, 특히 교육에서 교육과정이 왜 중요한가를 되새겨볼 수 있을 것이다.

학습목표

학습목표 1. 교육의 규범적, 기능적, 조작적 정의를 설명할 수 있다.

학습목표 2. 교육과정의 다양한 정의를 설명할 수 있다.

학습목표 3. 교육과정 관련 질문들에 대하여 현장 적용 관점을 생각해 볼 수 있다.

1 교육의 정의

1) 교육의 의미

교육이란 농사나 정치처럼 실제적인 활동을 가리키는 말이다. 실제적인 활동은 실제적인 결과를 얻으려고 노력하는 활동으로, 사물이 존재하는 방식을 발견하는 데 관심을 기울이는 이론적인 활동과는 다르다.

영국의 피터스(Peters)는 어떤 활동이 교육 활동이 되기 위해서는 다음 세 가지 조건을 만족시켜야 한다고 보았다(이홍후 역, 1986). 첫째, 교육 활동은 학생이 가치 있는 삶을 살게 하도록 만드는 활동이다. 만일 학생이 학교를 다녔지만 가치 있는 삶을 살지 못한다면 학교를 다닌 것이지 교육을 받은 것은 아니다. 둘째, 교육 활동은 지적인 안목을 갖도록 해주어야 한다. 만일 학생이 단편적인 지식이나 기능만을 습득했을 뿐 사물이나 현상에 대한 총체적인 이해가 부족하다면 학교를 다닌 것이지 교육을 받은 것은 아니다. 셋째, 교육자는 교육 활동을 할 때 도덕적으로 온당한 방법을 사용해야 한다. 만일 교육자가 어떤 내용을 가르칠 때 근거를 제시하지 않고 믿도록 강요하거나 반복적인 연습을 통하여 세뇌시키려고 한다면 교육 활동으로 보기는 어렵다(김대현·김석우, 2001). 따라서 교육 활동은 학생이 가치 있는 삶을 살게 해주고, 지적인 안목을 갖추게 해주며, 도덕적으로 온당하게 실시되는 게 바람직할 것이다.

2) 교육에 대한 정의

교육을 정의하는 것은 '규명하고자 하는 교육 현상이 뜻하는 바를 기본적으로 밝히는 전제(前提) 작업'이기 때문에 교육을 연구하고 실천하는 데 있어서 피할 수 없는 과제이다. 이에 교육의 정의를 (1) 기능적 정의, (2) 규범적 정의, (3) 조작적 정의로 구분하여 살펴보고자 한다(김희수, 2015).

(1) 기능적 정의

교육의 기능적 정의(functional definition)는 한마디로 교육을 무엇을 이루기 위한 수단이나 도구로 규정하려는 입장을 취한다. 즉, 교육의 가치판단을 기능적 관점에서만 교육을 객관적으로 기술하고 서술하는 데 관심을 갖는다. 따라서 교육이 이바지(commitment)해야 할 대상을 국가나 사회로 보느냐, 정치로 보느냐, 경제로 보느냐 혹은 사회문화로 보느냐 등에 따라 수많은 기능적 정의가 가능하다. 지금까지는 이 기능적 정의가 교육 현상을 거의 지배해 왔다. 예를 들어, "교육은 국가·사회 발전을 위한 수단이다", "교육은 경제 발전에 필요한 수단이다", "교육은 전통문화의 계승 및 발전 수단이다", "교육은 개인의 사회적 출세를 위한 수단이다" 등이 그 예이다. 이러한 기능적인 관점에서만 교육을 정의할 경우 교육은 철저하게 도구화 및 수단시되며, 결국 교육 본래의 독자성과 자율성을 상실할 우려가 있다.

(2) 규범적 정의

교육의 규범적 정의(normative definition)는 교육의 기능적 정의와 상반되는 입장으로 교육을 무엇을 위한 수단이 아닌 교육의 궁극적 목적과 관련지어 규정한다. 이 정의에 의하면 "교육은 민주적 시민이 갖추어야 할 자질을 함양하는 과정이다", "교육은 영원한 진리로의 접근과정이다", "교육은 인간을 인간답게 형성하는 과정이다" 등의 인간 자체의 발전에 더 비중을 둔다. 즉, 인간을 도덕적·인격적 목표에 접근시키려는 과정으로 볼 수 있다. 규범적 정의는 국가·사회적 차원에서나 개인적 차원에서 전인적 인격완성이나 자아실현이라는 내재적 가치의 실현 또는 영원한 진리나 가치를 추구하는 것을 중요한 목표로 내세운다. 그러나 교육의 기능적 정의나 규범적 정의는 교육의 한 단면을 이해하는 데는 도움이 되지만, 교육의 실제적 과정(過程)이나 현상(現象)을 분석적으로 파악하는 데는 그 한계가 있다는 지적이 따른다.

(3) 조작적 정의

교육의 조작적 정의(operational definition)는 교육을 기술적(記述的) 또는 조작적(操作的) 관점에서 설명하려는 입장이다. 즉, 어떤 활동이나 계획을 세운 후 그 결과를 통해 인간행동의 변화가 이루어졌다면, 그 활동은 교육이 되는 것이고 그렇지 못한 경우 교육이 아니라는 것이다. 이 정의에 의하면 "교육은 인간행동의 계획적 변화"임을 강조한다. 여기서 '행동'이라고 할 때 그것은 관찰 가능한 외현적(exogenous) 행동뿐만 아니라 지식, 기능, 사고, 가치관, 성격, 자아개념 등 내현적(endogenous) 행동까지도 포함한다. 특히 교육이 관심을 받는 행동특성 중의 하나가 밖으로 표출되는 현시적 행동(overt behavior)보다 과학적·교육적으로 보다 의미 있는 내면적 행동(covert behavior)을 길러주는 데 있다.

교육은 인간의 성장·발달·함양·계발·개선·증대·교정·육성 등을 포함하는 포괄적인 개념이다. 교육은 인간행동의 변화에 관심을 둔다. 여기서 '변화'는 자연적으로 변화해 가는 것에 관심을 두는 게 아니라 그것을 의도적·계획적으로 변화시키는 데 관심을 둔다. '계획적'이라는 것은 A에서 B로 변화시키겠다는 강한 의도성이 내포되어 있으며, 시간이 경과됨에 따라 자연적으로 일어나는 성숙과 우연적으로 일어나는 무의도적 학습과는 확연히 차별된다. 그러므로 "교육이란 인간행동의 계획적 변화"라는 정의는 없던 지식을 갖게 하고, 미숙했던 사고력을 성숙하게 하며, 몰랐던 기술을 익혀주고, 이런 관점을 저런 관점으로, 이런 정신을 저런 정신으로 변화시키는 데 있다. 다시 말해서 학교 교육은 의도성, 계획성, 체계성을 가질 필요성이 있다는 것이다. 교육의 조작적 정의는 교육의 실제적 과정과 현상을 분석적으로 파악하는 데 매우 유용한 정의라고 말할 수 있다.

3) 교육의 필요성

인간은 교육을 통해서 인간으로서의 구실을 해낼 수 있는 능력을 갖추어 간다. 인간으로서의 구실은 모든 인간들이 공통적으로 해내야 하는 것들이 있고, 각 개인의 입장에 따라 해내야 할 것들이 있다. 공통적인 구실이든, 개인적인 구실이든 그것을 해낼 수 있는 능력은 교육을 통해서만이 가능하다.

인간은 사회생활을 해나가야 한다. 사회는 어느 사회이든 문화를 가지고 있으며, 오늘날의 사회는 다양한 문화가 내재한다. 문화 가운데는 사회구성원들이 그것을 알고 활용해야만 사회 안에서 살아갈 수 있는 요소들이 있다. 또한 사회 구성원들이 그것을 지켜야만 사회 유지가 가능한 것들도 있다. 문화 요소 가운데는 교육을 통해서만 익혀갈 수 있는 것들도 존재한다. 교육이 왜 필요한지를 하나하나씩 설명하기란 그리 쉬운 일은 아니다. 그것은 교육을 필요로 하는 사람의 입장에 따라서 극명하게 달라질 수 있음이다. 그러나 인간이 다른 동물과 다른 점은 무한한 성장 가능성을 소유한 본질적인 특성이 있다는 점이다. 이는 인간에게 교육의 중요성을 시사해 주는 대목이다. 즉, 인간은 교육을 받을 수 있는 가능성(educability)과 가소성(plasticity)을 갖고 태어나기 때문이다.

일찍이 루소(Rousseau)는 그의 저서 「에밀」(Emile)에서 “인간은 연약하게 태어난다. 인간에게는 힘이 필요하다. 인간들은 커가면서 필요한 모든 것을 교육을 통해 얻는다”라고 언급하였으며, 칸트(Kant)는 “인간은 교육을 필요로 하는 유일한 존재이며, 인간은 교육적 산물 이외의 아무것도 아니”라고 하였다. 또한 중국의 삼조는 “개나 원숭이는 교육하지 않더라도 개일 수 있고 원숭이일 수 있지만, 인간은 교육 없이는 인간다운 인간일 수 없다”라고 언급하였다.

4) 교육의 가능성

교육은 인간의 교육 가능성을 전제(前提)로 한다. 교육 가능성을 기초로 하여 교육은 성립되고 전개된다. 여기서 교육 가능성은 잠재 가능성, 가소성, 도야성과 같은 의미를 갖는다. 외부로부터 영향을 받아 변화할 수 있는 성질, 즉 교육에 의해 변화할 수 있는 성질을 의미한다.

인간은 태어날 때 연약하고 보잘것없으며, 지극히 무능하고 무기력한 존재이다. 그러나 무한한 가능성을 지니고 태어난다. 즉, 인간은 극소의 현실성과 극대의 가능성을 가지고 태어나는 반면에, 다른 동물은 극대의 현실성과 극소의 가능성을 가지고 태어난다. 여기에서 현실성이란 다 갖추어진 것, 성장·발달의 여지가 없는 것을 의미하며, 가능성이란 갖춰져 가는 것, 성장·발달의 여지가 있는 것을 의미한다. 인간은 무한히 성장하고 발달할 수 있는 가능성을 내포하고 있다. 다른 어떤 동물보다도 더 많은 가소성을 지니고 있다. 이는 인간이 거의 무한한 가소성을 지니고 있음을 말하는데, 가소성이란 인간의 선천적인 경향성의 실현이 환경에 따라 크게 변화됨을 뜻하는 것으로서, 교육의 가능성은 바로 여기에서 답을 찾을 수 있다.

인간에게 무한한 성장 가능성이 있음은 곧 인간이 무한히 성장할 수 있는 힘을 지녔다는 것이다. 인간은 미지의 세계를 탐구하고, 새로운 것에 호기심을 나타내며, 끊임없이 질문하고, 알고자 하는 내적 충동 또는 성장의 욕구를 지닌 존재이다. 이것은 탐구심과 호기심 그리고 더 나은 것을 지향하는 인간의 특성을 말하며, 인간의 성장은 이러한 것을 통해 실현되어 가는 것이다. 따라서 교육자의 역할은 일방적으로 지식과 기술을 전달하는 게 아니라 학습자의 잠재능력이 최대한 발현되도록 학습자의 호기심과 탐구심 그리고 창의적 노력을 격려해 주는 일이다.

5) 교육의 본질적 영역

교육의 본질적 영역은 교육과정, 교수-학습 그리고 교육평가 세 가지로 요약할 수 있다. 첫째, 교육과정은 무엇을 가르치고 배울 것인가의 문제 영역이다. 어떤 교육상황에서든 무엇을 가르치고 배울 것인가 하는 교육내용을 선정하고 조직하는 영역이다. 둘째, 교육내용이 선정된 후에는 어떻게 가르치고 배울 것인가 하는 교육방법의 문제가 제기된다. 교사가 주어진 교육내용을 어떤 방법을 동원하여 가르칠 것인가의 문제이다. 같은 내용을 가르칠지라도 어떤 방법으로 가르치는 것이 효과적인가의 문제를 다룬다. 이 영역은 바로 교수-학습과정 또는 수업과 교육방법의 문제이다. 최신 교육공학적 접근 방법을 도입하는 것도 보다 효율적이고 효과적으로 가르치고자 하는 한 방법이라고 해석할 수 있다. 셋째, 어떤 내용을 가르친 것으로 모든 것이 종료된 것으로는 볼 수 없다. '제대로 가르치고 배웠는가'라는 질문은 교육평가와 관련된다. 교육목표 설정에서부터 내용의 선정, 가르치고 배우는 과정 그리고 가르치고 난 후에 학생들이 어느 정도 배웠는지의 행동변화에 이르기까지 그 과정과 결과를 어떤 기준(준거)에 근거하여 성과를 확인하는 평가가 요구된다. 이를 다루는 문제의 영역이 바로 교육평가이다.

이상을 종합해보면 교육과정, 교수-학습, 교육평가에 이르는 목표가 일관성 있게 설정되어야 하고, 각 수준의 목표에 대한 질 관리가 철저하게 이루어질 경우에 좋은 교육과 실효성 있는 교육이 보장될 수 있음을 알 수 있다. 교육의 본질적 영역의 관계를 제시하면 그림 1-1과 같다.

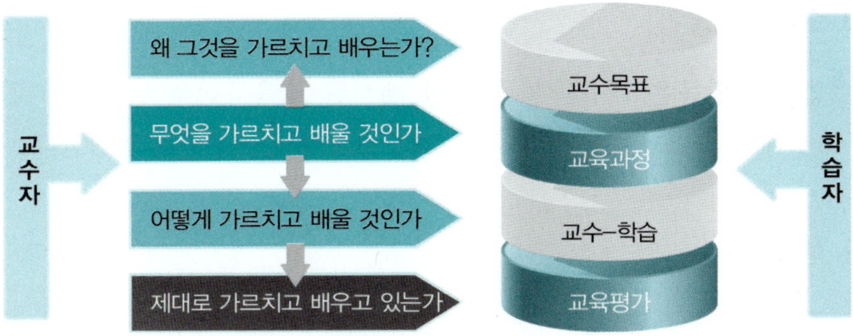

그림 1-1 교육의 본질적 영역

6) 교육과 교육과정

교육 활동은 실제적인 결과를 얻기 위해 한 가지 이상의 여러 활동들의 복합체로 구성된다. 학교를 비롯한 교육기관을 중심으로 살펴본다면 교육 활동은 그림 1-2와 같이 (1) 교육과정, (2) 수업지도, (3) 생활지도, (4) 기관 경영 및 운영, (5) 교육평가 등 다섯 가지 영역으로 구분할 수 있다(김대현·김석우, 2001).

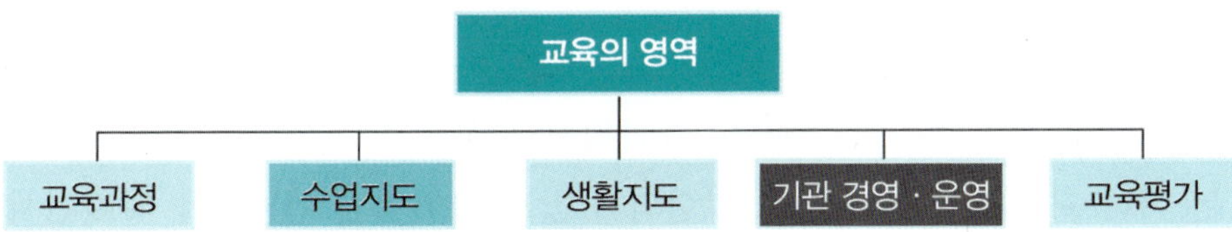

그림 1-2 교육의 영역

(1) 교육과정 활동

교육과정 활동은 기관의 교육목적을 결정하고 이를 달성하기 위한 교육내용을 선정하고 조직하는 활동을 의미한다.

(2) 수업지도

수업지도 활동은 교육과정을 통해 제시된 교육목적을 달성하기 위하여 학생에게 교육내용을 가르치고 배우도록 하는 과정을 의미한다.

(3) 생활지도

생활지도 활동은 학생이 당면한 일상생활 문제를 학생 스스로의 힘으로 해결할 수 있도록 지도하는 활동을 의미한다.

(4) 기관 경영 및 운영

기관 경영 및 운영 활동은 기관의 교육목적을 효과적이고 효율적으로 달성하기 위하여 계획, 조직, 지도, 통제 등의 일련의 활동을 의미한다.

(5) 교육평가 활동

교육평가 활동은 학생의 학습과정 및 행동 변화에 대한 제반 정보를 수집하고 이용함으로써 의사결정을 내리는 데 도움을 주거나 의사결정을 내리는 활동이라 말할 수 있다.

기관에서 설정한 교육목적을 효과적이고 효율적으로 달성하기 위해서는 여러 교육 활동들이 서로 고립되지 않고 유기적인 연관성을 가지면서 순환되어야 한다. 다시 말해서 기관의 교육목적 달성은 교육과정, 수업지도, 생활지도, 기관 경영 및 운영, 교육평가 활동들이 공통의 목적을 지니고 상호 간에 연계성을 지니면서 운영될 때 실현될 가능성이 높아진다.

2 교육과정의 정의

1) 교육과정의 의미

(1) 일반적 의미

교육과정에 대한 일반적 의미는 크게 협의적 개념과 광의적 개념으로 구분하여 살펴볼 수 있다. 우선, 협의적 교육과정은 교육목적(목표)을 달성하기 위해 필요한 교육내용(contents) 중심의 교과과정을 의미한다. 그러나 광의의 개념인 교육과정은 교육목적(목표)의 설정, 교육내용 선정 및 조직, 지도활동(교수-학습활동, 생활지도 및 상담), 교육평가 등 일련의 과정을 모두 포함한 학교교육활동 계획 전체를 의미한다.

(2) 어원적 의미

오늘날 우리가 사용하고 있는 교육과정(敎育課程)이라는 용어는 영어의 커리큘럼(curriculum)을 번역한 것으로, 라틴어 '쿠레레(currere)'로부터 유래되었다. 라틴어의 'currere'는 동사로 '달린다'라는 뜻이며, 명사로는 '달리는 코스'(race course, 走路)란 뜻으로, 말이 달리고 사람이 뛰는 경주코스라는 의미이다. 말의 경주에서는 시작과 끝, 그리고 달리는 코스가 사전에 정해져 있다. 또한 코스 밖으로 나가는 것은 허용되지 않으며, 주어진 과제나 장애물, 그리고 지켜야 할 규칙들이 있다.

이것은 교육 활동에 관련지어 볼 때 'course of study'란 말과 같은 뜻으로 사용된다. 따라서 주로(走路)는 '학습코스'이며, 경주 자체는 '학습 내용 그 자체'를 의미한다. 예를 들면, 학생이 일정한 교육목적이나 목표를 달성하기 위해서 밟아나가는 학습과정을 의미하며, 이 과정에서 내용이 필히 수반되므로 이것은 학생이 '경험하는 학습내용' 그 자체를 의미한다. 즉, 교육과정은 정해진 코스를 따라 결승점을 향해 달리는 경주마처럼, 학생들은 학교에서 정해진 계획대로 공부를 하고 이를 완료하게 되면 자격증을 취득하거나 졸업하게 된다. 커리큘럼 어원의 변천을 제시하면 그림 1-3과 같다.

그림 1-3 커리큘럼 어원의 변천

그러나 교육과정은 단지 달리는 과정만을 의미하는 것은 아니다. 아동이나 학생이 학습하는 코스(course)와 함께 학습내용이나 경험내용까지를 포함하는 개념이기도 하다. 또한 학습의 과정에서 학습자가 개별적이고 주관적으로 경험하고 의미를 부여하는 내용은 다양하기 때문에 이를 고려할 필요가 있다.

교육과정은 어원적인 의미뿐만 아니라 그 자체가 내포하고 있는 의미, 즉, 많은 내용을 간결하게 만들어 집약시켜 놓은 응집성(coherence), 내용들 간에 단절되지 않고 논리적으로 연결되어 있는 연계성(articulation) 그리고 내용 간에 체계적인 순서대로 이어진다는 순차성(sequence)이 교육과정의 본질이자 핵심 원리가 된다.

(3) 학문적 의미

교육과정(教育課程, curriculum)은 교육 본연의 핵심 질문을 찾는 과정이자 교육학의 고유한 특성을 지닌 독자적인 학문분야이다. 교육과정이라는 용어를 처음으로 사용한 책은 1918년에 출간된 보비트(F. Bobbitt)의 『The curriculum』으로, 이 책이 나온 이후 교육과정에 관한 연구가 본격적으로 시작되었다고 할 수 있다.

교육과정은 교육에 대한 기본질문 중에서 '무엇(What)을 가르칠 것인가?', '어떻게(How) 가르칠 것인가?', '왜(Why) 가르쳐야 하는가?'를 다루는 학문이다. '무엇(What)'은 주로 교육목적, 내용선정 등에 관련된 것이고, '어떻게(How)'는 주로 내용조직, 교육방법 등과 관련된 것이라 할 수 있다. '왜(Why)'는 사회적 변화에 따라 교육과정은 필연적으로 변화가 필요한데, 이미 선정된 내용에 대한 정당화 논리를 개발하거나 아니면 새로운 내용을 선정해야 하는 논리를 가지고 있다. 왜 가르쳐야 하는가에 대한 이유를 탐색하고 가르칠 내용에 대한 정당화 논리를 구성, 분석, 비판, 재구성하는 것이 교육과정의 중요한 과업 중의 하나라 할 수 있다.

생각해 봅시다

평온했던 어느 마을에 갑자기 곰들이 나타났다. 산에 살던 곰은 배가 고픈지 마을에 자주 나타나 주변 농작물을 상하게 하였으며, 마을 주민들을 보고 위협적인 행동을 보이기도 하였다. 이 마을 사람들은 특히 노약자들이 곰에게 다칠까 봐 많은 걱정하게 되었다. 이러한 상황에 대하여 마을 회의가 열리고, 마을 주민들은 이를 대비하기 위한 교육을 가르치기로 의견을 모았다.

1. 무엇을 가르칠 것인가?
2. 어떻게 가르칠 것인가?
3. 왜 가르쳐야 하는가?

2) 교육과정의 개념

교육과정에 대한 개념은 근본적으로 그 개념을 사용하는 사람들의 교육에 대한 철학적 신념이나 시대에 따라 다양하게 발전되어 왔다. 이러한 교육과정에 대한 다양한 개념을 종합해 보면, 역사적으로 크게 교육내용, 학습경험, 교육계획, 학습결과의 네 가지 입장으로 발전되어 왔다.

(1) 교육내용(지식)으로서의 교육과정(교과 및 교과목)

전통적 관점에서 보면, 미국의 경우 1920년대 이전까지 교육과정은 교과목 종류, 주제, 중요도, 시간배당 등 '교수요목(敎授要目)', 즉 '교육내용(content)'으로 규정하였다. 교육내용으로서의 교육과정은 교수자 입장에서 학습자가 필수적으로 배워야 할 내용과 지식의 체계이다. 이때의 교육과정은 학생들에게 가르쳐야 할 교수·학습내용으로 정의되며, 교수·학습내용은 관점에 따라 지식의 체계(體系)일 수도 있고 지식의 구조(構造)일 수도 있다. 허친스(R. M. Hutchins)는 교육과정을 학교에서 학생들에게 가르쳐야 하는 내용으로 보고 있다. 즉, 교육과정은 영구불변의 교과로 구성하되, 초·중등학교에서는 문법·읽기·수사학·논리학 및 수학을 가르치고, 중등교육 이후의 단계에서는 서양 세계의 위대한 고전(古典)을 가르쳐야 한다는 것이다. 베스토(A. Bestor)도 교육과정은 기본적으로 모국어의 문법·법학·쓰기의 체계적인 연구, 수학, 과학, 역사 그리고 외국어와 같은 다섯 가지 큰 영역에 관한 내용으로 구성되어야 한다고 하였다. 이러한 개념규정은 가장 전통적이고 대표적인 정의라고 할 수 있다.

(2) 학습경험으로서의 교육과정

1930년대에 나타난 새로운 개념으로 교육과정은 학교에서 교사의 지도 아래 학생들이 갖게 되는 모든 경험으로 간주하였다. 이는 교육과정을 기존의 전통적 관점인 교수자 중심의 교육내용으로 바라보는 시각을 비판하고 등장한 개념이다. 교육과정을 경험으로 보는 이러한 입장은 진보주의(進步主義) 교육사조에 근거한 것으로 1935년에 캐스웰(H. L. Caswel)과 캠벨(D. S. Campbell)이 발간한 『교육과정의 발전』이라는 책에서 처음 사용되었다. 이와 같은 교육과정에 대한 정의는 많은 학자들에게 지지되었으며, 이는 교육과정을 문서로만 이해하기에는 더 많은 것을 담고 있으며, 교과목 외에도 학교에서 다양한 경험을 통해 배울 수 있다는 관점이다. 즉 교육과정은 학교의 시간표에 제시된 교과목 목록이나 교수계획서에 나타나는 것이 아니라, 학습자가 겪는 일련의 경험을 통해서 나타나는 총체적인 배움의 경험이다. 이때의 경험은 반드시 학교 안의 교실 속에서만 이루어지는 것이 아니며, 학교 내의 교실 안과 밖, 어디에서든지 학교가 주도하여 학생들에게 어떠한 바람직한 교수-학습 결과를 가져오도록 하는 것이다. 교육과정은 실제 배움의 경험을 만들어 내는 일이며 학습자 입장에서의 경험이 교육과정의 실질적인 내용이 된다.

(3) 교육계획으로서의 교육과정

1950년부터 나타난 개념으로 교육과정은 학습자의 교육을 위한 의도적인 계획으로 정의하는 것이다. 의도적인 계획은 문서의 형태로 나타나며, 문서 안에는 목적 및 목표, 내용, 방법, 평가에 이르기까지 일련의 과정에 대한 종합적인 계획을 담는다. 사전에 계획한 대로 교실에서 수업이 행해지기 때문에 계획으로서의 교육과정은 수업에서 교사가 가르치는 방향에 대한 지침을 제공하고 있다. 교육과정을 계획으로 보는 입장은 타일러(R. W. Tyler)와 타바(H. Taba)에 의하여 지지되었다. 타일러는 교육과정이란 교육목적을 달성하기 위하여 학교에 의하여 계획되는 모든 학습이라고 하였고, 타바는 모든 학습을 위한 하나의 계획이라고 정의하였다. 따라서 교육과정은 특정한 교육기관에서 교육의 모든 과정을 마칠 때까지 요구되는 교육내용, 그 내용을 학습하기에 필요한 연한, 학습시간 배당 등을 포함한 교육의 전체 계획이다. 정리하면 교육과정은 문서 속에 담긴 계획으로 학교의 교육목적 및 목표를 달성하기 위하여 선택된 지식 혹은 경험을 교육적인 관점에서 편성하고, 교수-학습활동이 언제, 어디서, 어떻게 이루어질 것인지를 담은 종합계획이라고 할 수 있다. 우리나라의 국가수준 교육과정, 시·도 교육청 교육과정, 학교수준교육과정이 이에 해당한다고 볼 수 있다.

(4) 학습결과로서의 교육과정

교육과정을 학습결과로 보는 입장으로 교육이 해야 할 이들을 과연 제대로 하고 있는가에 대한 비판과 책무성을 강조하면서 등장한 개념이다. 이는 1960년대 말부터 교육 프로그램의 성과에 대한 관심의 증대와 함께 나타난다. 특히 1970년대로 접어들면서 교육의 책무성에 대한 자기비판적 운동이 일기 시작하였다. 대표적인 학자는 포팸(W. J. Popham)과 베이커(E. L. Baker), 태너(D. Tanner)와 태너(L. N. Tanner)를 들 수 있다. 이들은 교육과정을 학교가 책임져야 하는 모든 계획된 교수-학습의 결과로 정의하고 있다. 따라서 무엇을 가르치는가 보다는 학습자가 무엇을 할 수 있는가에 관심이 있다. 계획으로서의 교육과정도 중요하지만 그 결과에도 주목해야 한다는 입장이다. 교육과정을 계획된 결과로 봄으로써 결과를 더 강조하고 있으며, 계획은 그 결과를 가져오기 위한 수단적 절차로 보고 있는 것이다.

이상으로 교육과정 개념을 밝히기 위하여 교육과정의 역사적 흐름 속에서 크게 네 가지 정의를 살펴보았다. 교육과정은 교육내용으로 볼 때 교수자의 입장에서는 조직화된 지식으로, 학습자의 입장에서는 학습경험으로 정의할 수 있다. 그리고 교육과정은 운영 측면에서 볼 때, 교수자의 입장에서는 교육계획, 학습자의 입장에서는 학습결과로 정의할 수 있다.

이를 종합하면 교육과정이란 교육을 주도하는 기관이 그 기관의 교육목표에 따라, 학습자의 성장과 발전을 돕기 위하여 체계적으로 개발하여 수립하는 지식과 경험을 포함한 모든 종류의 교육내용의 사전 계획과 기대하는 결과라고 할 수 있다.

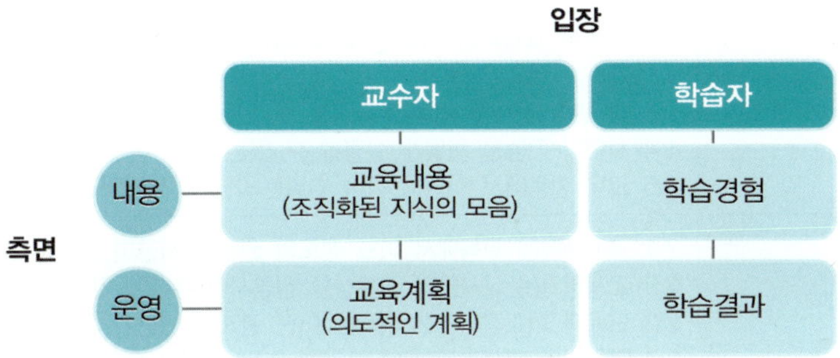

그림 1-4 교육과정의 입장과 측면에 따른 비교

3 교육과정 관련 질문들

국가수준, 지역수준, 학교수준, 교사수준에서의 교육의 기본 개념을 실현하기 위해 교육과정을 개발, 운영하고, 평가하고, 환류하는 절차를 주기적으로 또는 수시로 진행해야 한다. 이 과정에서 교육과정에 관한 의문점이나 질문들이 발생한다. 그렇다면, 교육과정에 관한 질문은 어떤 것들이 있을까? 학교 교육과 관련된 교육과정 질문들을 살펴보는 것은 교육과정의 기본적인 관심사가 무엇인가를 파악하는 데 도움이 될 것이다. 예를 들면, 교육과정의 기본 개념이나 원리들, 연구대상, 유의할 점 등에 대한 이해를 높이게 된다.

여기서는 마쉬(Marsh)의 질문들, 온스타인(Ornstein)과 헌킨스(Hunkins)의 질문들을 통해 교육과정의 기본적인 관심사를 살펴본다(박현주 역, 1998). 교육과정 관련 질문들은 다음의 표 1-1과 표 1-2와 같다.

표 1-1 마쉬(Marsh)의 교육과정 이해를 위한 질문들

영역	관련 질문내용
1. 학생 관점	1.1 학습환경은 학생들의 학습에 어떤 영향을, 어떻게 미치는가? 1.2 공식적 교육과정 외에 학교 교육은 학생들에게 어떤 영향을 미치는가? 1.3 성 편향 문제를 어떻게 해결할 수 있는가? 1.4 시험의 기능을 어떻게 설명할 수 있는가? 1.5 교육 활동에서 학생의 참여 범위는 어떻게 되는가?
2. 교사 관점	2.1 교사에게는 교육에서 어느 정도의 권한과 자율이 주어지는가? 2.2 교사평가는 교사들의 전문성을 신장시킬 수 있는가? 2.3 교육과 학교장의 지도력과는 어떤 관계가 있는가? 2.4 교과서는 학생과 교사에게 가치 있는 자원이 되고 있는가?
3. 계획과 개발 관점	3.1 교육과정 개발에서 이용하는 틀은 무엇이며, 교육과정 틀을 이용하는 것은 어떤 이점이 있는가? 3.2 상황분석 및 요구사정의 요인과 절차는 어떠하며, 이것이 갖는 장점과 문제점은 무엇인가? 3.3 내용을 조직하는 방법은 어떤 것들이 있는가? 3.4 교육에서의 평가는 어떻게 이루어지는가? 3.5 중앙집권적 교육과정이 갖는 장점과 한계는 무엇인가? 3.6 교육과정 개발할 때 적용하는 모형들에는 어떤 것들이 있는가? 각각의 특징 및 장·단점은 무엇인가? 3.7 교육목적, 목표, 수업목표들은 어떻게 다르며, 어떻게 관련되는가? 3.8 교사의 현장 연구는 어디에 어떻게 도움이 되는가? 3.9 학교중심 교육과정의 성격은 무엇이며, 이를 어떻게 개발할 것인가?
4. 운영 관점	4.1 학교 교육의 혁신과 변화를 어떻게 유도할 것인가? 4.2 협동적인 교육과정 운영 방식은 어떻게 개발할 수 있는가? 4.3 효과적인 학교와 학교 개선을 위한 방안은 무엇인가? 4.4 학교운영위원회의 교육적 기능을 어떻게 강화할 수 있는가? 4.5 학교평가의 목적 및 방법을 어떻게 개발할 것인가? 4.6 교육과정 시행의 성공전략은 무엇인가?
5. 이데올로기 관점	5.1 교육에 영향을 미친 사조 혹은 사상은 교육과정 변화에 어떻게 영향을 미치며 오늘에 이르고 있는가? 5.2 학생들에게 가르치는 교과는 정당성을 지니는가? 5.3 전통적인 학교 교육에는 어떤 문제가 있는가? 교묘하게 은폐되어 있는 이데올로기가 있는 것인가?

영역	관련 질문내용
	5.4 지식사회학자들이 관심 갖는 학교 교육에 대한 문제는 무엇인가? 5.5 교육과정 개혁을 가로막는 요인은 무엇인가? 개혁을 성공적으로 이끌기 위한 전략은 무엇인가?

■ **표 1-2** 온스타인(Ornstein)과 헌킨스(Hunkins)의 관련 질문들

관련 질문내용
질문 1. 교육과정을 어떻게 정의할 것인가?
질문 2. 교육과정에서 어떤 철학과 이론들로 의사소통하고, 어떤 철학과 이론적인 입장에 설 것인가?
질문 3. 어떤 사회적, 정치적 힘이 교육과정에 작용하는가? 어떤 것의 영향이 가장 큰가? 어떤 것이 제한을 억제하거나 강요하는가?
질문 4. 학습은 어떻게 일어나는가? 어떤 학습활동이 학습자들의 욕구를 충족시키는 데 가장 적합한가? 그러한 활동을 조직하는 가장 좋은 방법은 무엇인가?
질문 5. 교육과정의 영역은 무엇인가? 지식인가? 교육과정 지식의 가장 본질적인 형태는 무엇인가?
질문 6. 교육과정의 핵심적인 부분은 무엇인가?
질문 7. 교육과정에서 변화는 왜 일어나는가? 변화는 교육과정에 어떻게 영향을 미치는가?
질문 8. 교육과정 전문가들의 역할과 책임은 무엇인가?
질문 9. 교육과정을 조직하는 가장 좋은 방법은 무엇인가?
질문 10. 교육과정 조직에서 교사와 학생의 역할과 책임은 무엇인가?
질문 11. 교육의 목적과 목표는 무엇인가? 어떻게 그것들을 수업목표로 전환시킬 수 있는가?
질문 12. 교육적 필요란 무엇을 뜻하는가? 누구의 필요인가? 그 필요들의 우선순위를 어떻게 정할 것인가?
질문 13. 어떤 교과목과 내용이 가장 가치 있는 것인가? 내용의 가장 좋은 형태는 무엇인가? 어떻게 그 내용들을 조직할 것인가?
질문 14. 우리가 달성하려고 노력한 바를 어떻게 측정하고 확인할 것인가? 성취 결과에 대해서 누가 책임을 질 것인가? 무슨 책임이며, 누구에 대한 책임인가?
질문 15. 교육과정과 수업 간의 가장 적절한 관계는 무엇인가? 교육과정과 장학, 교육과정과 평가와는 어떤 관계인가?

표 1-1과 **표 1-2**에서 제시된 교육과정 관련 질문들은 교육과정을 전체적으로 살펴보는 데 필요한 관심사들이다. 마쉬의 29개 질문들과 온스타인과 헌킨스의 15개 질문들을 통하여 교육과정의 범주(학문적 관점과 실천적 관점)가 매우 광범위함을 이해할 수 있다. 전체적으로는 이들 질문들이 교육과정의 구성요소인 교육목적, 교육내용, 교육방법, 교육평가 등과 연계

되어 있음을 알 수 있다. 그러므로 제2장에서 다루게 될 교육과정의 구성요소에서는 위의 교육과정 관련 질문들과 어떤 상관이 있는지를 살펴봐야 할 것이다.

4 교육과정의 유사개념

1) 교과과정

교과과정(敎科課程)은 교육과정보다는 협의의 개념이며, 교육과정을 달성하기 위한 각각의 교과 영역에서 다루어지는 내용의 계열과 조직을 의미한다. 예를 들면, 학교 교육의 목적에 적합하도록 묶어놓은 교육내용을 일컫는다.

2) 교육내용

교육내용(敎育內容)은 일반적으로 가르쳐지는 내용을 의미한다. 흔히 교육과정과 비슷한 의미로 쓰이지만 그보다는 협의의 의미로 통용되고 있다. 다시 말해 교육과정을 이루고 있는 구체적인 내용을 말한다.

3) 강의요목

강의요목(講義要目, syllabus)은 특정 교과를 가르치기 위한 계획서를 말하며, 여기에는 학습목표, 학습주제, 학습자료, 교수-학습방법, 과제 및 평가계획 등이 포함된다.

4) 교수요목

교수요목(敎授要目, course of study)은 학생들이 수료해야 할 일련의 코스를 의미한다. 이는 주로 이수해야만 하는 교과와 교과별 내용을 주제별 항목으로 조직해 열거한 것을 의미한다. 교과중심 교육과정관이 도입되기 전부터 교육과정에 관한 관점으로 존재해왔으며, 교과중심 교육과정관의 핵심적 가치를 이루기도 하였다.

5) 교과서

교과서(敎科書)는 일반적으로 교육과정에 따라 편찬 또는 발간된 학생용 학습 자료를 의미한다. 따라서 교과서가 교육과정을 의미하지는 않는다. 우리나라 교육부에서 제정한 <교과용 도서에 관한 규정>에 따르면, 교과용 도서엔 교과서와 지도서(指導書)가 있다. 교과서란 학교에서 학생들의 교육을 위하여 사용되는 학생용의 서적, 음반, 영상 및 전자 저작물 등을 일컫는다. 지도서란 학교에서 학생들의 교육을 위하여 사용하는 교사용의 서적, 음반, 영상 및 전자 저작물 등을 말한다. 교과서에는 국정도서(교육부가 저작권을 가진 교과용 도서)와 검정도서(교육부장관의 검정을 받은 교과용 도서) 그리고 인정도서(국정도서나 검정도서가 없는 경우 또는 이를 사용하기 곤란하거나 보충할 필요가 있는 경우에 사용하기 위하여 교육부장관의 인정을 받은 교과용 도서) 세 종류가 있다. 이 중에서 초등학교는 국정도서와 검정도서만이 있다(권낙원 외, 2012).

요점 정리(summary)

- 교육의 정의에는 크게 규범적 정의, 기능적 정의, 조작적 정의로 구분되며, 교육의 정의에 따라 교육과정도 차이가 있을 수 있다.
- 교육과정의 정의는 다양하다. 교과 및 교과목으로서의 교육과정, 계획된 활동으로서의 교육과정, 실제 경험으로서의 교육과정, 의도한 학습결과로서의 교육과정, 문화적 재생산 도구로서의 교육과정 등으로 정의할 수 있다.
- 가정교육 혹은 사회교육 등과 구분되는 학교 교육의 특징은 의도성, 계획성, 체계성이 두드러진다.
- 교육의 본질적 영역에는 교육목표, 교육과정, 교수-학습방법, 교육평가를 포함한다.
- 교육과정의 유사개념에는 교과과정, 교수요목, 강의요목, 교과서 등이 있으며, 이들의 개념은 교육과정과 차이가 있다.

주요 용어(key word)

- 규범적 정의
- 기능적 정의
- 조작적 정의
- 교과 및 교과목으로서의 교육과정
- 계획된 활동으로서의 교육과정
- 실제 경험으로서의 교육과정
- 의도한 학습결과로서의 교육과정
- 문화적 재생산 도구로서의 교육과정
- 교육과정
- 교과과정
- 교수요목
- 강의요목
- 쿠레레

형성평가 및 연구과제 formation evaluation & research subject

1. 다음의 제시문에서 '이것'에 해당하는 것은?

제시문

- 이것의 정의는 교육을 보는 관점에 따라 다양하다.
- 이것은 학습자의 교육적 성취를 위한 모든 수준의 계획으로 정의되기도 한다.
- 이것은 유·무형의 형태를 지니며 다양한 자료를 통해 표현될 수 있다.

가. 교육목적　　나. 교육개혁　　다. 교육과정
라. 교육환경　　마. 교육연구

2. 가정교육 혹은 사회교육 등과 구분되는 학교 교육의 특징이라고 할 수 있는 것은?

가. 가르치는 사람과 배우는 사람이 분명하다.
나. 일정한 시간과 공간에서 교육이 이루어진다.
다. 가르치고 배우는 내용이나 해결할 과제가 있다.
라. 의도성, 계획성, 체계성 등이 보다 두드러진다.

3. 다음 중 교육과정의 개념을 가장 광의로 정의하는 방식은 무엇인가?

가. 학생들이 학교생활을 하는 동안의 경험
나. 학습 결과의 구조체
다. 교육 활동을 위하여 계획한 문서
라. 학생들이 학습할 내용과 교과들

4. 실제 교수-학습활동을 중요한 개념적 요소로 포함하는 교육과정의 정의는? (06년 유치원/초등/특수학교 임용고시)

가. 교육과정은 의도된 학습 결과이다.
나. 교육과정은 학교의 지도하에 학생이 겪는 경험이다.
다. 교육과정은 교과 혹은 교과목에 담긴 내용이다.
라. 교육과정은 교육 활동을 위한 문서화된 계획이다.

5. '교육과정은 그 어원인 쿠레레(currere)에 복귀해야 한다'라는 주장이 최근에 일고 있다. 이러한 주장과 관련이 있는 것은? (01년 초등 임용고시)

가. 교육 경험을 통한 개개인의 의미형성 과정을 강조한다.
나. 교육과정 논의의 대상은 교육과정 설계와 개발이다.
다. 학교 교육이 이루어지는 과정을 전달과정에 비유한다.
라. 교육과정을 질 관리의 차원에서 교사의 책무성을 강조한다.

6. 교육과정의 개념 규정을 위한 준거로 적절하지 못한 것은? (01년 중등 임용고시)

가. 유·무형의 자료를 통해 보존되고 표현되어야 한다.
나. 학습자의 전인적 발달을 위한 경험의 총체이어야 한다.
다. 시·도 교육감이 지정하는 교육방침이어야 한다.
라. 교육의 방법적 원리를 적용할 수 있도록 조직되어야 한다.

7. 교육과정의 핵심적 질문과 가장 직접적인 관계가 있는 것은? (01년 중등 임용고시)

가. 사람은 왜 사는가? 나. 결혼은 해야 하는가?
다. 사회는 어떻게 변동하는가? 라. 어떤 지식이 가르칠 가치가 있는가?

8. 다음 중에서 교육의 정의에 해당하지 않는 것은?

가. 규범적 정의 나. 기능적 정의
다. 조작적 정의 라. 법규적 정의

9. 다음 중에서 교육과정의 핵심적 질문과 가장 직접적인 관계가 있는 것은?

가. 멀티미디어를 활용하면 수업의 효과성을 높일 수 있는가?
나. 필수와 선택과목의 조화를 어떻게 이룰 것인가?
다. 체벌은 학생에게 어떤 부작용을 일으키는가?
라. 교장의 리더십을 어떻게 개발할 것인가?

10. 학생 각자 교육과정의 개념을 정의해 보고, 그 이유가 무엇인지를 논리적으로 설명해 보시오.

11. 교육의 본질적 영역에는 어떤 것이 있으며, 본질적 영역이 교육과정에서 왜 중요한지를 작성해 보시오.

Chapter 02

교육과정의 성격과 구성요소

1. 교육과정의 분류
2. 교육과정의 성격
3. 교육과정의 구성요소

학습개요

이 장에서는 교육과정의 이론적 기초가 되는 교육과정의 분류, 교육과정의 성격, 교육과정의 구성요소에 대하여 살펴보고자 한다. 첫째, 교육과정의 분류에서는 기초 성격에 의한 분류, 학교 교육 과정에 의한 분류, 교육과정 조직 수준에 의한 분류를 통해 교육과정의 종류를 정확히 구분할 수 있을 것이다. 둘째, 교육과정 성격에서는 포괄성 외 아홉 가지 성격의 정확한 이해를 통해 교육과정을 구성할 때 이들 성격을 충분히 반영할 수 있을 것이다. 셋째, 교육과정의 구성요소에서는 교육목표, 교육내용, 교수-학습활동, 교육평가의 개념과 체계를 이해함으로써, 완성도 높은 교육과정을 구성할 수 있다는 확신을 가질 것이다. 이 장을 마치고 나면 여러분은 교육과정의 이론적 기초를 정확하게 다지고 적용할 수 있는 혜안을 갖게 될 것이다.

학습목표

학습목표 1. 교육과정의 다섯 가지 분류를 구분할 수 있다.

학습목표 2. 교육과정의 열 가지 성격을 설명할 수 있다.

학습목표 3. 교육과정의 구성요소 네 가지를 설명할 수 있다.

1 교육과정의 분류

교육과정의 종류는 다양하게 분류될 수 있다. 여기서는 교육과정 분류의 큰 관점 세 가지만 제시한다. 기본 성격에 의한 분류, 학교 교육의 과정에 의한 분류 그리고 조직 수준에 의한 분류이다(권낙원 외, 2012; 손충기, 2006; Posner, 1992).

1) 기본 성격에 의한 분류

(1) 공식적 교육과정

공식적 교육과정(official curriculum)은 표면적 교육과정, 형식적 교육과정, 계획된 교육과정, 구조화된 교육과정 등으로도 불린다. 강의요목(syllabus)이나 교수요목(course of study) 및 초·중등학교 교육과정처럼 형식적인 문서 속에 기술된 교육과정을 말한다. 이는 교사와 학생의 상호작용을 매개하는 기본 자료가 된다. 교육과정은 교육기관의 주도하에 개발되는 계획적인 의도를 포함하는 공식화된, 합법성을 지닌 문서로서, 교과목인 국어·수학 등을 의미한다. 누리과정, 2022 개정 교육과정과 같은 국가 수준 교육과정, 시·도 교육청의 교육과정 지침, 학교 교육과정 등이 공식적 교육과정의 대표적인 예이다. 공식적 교육과정은 가시적, 계획적, 문서화되어 있고, 인지적 영역의 무엇을 가르칠 것인가의 강한 의도를 포함하고 있으며, 주로 인지적·기능적 영역을 주로 다룬다. 보통 교사가 수업을 통해 계획된 내용을 가르치고 학생들을 평가하는 목적으로 활용된다. 애플(Apple, 1979)은 학교에서 '어떤 지식(what knowledge)'이 아닌 '누구의 지식(whose knowledge)'이 가르쳐지고 있는지에 주목하면서 '공식적'이라는 정의에 가려져 있는 교육과정 논의의 중립성을 비판하였다.

(2) 영 교육과정

영(零) 교육과정(null curriculum)은 아이즈너(Eisner, 1979)가 독특하게 사용한 용어로, 공식적 교육과정이 선택됨에 따라 의도적으로 배제되어 학습자들이 경험하지 못하는 교육과정이다. 교육과정에는 모든 지식과 내용을 담을 수 없고 가르칠 수 있는 시간은 한정적이므로 부득이하게 빠뜨리거나 제외되는 내용이 생길 수밖에 없다. 즉 교육기관의 주도하에 필요하다고 판단되는 내용들이 공식적 교육과정에 포함되는 이면에는 소홀히 다루어지거나 무시되는 내용들이 있기 마련이다. 교육과정이 선택과 배제, 포함과 제외의 산물이기 때문에 영 교육과정은 공식적 교육과정의 필연적 산물이다. 그래서 흔히 영 교육과정은 공식적 교육과정의 그림자이며, 둘의 관계를 동전의 양면에 비유하기도 한다. 그러나 영 교육과정은 목표에 부합하고 가르칠 만한 가치가 있음에도 불구하고, 학생들이 배울 기회를 갖지 못하기도 한다. 이는 어떤 이유로든 일부러 특정 내용을 배제 또는 약화시켜 가르침으로써 학생들이 제대로 배울 기회를 놓치게 만드는 것을 의미한다. 예를 들어, 일제가 한민족을 식민지정책에 잘 순응하는 천황의 충성스러운 신민(臣民)으로 만들고, 단순 생산노동자를 양성하기 위하여 저급한 실업교육만을 제공하고, 지도자로서 갖추어야 할 고등한 교육내용을 의도적으로 가르치지 않았다. 또한 교사수준에서 특정 교사가 종교적 신념 차원에서 특정 학교나 교사가 생물과 수업시간에 '진화론'에 관한 내용을 의도적으로 가르치지 않는 것도 포함된다. 또한 산업혁명 직후에 산업노동력이 필요로 할 때 학교에서는 읽기와 쓰기는 가르쳤으나 셈하기는 가르치지 않았다. 셈하기를 배우면 육체노동보다는 경리사원이 되려고 하므로 셈하기는 한때 영 교육과정이었다.

영 교육과정은 특정의 내용(과목)이 학교교육이나 사회생활에 있어 별로 중요하지 않다고 학생들에게 인식시킬 가능성이 높다는 점에 유의해야 한다. 또한 교육적 가치가 있는 내용임에도 불구하고 공식적 교육과정에서 배제되는 내용이 있다면 그 이유가 무엇인지도 생각해볼 필요가 있다.

(3) 실제적 교육과정

실제적 교육과정(operational curriculum)은 교사의 수업에 의하여 교실에서 학생들에게 가르치는 내용을 말한다. 교사가 수업에 포함시켜 강조하며 가르쳤던 내용 그리고 학생들이 실제로 획득한 학습 결과를 의미한다. 이는 교사가 자신의 지식이나 신념 및 태도를 중심으로 내용을 해석한다는 점에서 공식적 교육과정과는 차이가 있다. 예를 들어, 동일한 교과서를 가지고 수업을 진행해도 각 교사에 따라 교실에서 가르치는 내용은 상당한 차이가 있을 수 있다. 교사는 자신의 지식, 신념, 태도 등을 중심으로 교육과정을 해석하기 때문에 학생들은 공식적 교육과정보다 실제적 교육과정의 영향을 더 많이 받을 수 있다. 이렇게 교실에서 교사에 의해 직접 진행되는 수업내용을 실제적 교육과정이라 한다. 글라톤(Glatthorn, 1987)은 실제적 교육과정을 가르친 교육과정(taught curriculum), 학습된 교육과정(learned curriculum), 평가된 교육과정(tested curriculum) 등으로 분류하였다. 가르친 교육과정은 교사들이 교실에서 실제로 가르친 교육내용을 의미하며, 학습된 교육과정은 학생들이 실제로 학습한 교육내용을 의미한다. 마지막으로 평가된 교육과정은 중간고사, 기말고사, 자격고사, 선발고사 등 평가(문제)를 통하여 학습되는 교육내용을 의미한다.

(4) 잠재적 교육과정

잠재적 교육과정(latent curriculum)은 비공식적 교육과정으로, 공식적 교육과정에서 의도 및 계획하지 않았으나 수업이나 학교생활로 학생들이 은연중에 배우는 가치, 태도, 경험 등을 의미한다. 공식적 교육과정과 같이 표면으로 드러나지 않기 때문에 잠재적 교육과정을 '숨어있는 교육과정'

이라고 부르기도 한다. 잠재적 교육과정은 우리가 깨닫지 못하는 사이에 공식적 교육과정과 동반되는 경우가 많다. 즉 잠재적 교육과정은 교육과정을 결정하는 권력자나 집단이 의도하지 않았으며, 교사가 이를 의식하지 않은 가운데 학생들의 지식, 태도, 행동에 영향을 미치는 '교육 실천 및 환경'과 '그 결과'를 의미한다.

공식적 교육과정은 주로 바람직한 내용을 다루는 것에 반해 잠재적 교육과정은 바람직한 것뿐만 아니라 바람직하지 않은 내용들도 포함된다. 예를 들어 반장선거, 성역할 규범, 학교 및 교실 환경 등이 대표적이다. 비계획적이고 비의도적이며, 단편적인 것이라고는 하지만, 주로 흥미, 태도, 가치관, 신념 등과 같이 정의적 영역과 관계되는 학습이라는 점에서 그 중요성은 간과될 수 없다.

잭슨(P. Jackson, 1968)은 『교실에서의 생활』이라는 저서에서 잠재적 교육과정이라는 용어를 처음 사용하였으며, 학생들이 학교생활을 하면서 공식적인 교육과정뿐만 아니라 이와는 무관한 내용들을 복합적으로 배운다고 하였다. 특히, 학교를 통해 다양한 배경과 특징을 가진 사람과 생활하고 인내하는 군집, 특정행동을 발휘하거나 억제하는 상벌, 복종과 순응을 위한 권력을 통해 보이지 않는 배움과 경험이 나타난다고 하였다.

첫째, 학교는 많은 학생들이 어울려서 배우는 곳이다. 학교의 이러한 특징은 학생들에게 남과 어울리는 것을 배우도록 하는가 하면 많은 사람들 속에서 자기 일에만 열중하는 태도도 배우도록 한다. 질서를 지키기 위하여 화장실이나 수도꼭지 앞에서 기다려야 하는 것을 배우도록 하고, 통솔자의 명령에 순종하는 것 등을 배우도록 한다.

둘째, 학교는 계속해서 여러 가지 형태로 쉴 새 없이 평가가 이루어지는 곳이다. 학생들은 그들 상호 간에 또는 교사에 의하여 계속해서 어떤 평가를 받는다. 지능·적성·학력·인성 등의 평가를 비롯해서 학습활동과 과외활동은 말할 것도 없거니와 심지어 노는 시간에 있었던 사소한 행동까지도 잘잘못을 평가받는다. 이러한 평가를 통해서 아동들은 경쟁과 시새움 등의 방법을 배우고 긍정적 또는 부정적 자아개념을 형성하게 된다.

셋째, 학교의 특징은 권력관계에서 찾아볼 수 있다. 학생들에게 있어서 교사의 권위는 절대적이다. 학생들은 학교생활에 적응하기 위하여 유의한 자아인 교사의 인정을 통해서 위계질서가 형성되는 과정을 배우면서 교사의 권위에 순종하는 것도 배운다. 다시 말하여, 조직이 갖는 권위에 적응하는 방법을 배운다.

이러한 경험들은 학교가 공식적으로 의도하고 있는 지식·기능의 획득 이외에 학교생활의 특징으로 말미암아 학생들이 이차적으로 은연중 배우게 된다는 특징이 있다. 그래서 학생들은 학교에 다니면서 분명히 성장·발달에 도움이 되는 좋은 경험을 하고 있지만 반면에 학교생활을 하는 동안 개인발달이나 사회발전에 저해되는 내용을 경험하기도 한다.

종래의 교육과정 개념은 좁게 학교가 의도하고 계획한 바와 관련된 경험에 국한되어 있었다. 그러나 학교교육을 통하여 학생들이 받게 되는 영향 중에는 학교가 의도한 바와 관련되지 않는 경험들이 허다하며, 이 영향이 때로는 학교가 의도한 바에서 오는 영향보다 더 강력할 수가 있다. 잠재적 교육과정을 통해서 배운 것은 쉽게 잊히지 않고 오래 지속된다. 왜냐하면 이러한 경험은 학교에 다니는 동안 그것을 매일 경험하게 되기 때문에 자기 자신도 모르는 사이에 착실히 배워 각인(刻印)이 되기 때문이다.

공식적 교육과정은 학생들의 지식·기능의 신장에 영향을 미치고, 잠재적 교육과정은 학생들의 사회적 발달·정의적 발달에 영향을 미친다. 오늘날의 학교 교육에서 문제 되는 것이 지식·기술의 발달보다 가치관·도덕성 발달의 소홀임을 생각할 때 잠재적 교육과정이 학교교육에서 중요함을 짐작할 수 있게 해준다. 공식적 교육과정과 잠재적 교육과정이 서로 조화되어 서로가 서로를 돕고 강화하는 역할을 할 때 교육효과는 더욱 강력해진다. 흔히 정의적 교육목적인 가치·태도·신념 등을 효과적으로 학습할 수 있는 것이 바로 이 두 교육과정의 조화를 통해서라고 말할 수 있다. 중요한 것은 우리가 학생들에게 무엇에 관해 이야기했느냐에 있는 것이 아니라 그들이 무엇을 경험하고 무엇을 배웠느냐에 있다. 교재를 가르치면 학습이 일어나는 것은 당연한 것 같지만 때로는 교재를 가르쳤는데도 학습이 일어나지 않는 경우가 있는가 하면, 교재를 가르친 바 없는데도 학습이 일어나고, 교재에도 없고 교사가 가르치지도 않았는데 학습이 일어난 경우가 곧 잠재적 교육과정의 문제가 된다. 공식적 교육과정과 잠재적 교육과정의 차이를 제시하면 표 2-1과 같다.

표 2-1 공식적 교육과정과 잠재적 교육과정의 비교

	공식적(표면적) 교육과정	잠재적 교육과정
주요개념	의도적으로 선정·조직되어 가르치는 내용	비의도적이지만 학생들이 학교생활을 하면서 은연중에 경험하는 내용
교육목적	구체적으로 설정·기술됨	보통 설정·기술되지 않음
교육내용	바람직한 내용으로 구성되어 있으며, 인지적·기능적 영역, 교과활동과 관련됨	바람직한 내용과 바람직하지 않은 내용이 모두 포함되어 있으며, 주로 정의적 영역(태도, 가치, 흥미), 비교과활동과 관련됨
교육방법	의도적인 교수학습 및 지도에 의해 이루어짐	학습자가 은연중에 학습이 이루어짐
교사역할	주로 인지적·기능적 특성과 관계가 깊음	주로 인격적·정의적 특성과 관계가 깊음
학습 기간 및 영향	단기적·일시적이며, 비영속적임	장기적·반복적이며, 항구성을 지님
관계	공식적 교육과정과 잠재적 교육과정 모두 중요하며, 두 교육과정이 조화롭게 상호 보완적 관계를 유지할 때 바람직한 교육활동이 실현될 수 있음	

(5) 특별활동

특별활동(extra curriculum)은 학교 교과목 이외의 모든 계획된 경험을 의미한다. 잠재적 교육과정과 달리 이는 학교에서 공식적으로 인정된 것으로, 학생들의 흥미나 욕구에 부응하거나 시민정신 및 잠재능력의 계발 등의 목적에 따라 운영되는 것이다.

2) 학교 교육의 과정에 의한 분류

(1) 의도된 교육과정

의도된 교육과정(계획된 교육과정)은 공약된 목표로서의 교육과정이라고도 말한다. 이는 교육부령으로서의 교육과정을 의미하며 대체로 문서화되어 있다. 즉, 학교 단위에서 가르쳐야 할 내용의 기준을 국가적인 수준에서 결정한 것(교육부 고시 등)으로, 이는 학교 또는 교사에 의해 계획되는 교육과정이다.

(2) 전개된 교육과정

전개된 교육과정(실행된 교육과정)은 수업 속에 반영된 교육과정이라고도 말한다. 공약으로서 또는 규범으로서의 교육과정은 교육현장의 교사에 의해 재해석되고, 교사에 의하여 그의 수업 행위 속에서 재현되지 않으면 안 된다. 그러므로 여기에서는 교사와 학생들 간의 상호작용에 의한 교수-학습활동이 강조된다.

(3) 실현된 교육과정

실현된 교육과정(성취된)은 학습 결과로서의 교육과정이라고도 말한다. 이는 수업을 통하여 학생들에 의해 실제로 '실현된 교육과정'을 의미한다. 학생들의 학습능력 및 경험 배경이나 교육적 필요에는 커다란 개인차가 있다는 점을 고려할 때, 동일한 교육과정에 의하여 전개된 동일한 수업 조건 속에서도 우리는 천차만별의 교육과정을 기대할 수밖에 없다. 잠재적 교육과정도 바로 이러한 수준의 교육과정의 존재와 중요성을 의미한다. 이 같은 세 수준의 교육과정을 그림으로 제시하면 **그림 2-1**과 같다.

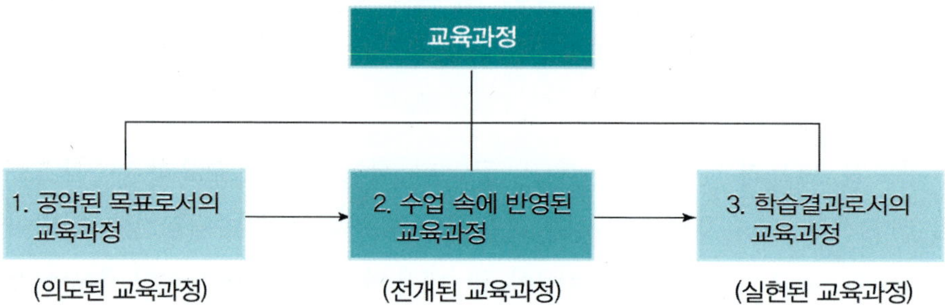

그림 2-1 학교 교육과정의 세 수준

생각해 봅시다

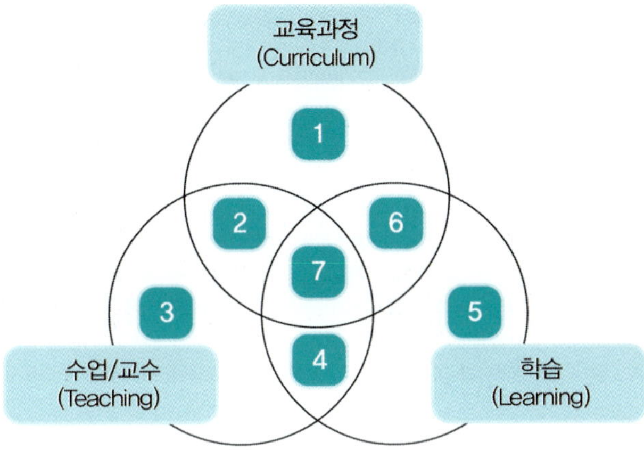

- 1번은 교육과정 동그라미에서 2, 6, 7번을 뺀 내용으로 형식적 교육과정 중에서 교사가 가르치고자 하는 교육내용을 말하지만, 실제 가르치지 못해서 학습자가 배우지 못한 내용을 말한다.
- 2번은 교사가 가르치고자 하였고, 다행히 실제 가르친 내용을 말한다.
- 3번은 교사가 계획하지 않았으나, 우연히 수업에서 가르치게 된 내용이며 학습자는 배우지 못한 내용을 말한다.
- 4번은 교사가 계획하지는 않았지만 가르치게 되었고, 학습자가 이를 잘 배운 내용을 말한다.
- 5번은 교사가 계획하지도 않고 실제 가르치지도 않았지만 학습자가 스스로 알아서 배우게 된 내용을 말한다.
- 6번은 교사가 가르치고자 하였으나 실제 가르치지 못했음에도 불구하고 학습자가 잘 배운 내용을 말한다.
- 7번은 교사가 가르치기 위해 계획하였고, 실제 가르쳤으며, 학습자도 그 내용을 잘 학습한 것을 말한다.

"진달래"를 주제로 한 교수의 실제

교수계획:
이 교사는 생활주제 "봄"과 관련하여 "진달래" 수업을 계획하였다. 이를 위해 교육활동 자료집 등을 참고로 바깥놀이 시간이나 산책활동에서 "진달래꽃" 따기를 하였고, 이때 딴 진달래를 교실로 가지고 왔다. 교실에 돌아온 후 이 교사는 요리활동으로 "진달래 화전 만들기"를 계획하였다. 이 활동을 위해 이 교사는 요리 순서표와 요리재료, 요리방법 등에 관하여 유아들과 이야기를 나누었다.

1번: 이 교사는 유아들과 함께 산책을 가서 진달래를 관찰하고 따보려고 계획하였으나 산책장소에 진달래꽃이 없어서 유아들에게 진달래꽃이 어떻게 생겼는지 알려 주지 못했으며, 진달래꽃을 따지도 못했다.

3번: 다음 날 이 교사는 유아들과 함께 다른 곳으로 산책을 나갔다. 이번 산책장소에는 진달래꽃뿐만 아니라 진달래와 유사한 철쭉도 피어 있었다. 이 교사는 처음에 진달래와 철쭉의 차이를 가르치는 것까지 계획하지는 않았으나, 진달래만 따기 위해서 진달래와 철쭉의 차이점을 알려 주었다. 그러나 유아들은 진달래와 철쭉을 구분하지 못해 두 가지 종류의 꽃을 모두 다 따왔다.

5번: 진달래를 따면서 유아들은 교사가 가르쳐 주지 않았으나 진달래는 꽃만 있고 잎이 없다는 것을 알게 되었다. 이것은 교사가 미처 계획하지 못한 지식이었으나, 유아들은 스스로 그것을 발견하였다.

6번: 오후활동을 시작하기 위해 사전에 미리 준비한 진달래꽃을 탐색하는 시간을 가졌다. 이 교사는 꽃잎이 약해서 조심스럽게 다룰 것을 이야기하려고 계획하였으나 실제로 말하지는 못했다. 유아들은 탐색하는 과정에서 꽃잎을 조금만 세게 만지면 찢어지거나 상처가 난다는 것을 알게 되었고, 스스로 조심스럽게 탐색을 하기 시작하였다.

2번: 본격적으로 "진달래 화전 만들기"를 하기 위해 찹쌀 반죽을 준비하였다. 이 교사는 유아들에게 찹쌀 반죽은 찹쌀가루에 뜨거운 물을 조금씩 부어가면서 하는 익반죽을 해야 한다고 알려 주었으나 유아들은 익반죽이 무엇인지 그 의미를 이해하지 못하였다.

4번: 이 교사는 유아들과 진달래 화전 만들기 방법에서 진달래 화전의 한 쪽이 익으면 뒤집어 준다는 내용을 넣지는 않았다. 그러나 요리하는 과정에서 뒤집어 주어야 할 때를 이야기해 주었고, 유아들도 화전을 뒤집어 반대쪽까지 잘 익혔다.

7번: 이 교사는 "진달래 화전 만들기 활동을 통해 봄꽃 중 하나인 진달래는 꽃이면서 먹을 수 있는 음식이 되기도 한다는 것을 알려주고자 계획하였다. 요리활동은 이것을 전달하는 효과적인 방법이었고, 유아들 역시 진달래가 먹을 수 있는 꽃이라는 것을 잘 학습하였다.

출처: 김대현(2017). 교육과정의 이해. 서울: 학지사.

3) 교육과정의 조직 수준에 의한 분류

(1) 국가수준 교육과정

국가수준 교육과정은 교육부가 공식적으로 고시하는 문서로서 교육의 방향을 제시하고 실제 교육 운영을 관리하는 중요한 기능을 수행하는 기준이며 지침이 된다. 교육부장관이 교육기본법을 근간으로 결정하여 유치원 및 초·중등학교에서 편성·운영해야 할 교육과정의 목표, 내용, 방법, 평가, 운영 등에 관한 기준과 기본 지침을 담고 있다. 국가수준 교육과정은 정치·사회·문화의 통합과 국가의 시대·사회적 욕구를 충족시키며 전문 인력, 큰 규모의 비용, 장기간의 투자로 만들어진다. 국가수준의 교육과정을 운영하는 국가는 우리나라, 일본, 프랑스 등이 대표적이고 지역(학교)수준의 교육과정을 운영하는 국가는 미국, 독일, 호주 등이 대표적이다.

1 장점

① 전국적으로 통일된 교육과정
② 교육과정의 연계성(표준화) 충족
③ 질 높은 수준의 교육과정 개발
④ 대변혁 시기에 총체적 대응이 가능

2 단점

① 교육과정 운영의 획일화, 경직화
② 즉각적 수정이 제한
③ 권위주의적 교육풍토 가능성 높음
④ 교사의 전문성과 자율성 침해
⑤ 지역, 학교, 학습자의 특성에 적합한 다양한 교육과정 개발의 제한

(2) 지역수준 교육과정

교육에 대한 지역의 의도와 특수성을 반영한 문서 내용을 말하며, 국가수준의 기준과 학교수준의 교육과정을 연결하는 교량 역할을 한다. 각 시·도와 지역의 특성, 필요, 요구, 교육기반, 여건 등의 제 요인을 조사·분석하여 전국 공통의 일반적 기준인 국가수준 교육과정을 조정하고 보완하며, 그 결과를 학교 교육과정에 반영하는 데 목적이 있다.

1 장점

① 지역, 학교의 특수한 상황에 부응한 교육과정 개발 가능
② 급속한 변화에 대응하여 교육과정을 신속·유연하게 수정 및 운영 가능
③ 지역 교육청의 교육문제 해결능력 신장 가능
④ 교사의 '교육과정 사소화' 및 '교사 배제형 교육과정'을 막을 수 있음

2 단점

① 시간, 인력, 비용 등의 부족으로 교육과정의 질 저하
② 지역 간의 교육격차가 심화될 수 있음
③ 전국적으로 합의된 교육과정을 갖기 어려워지므로 학교 간 교육과정 연계 어려움 발생
④ 국가수준의 교육개혁 전파가 제한됨

(3) 학교수준 교육과정

학교수준 교육과정은 국가 교육과정에 명시된 학교의 임무에 따라 교육과정과 시·도 교육청 편성·운영 지침을 토대로 하여 단위학교에서 편성한 학교 교육과정을 말한다. 학교수준 교육과정은 학교의 실태를 반영

하며 학부와 학생들의 특성과 요구를 고려하여 교육에 대한 학교의 의도를 담은 문서를 의미한다. 학교수준 교육과정 개발은 교육의 효율성, 교육의 적합성, 교사의 자율성과 전문성, 교육의 다양성, 학생중심 교육의 실현 등에 도움이 된다.

1 장점

① 지역, 학교, 학생의 특수성을 고려하여 다양한 교육과정 개발
② 지역 교육청, 학교, 교사들에게 교육문제 해결의 자율능력 신장
③ 교사의 현장 전문성 향상
④ 학생들의 필요에 따라 선택적인 교육과정 제공

2 단점

① 전국적으로 합의할 수 있는 교육의 목표와 내용을 갖기 어려움
② 질적 수준이 낮은 교육과정이 될 우려가 있음
③ 지역, 학교 간의 차이가 심화될 우려가 있음

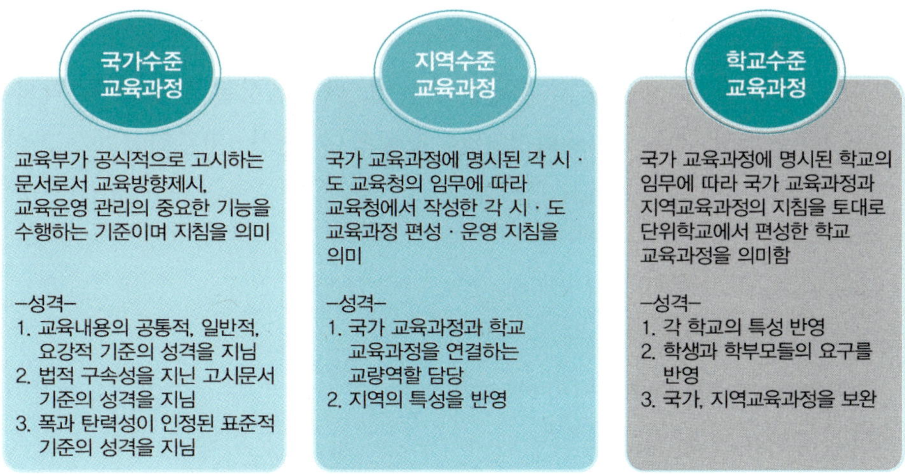

그림 2-2 교육과정 조직수준의 기본개념 및 성격

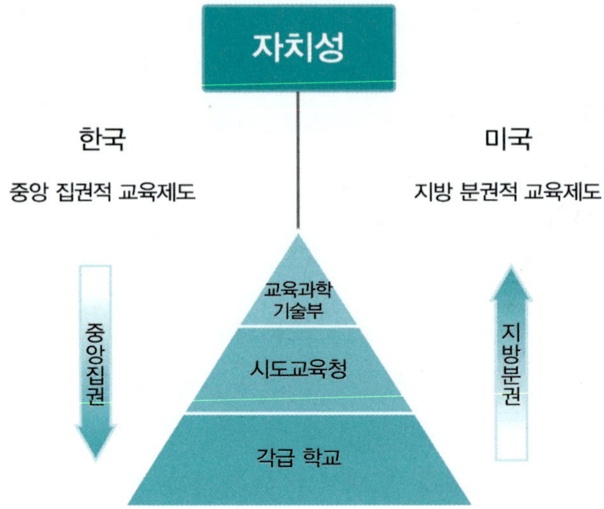

그림 2-3 교육과정 자치성에 따른 구분

2 교육과정의 성격

현대 교육과정이 개인과 사회 및 국가의 실질적인 발전에 도움이 되기 위해서는 몇 가지 성격을 갖추어야 하는데, 여기에서는 통합화·지역화·개별화·포괄성·수단성·사회성·생활중심성·가변성·민주화(자율화)·과학화로 범주화하였다(오만록, 2012: 22~25).

1) 통합화

교육과정은 학생들의 다양한 흥미들을 고려하여 구성되며, 자발적인 학습활동이 이루어지도록 마련되어야 하는 데 이를 위해 통합적인 교육과정의 운영이 요구된다. 여기에는 각 교과의 통합적 운영, 교과활동과 특별활동의 조화적 운영, 표면적 교육과정과 잠재적 교육과정의 조화 등이 포함된다. 교육과정의 통합화는 교육에 있어서 분과주의를 지양할 뿐만 아니라 학생의 인지적·정의적·심리운동적 영역(기능적 영역)의 조화로운 성장 및 발달을 동시에 가능하게 한다.

2) 지역화

교육과정은 모든 지역이나 학교에서 동일할 수 없다. 각 지역이나 학교는 제각기 다른 환경 여건과 특성 및 요구를 갖고 있으므로 당연히 교육의 실제는 달라져야 한다. 따라서 교육과정은 중앙통제적이며 일률적인 구성에서 벗어나 각 지역사회와 학교의 특성을 고려하여 구성되고 실행된다. 특히 최근 들어 강조되고 있는 교육과정의 지역화는 중앙정부의 획일적이고 일률적인 교육과정의 구성과 운영 및 관리에서 벗어나, 해당 지역사회와 학교 및 학생의 특성을 고려하여 운영·관리됨으로써 교육의 효율성과 효과성을 제고시키고자 한다.

3) 개별화

교육과정은 학생들의 개인차를 고려하여 구성되고 실행되어야 한다. 민주사회에서는 각 개인이 스스로의 인격적 특성을 계발할 권리를 가지고 있으므로, 교육은 사회인으로서의 특성을 갖추게 함과 동시에 각 개인의 흥미와 능력 등에 따른 개인차를 고려해야 한다. 따라서 교육과정은 각 학생들이 그들의 개성과 능력에 따라 다양하게 구성되며, 개별화 교육 활동이 실천되어야 한다. 이러한 과정을 통하여 학생들의 창의성도 계발되도록 지도해야 한다. 모든 학생들에게 일정한 형태의 학습을 강요하는 것은 그들의 개성을 무시하는 교육이 되므로 학생들의 잠재력을 계발하고, 그들의 관심과 흥미를 불러일으켜 창의성을 계발하기 위해서는 교육과정의 개별화는 필수적인 조건이 된다. 이는 교육과정이 추구해야 할 중요한 문제가 아닐 수 없다.

4) 포괄성

교육과정은 넓고 포괄적인 성격을 가져야 한다. 종래의 교육과정은 주로 교과 지도에 편중되었으나, 현대에 있어서는 학교의 전체 교육계획으로서 학교생활의 모든 영역을 포함하는 교육과정으로 구성되어야 한다. 교육과정은 교사와 아동이 행하는 일의 전체이고, 거기에는 생활 그 자체와 같은 넓이가 반영되어야 한다.

5) 수단성

교육과정은 어디까지나 교육목적을 달성하기 위한 수단이 되어야 한다. 교육이념이나 교육목적이 어디까지나 교육과정에 반영되어야 하며, 교육목적이나 교육목표의 변화에 따라 교육과정도 그것에 알맞고 적절하게 변화되어야 한다.

6) 사회성

교육과정은 사회적 요구와 필요를 충족시키는 것이어야 한다. 교육은 개인들의 사회화를 촉진시키는 의도적인 활동이다. 즉, 개인들이 사회에 보다 잘 적응하고, 나아가 그 사회를 더욱 발전시킬 수 있는 자질을 갖추도록 돕는다. 교육은 바로 사회의 유지 및 발전을 위해 반드시 실천되어야 할 하나의 사회적 기능이라고 할 수 있다. 이렇게 본다면 교육은 사회의 제반 실태에 민감해야 하며, 이를 토대로 그 사회의 각계각층에서 생활하게 될 인간의 양성에 도움이 될 교육과정을 마련해야 한다.

7) 생활중심성

교육과정은 학생들의 생활(경험)을 중심으로 구성되고 실행되어야 한다. 이때의 생활에는 물론 현재와 미래뿐만 아니라 과거의 생활도 포함되지만, 무엇보다도 현재의 생활과 관련된 교육내용을 마련함으로써 추상적인 경험이 아닌 실질적인 경험(체험)중심의 교육 활동을 전개해야 한다.

8) 가변성

교육과정은 고정불변하는 것으로 인정하기보다는 시대나 사회 등 상황의 변화와 학생 및 학부모들의 요구에 따라 부단히 재검토되고 개정되어야 한다. 현대와 같이 끊임없는 진보와 발전이 급속히 이루어지는 시대에는 더더욱 교육과정의 혁신이 계속적으로 요구된다. 학생들이 이러한 사회변화에 쉽게 적응하고 생활의 필요에 적응해 나가도록 돕기 위해서 교육과정은 부단히 변화되어야 한다. 이러한 맥락에서 우리나라 교육과정의 개편도 그 주기가 더 짧아지고 있다.

9) 민주화(자율화)

교육은 특정 계층이나 집단을 위한 것이 아니므로 그에 관한 결정과 실행에는 모든 관련자들이 함께 참여하여야 한다. 그러므로 교육과정은 민주적인 협의 과정에 의하여 계획되고 실행되어야 한다. 즉, 교육과정에 대한 계획과 운영 간에 관련자들의 의견을 충분히 반영하여야 함을 의미한다.

10) 과학화

교육과정은 학습자에 대한 이해뿐만 아니라 교육과정 자체에 대한 과학적 접근이 이루어져야 한다. 우선 교육과정은 어디까지나 학습자의 성장과 발달을 촉진하기 위한 것이 되어야 하므로, 학습자들에 대한 연구를 통해 그들의 흥미, 요구, 능력, 준비도, 학습양식, 개인차 등에 대한 과학적 이해를 바탕으로 마련되어야 한다. 교육의 효과는 학습자들에 의해 나타나므로 교육과정이 학습자들에게 적합하게 구성되어야 한다. 그리고 이러한 견해를 토대로 교육목적·교육내용·교육방법(교수-학습지도)·교육평가가 논리적 체계성을 갖추는 등의 과학적 접근이 취해져야 한다.

이상의 교육과정 성격은 교육이념과 교육목적에 적합한 좋은 교육과정을 구성하는 데 근원적인 물음이 될 수 있다. 즉, 교육과정의 성격이 교육과정 구성요소에 잘 녹아들어 갈 때 교육과정은 좋은 교육과정이 되고 긍정적 시너지가 나타날 수 있다. 이들 관계를 제시하면 **그림 2-4**와 같다.

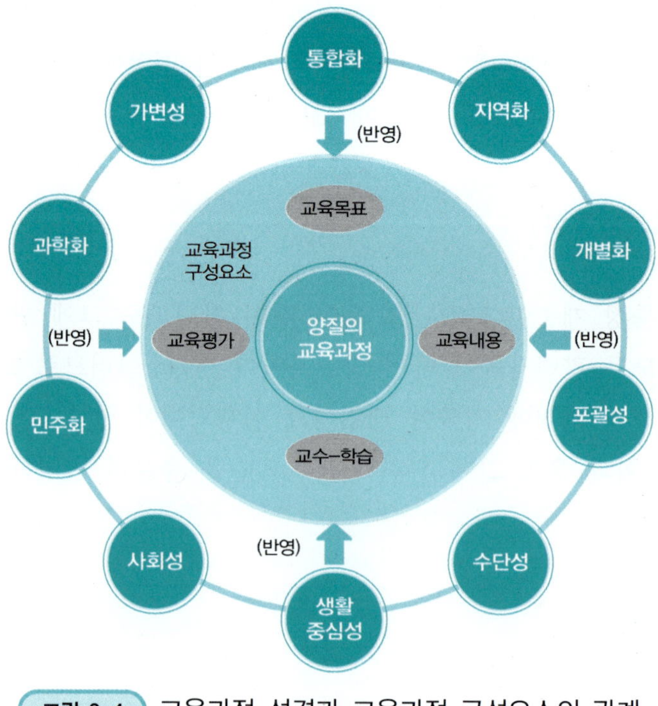

그림 2-4 교육과정 성격과 교육과정 구성요소의 관계

3 교육과정의 구성요소

'교육과정을 구성하는 요소들은 무엇인가?'에 대한 답은 다양하다. 교육과정 구성요소들에 대하여 학자마다 견해를 조금씩 달리하기 때문이다. 타일러(Tyler)는 목표, 학습경험의 선정 및 조직, 평가로 보았고, 타바(Taba)는 목적 및 목표, 내용 및 학습경험 선정, 교육평가로 구분하였고, 글레이저(Glaser)는 교수목표, 출발점 행동, 교수절차, 성취도평가로 보았다. 또 우리나라의 정범모(1956)는 교육목표 설정, 학습경험 선정, 학습경험 조직, 학습지도 그리고 교육평가의 다섯 가지로 제시하였고, 이영덕(1981)은 교육목표, 내용(선정 및 조직), 학습경험(지도방법, 자료, 상호작용, 분위기) 그리고 학습결과(평가)의 네 가지 요소로 제시하였다.

이상의 견해를 종합해보면 학교 교육과정을 구성하는 요소들을 교육목표, 교육내용(선정과 조직), 교수-학습활동, 교육평가로 구분할 수 있다. 교육과정의 4대 구성요소를 그림으로 제시하면 그림 2-5와 같다.

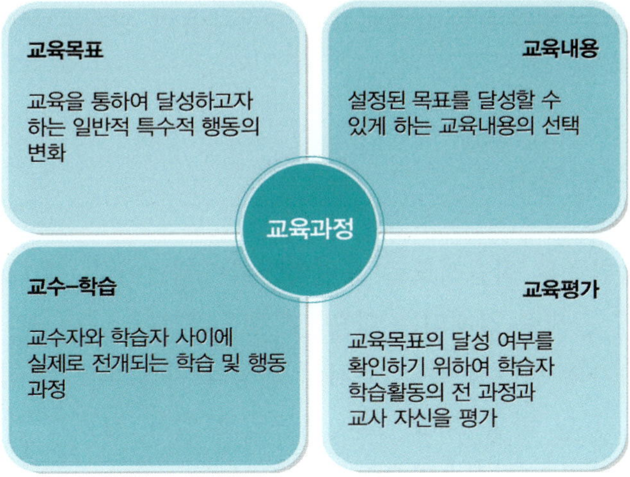

그림 2-5 교육과정의 4대 구성요소

1) 교육목표

교육목표(educational objectives)란 교육을 통하여 달성하고자 하는 학생 행동 특성의 변화상태를 말한다. 교육목표가 구체적이고 명세적이지 못하면 교육내용이나 방법 또는 평가 기준이 모호해질 수밖에 없다. 따라서 교육과정에서 교육목표는 교육내용, 교수-학습활동, 교육평가를 고려하여 구체적으로 작성하여야 한다.

2) 교육내용

교육내용은 설정된 교육목표를 달성할 수 있게 하는 그 무엇이다. 따라서 이미 설정된 교육목표를 달성하게 해줄 것으로 예상되는 많은 교육내용 중에서 실제로 가장 가치 있고 효율적인 것으로 입증된 교육내용을 선택해야 하고, 선택된 교육내용들은 체계적으로 조직하여 학생들에게 제시해야 한다. 교육을 통해서 달성해야 할 바를 교육목표라고 한다면, 그러한 교육목표를 달성하게 해주는 강력하고 효율적인 수단을 교육내용이라고 할 수 있다. 즉, 교육목표와 교육내용의 관계는 목적과 수단의 관계라고 볼 수 있다.

3) 교수-학습활동

교수-학습활동은 학습지도로 표현되어 온 개념이다. 즉, 교수자와 학습자 사이에 실제로 전개되는 학습 및 행동과정이다. 이러한 교수-학습활동은 학습자의 심리적 특성, 교사의 인성과 자질, 지도능력, 목표와 내용, 교수 여건 및 방법, 학교 또는 학급의 분위기, 물리적 환경 등의 제 요인들이 역동적으로 상호작용하여 이루어지는 과정이다.

4) 교육평가

교육평가는 교육목표의 달성 여부를 확인하기 위하여 학생 학습활동의 전 과정과 교사 자신을 평가하는 것을 말한다. 즉, 교육평가는 더욱 나은 교육적 향상과 발전을 위하여 체계적이고 계획적인 교육적 노력의 계속 과정으로서, 평가대상은 학생의 학습성과, 학습을 지도하는 교사 자신의 평가, 교육과정 그 자체의 평가를 포함한다. 학생의 평가는 단순히 나타난 학습 결과만으로 끝나는 것이 아니고 학생의 학습활동 전 과정을 평가해야 한다. 교사 자신의 평가는 교사의 지도계획, 지도과정, 지도방법, 목표의식, 평가계획 등과 같은 모든 것까지 평가해야 한다. 이와 같이 평가는 교육과정의 구성 및 전개와는 동떨어진 별도의 활동이라기보다는 교육과정 속에 포함되는 활동이라고 할 수 있다(김진규, 2015).

결론적으로, 교육과정의 구성요소와 관련하여 타일러(Tyler)는 다음과 같은 네 가지 질문에 답할 수 있어야 한다고 생각하며, 이들 각 질문에 대해 답하는 방법을 제시하고 있다. 그가 제시한 네 가지 질문은 다음과 같다.

① 학교는 어떠한 교육목적을 달성해야만 하는가?

② 그러한 교육목표를 달성하기 위하여 어떠한 학습경험들을 제공해야 하는가?

③ 이러한 학습경험들은 어떻게 효과적으로 조직될 수 있는가?

④ 그러한 교육목적이 달성되었다는 것을 어떻게 알 수 있는가?

요점 정리(summary)

- 교육과정의 분류에는 기초 성격에 의한 분류(공식적 교육과정, 실제적 교육과정, 잠재적 교육과정, 영 교육과정, 특별활동), 학교 교육 과정에 의한 분류(의도된 교육과정, 전개된 교육과정, 실현된 교육과정), 교육과정의 조직 수준에 의한 분류(국가수준 교육과정, 지역수준 교육과정, 학교수준 교육과정)가 있다.
- 교육과정의 성격에는 통합화, 지역화, 개별화, 수단성, 사회성, 포괄성, 가변성, 민주화(자율화), 과학화, 생활중심성이 있다. 이들 교육과정의 성격은 교육과정의 구성요소와도 밀접한 관련이 있다.
- 교육과정을 구성하는 요소들을 교육목표, 교육내용(선정과 조직), 교수-학습활동, 교육평가로 구분할 수 있다. 이들 구성요소에 대하여 다음의 네 가지 질문을 통해 교육과정의 질을 높일 수 있다. ① 학교는 어떠한 교육목적을 달성해야만 하는가?, ② 그러한 교육목표를 달성하기 위하여 어떠한 학습경험들을 제공해야 하는가?, ③ 이러한 학습경험들은 어떻게 효과적으로 조직될 수 있는가?, ④ 그러한 교육목적이 달성되었다는 것을 어떻게 알 수 있는가?

주요 용어(key word)

- 공식적 교육과정
- 잠재적 교육과정
- 실제적 교육과정
- 영 교육과정
- 의도된 교육과정
- 전개된 교육과정
- 실현된 교육과정
- 통합화
- 개별화
- 수단성
- 민주화
- 포괄성
- 사회성
- 가변성
- 과학화
- 교사 배제형
- 교사 사소화

형성평가 및 연구과제 formation evaluation & research subject

1. 교육과정을 지방 자치적으로 운영하던 나라들이 국가수준의 교육과정 기준을 채택하게 된 이유와 거리가 가장 먼 것은? (02년 중등 임용고시)

가. 교사의 전문성과 자율성을 향상시킬 수 있다.
나. 교육의 책무성 강화를 통해 국가 경쟁력을 높일 수 있다.
다. 지역 교육과정 개발을 위한 비용과 시간을 절감할 수 있다.
라. 학생의 거주지 이동에 관계없이 교육의 계속성을 보장할 수 있다.

2. 교사들이 교육과정 개발에서 적극적인 역할을 수행하지 못할 경우, 교육과정을 중요하게 생각하지 않는 '교육과정의 사소화' 현상이 종종 일어난다. 〈보기〉에서 이러한 문제를 최소화하기 위한 적절한 방안을 골라 바르게 묶은 것은? (05년 초등 임용고시)

보기

1) 단위 학교 내 학교 교육과정위원회의 기능을 활성화한다.
2) 전문가의 연구개발보급 과정을 거쳐 현장에 적용하는 교육과정 개발 방식을 강화한다.
3) 국가는 교사 배제형 교육과정을 개발하여 단위학교에 보급한다.
4) 일반 원리에 따른 절차보다는 구체적인 실천 사례의 반성을 통해 교육과정을 개발한다.

가. 1), 2) 나. 2), 3)
다. 1), 4) 라. 3), 4)

3. 다음 중 학교수준 교육과정의 편성에서 가장 중요하게 고려할 것은? (00년 중등 임용고시)

가. 교사들의 적극적인 참여
나. 지역성을 배제한 보편성 추구
다. 교과서 중심의 진도계획 작성
라. 교육과정 및 교과서에 제시된 배열 순서 준수

4. 다음 중 교육과정을 구성하는 핵심적인 요소와 관련성이 가장 적은 질문은?

가. 학교는 어떤 교육목적을 달성하기 위하여 노력해야 하는가?
나. 학교는 학생들의 요구를 어느 정도로 수용해야 하는가?
다. 중학생에게 필수로 이수시켜야 할 교과는 무엇인가?
라. 특별활동을 효과적으로 운영하는 방법은 무엇인가?

5. 다음 중 교육과정 구성요소를 가장 잘 나타내고 있는 것은?

가. 교사의 현장연구는 어떤 가치가 있는가?
나. 학교장의 지도성은 학교구성원의 인간관계에 어떤 영향을 미치는가?
다. 교사평가를 주장하는 사람들은 어떤 교육관을 지닌 사람들인가?
라. 학년 간 과학교과 내용이 관련성을 가져야 하는 이유는 무엇인가?

6. 〈제시문〉에 나타난 교육과정 성격에 해당하는 것은?

제시문

1) 학생들의 생활을 중심으로 구성되고 실행되어야 한다.
2) 현재와 미래뿐만 아니라 과거의 생활도 포함되어야 한다.
3) 추상적인 경험이 아닌 실질적인 경험중심의 교육 활동을 전개해야 한다.

가. 가변성　　나. 과학화　　다. 생활중심성
라. 수단성　　마. 통합화

7. 다음 중 국가수준 교육과정의 장점이 아닌 것은?

가. 교육과정의 연계성(표준화)을 충족한다.
나. 질 높은 수준의 교육과정 개발이 가능하다.
다. 대변혁 시기에 총체적 대응이 가능하다.
라. 교사의 '교육과정 사소화' 및 '교사 배제형 교육과정'을 막을 수 있다.

8. 교육과정 구성요소 중 교육목표에 대한 설명이 적합하지 않은 것은?

가. 교육목표는 구체적이고 명세적이어야 한다.
나. 교육목표는 교육평가를 고려하여 작성한다.
다. 교육목표는 교육내용을 고려하여 작성한다.
라. 교육목표는 교수자의 활동을 고려하여 작성한다.

9. 학생들에게 가르칠 가치가 있음에도 불구하고 학교 교육에서 다루어지지 않는 교육과정은 무엇인가? 또 그 내용은 무엇인가?

10. 공식적 교육과정(표면적 교육과정)과 잠재적 교육과정의 차이를 비교해 보시오.

11. 국가수준 교육과정과 학교수준 교육과정의 장·단점을 세 가지씩만 제시해 보시오.

Chapter 03

교육과정의 유형

1. 교과중심 교육과정
2. 경험중심 교육과정
3. 학문중심 교육과정
4. 인간중심 교육과정

학습개요

이 장에서는 교육과정의 유형에 대하여 살펴보고자 한다. 교육과정의 유형에는 여러 가지로 구분할 수 있지만, 여기에서는 교육과정 유형 중 대표적인 교과중심 교육과정, 경험중심 교육과정, 학문중심 교육과정, 인간중심 교육과정만 살펴볼 것이다. 첫째, 교육과정의 유형별로 교육과정 조직형태가 무엇이 있는지 그리고 어떻게 적용되는지를 살펴볼 것이다. 또 조직형태를 대표하는 분과형, 상관형, 융합형, 광역형, 생성형, 교과중핵형, 균형형을 집중적으로 조명해 볼 것이다. 둘째, 교육과정 유형별의 특징, 교육철학적 배경, 교육목적, 교육내용, 교육방법, 평가방법의 장·단점 등을 살펴볼 것이다. 이를 토대로 교육과정 유형별로 시기, 정의, 실체, 사상적 배경, 개념의 폭 등의 차이를 명확하게 비교·설명할 수 있을 것이다. 여러분은 이 장을 마치고 나면 교육과정 유형별의 차이, 장·단점, 특징 등을 정확하게 이해할 수 있을 것이다.

학습목표

학습목표 1. 교육과정의 유형별 차이를 비교·설명할 수 있다.

학습목표 2. 교육과정의 유형별 장·단점을 비교·설명할 수 있다.

학습목표 3. 교육과정의 유형별 특징을 비교·설명할 수 있다.

'무엇을 가르칠 것인가'에 대한 질문으로 교육과정의 교육내용을 무엇으로 볼 것인가, 즉 지식(교과, 학문), 학습자(경험, 인간) 등 어떤 것에 가치를 두고 강조하느냐에 따라 구성 유형은 달라질 수 있다. 이 장에서는 교육과정 유형 중 가장 일반적인 교과중심 교육과정, 경험중심 교육과정, 학문중심 교육과정, 인간중심 교육과정에 대하여 주요 특징, 교육철학적 배경, 교육목적, 교육내용, 교육방법, 평가방법, 조직형태, 장·단점에 대하여 살펴보고자 한다(김희수, 2015; 권낙원 외, 2012; 손충기, 2006).

1 교과중심 교육과정

교육과정 유형을 살펴보기 전에, 지식, 교과, 학문에 대한 기본 개념을 살펴볼 필요가 있다. 지식은 학문을 구성하는 요소이며, 교과를 구성하는 바탕으로 어떤 대상에 대해 알게 되는 명확한 인식이나 이해 혹은 알고 있는 내용이나 사물에 대한 단편적인 사실적·경험적 인식과 객관적 타당성을 요구할 수 있는 판단의 체계를 의미한다. 다음으로 학문은 탐구 대상, 주요개념(내용), 논리구조(구조), 진리검증(방법) 등의 기준에 의하여 분류되는 지식들의 조직체를 의미한다. 마지막으로 교과는 목적을 달성하기 위하여 교육내용을 선정하고 조직한 조직체로 각급 학교의 교육과정에서 수업과 학습을 위한 구분 단위를 의미한다. 교과와 학문 모두 지식을 바탕으로 이루어진다는 공통점이 있지만, 학문은 앎의 범위, 지식의 범위를 넓혀가는 데 목적이 있기 때문에 무한히 확장하는 성질을 가지고 있다. 그러나 학교 교과는 기존에 정립된 학문적 지식을 학생들에게 체계적으로 전달하고 그들을 지식의 세계로 입문시키는 데 목적이 있다.

교과중심 교육과정(subject-centered curriculum)은 '지식의 체계'를 중시하는 교육과정으로서 학교에서 학생들이 배우게 되는 모든 교과와 교재를 포함한다. 가장 오래된 전통적인 교육과정의 한 형태로서 고대 그리스 시대의 7자유과(3학: 논리학·문법·수사학, 4과: 기하·산술·음악·천문학)를 바탕으로 하여 고대부터 현대까지 초등·중등·고등 교육과정에 폭넓게 활용되고 있다. 교과중심 교육과정은 내용을 지식으로 보고 전통적으로 내려오는 가치와 유산의 전수를 교육과정의 핵심으로 보았다. 교과란 잘 정리된 질서 있는 세계관을 바탕으로 과거의 지혜와 지식 중 가장 가치 있다고 여기는 것들을 모아 놓은 것을 의미한다. 각 교과는 정선(精選)된 중요한 내용으로 바탕으로 그 자체의 논리와 체계가 있으므로 교과를 체계적으로 학습하는 것이 교육의 중요한 방법이며, 궁극적으로 지식을 습득하고 이성을 계발하는 것이 목적이다.

전통적 교육사상에서 본 교육과정으로 교수요목(教授要目) 그 자체를 교육과정으로 간주한다. 이는 학생들 입장에서 본다면 학습해 나가야 할 과정이며, 교사 입장에서 본다면 교육내용을 가르쳐야 할 내용의 체계를 의미한다.

1) 주요 특징

① 인류의 문화유산이 교육의 주된 내용이다.

② 교사중심의 교육과정이다. 교사는 학생보다 월등히 많은 지식과 기술을 알고 있어야 하며, 학생에게 효과적으로 전달할 수 있어야 한다.

③ 설명 위주의 교수법을 요구하는 경우가 많다. 교사는 교과내용의 전문가로서 수업은 자연스럽게 교사의 설명이 핵심이 된다.

④ 한정된 교과영역 안에서만 교수-학습활동이 이루어진다. 자신의 영역을 넘으면 다른 교과를 침범하는 것으로 간주된다.

2) 교육철학적 배경

① 이상주의(idealism)를 교육철학의 배경으로 한다.

현실보다는 초현실적인 것을 실재로 여기고 현실적으로 존재하지 않는 가치를 의지적으로 지향하는 것이 인간이다. 진리 및 판단 준거는 인간에 내재되어 있으며, 진리의 불변성과 일관성을 신념하고, 인식 결과로서의 지식관, 교사권위, 인간성의 천부성과 고유성을 강조한다.

② 본질주의(essentialism)를 교육철학의 배경으로 한다.

가장 본질적인 것을 교육을 통해 다음 세대에 전승시킴으로써 역사는 진전한다고 신념한다.

3) 교육목적

교과중심 교육과정이 추구하는 교육목적은 중요한 교과내용 학습을 통하여 이성과 인격(신념의 통합성, 실천적 행동의 일관성, 신조에 충실성, 신념의 도덕성 등)을 도야하고, 본질적인 문화유산의 전달과 전통적으로 중시해 온 지식의 습득이다.

4) 교육내용

서양에서 7자유과(3학: 논리학·문법·수사학, 4과: 기하·산술·음악·천문학), 동양의 유교 경전, 고전 과목들, 문화유산으로부터 정선된 내용 그리고 현재 우리나라의 주요 교과목들이 교육중심 교육과정의 주요 내용이다.

5) 교육방법

교육방법은 주로 교사의 내용 설명과 전달이며, 학습방법은 기억과 지식 습득 및 반복연습 방법이 중시된다.

6) 평가방법

주로 교과내용을 얼마나 잘 습득하고 기억하고 있는가를 확인하기 위해 규격화된 평가도구(시험지 등)에 의해 객관적인 점수를 산출하는 방법이 적용된다.

7) 조직형태

(1) 분과형 교육과정

분과형(分課型) 교육과정은 모든 교과가 서로 분리되어 상호 연관성을 지니지 않도록 편성한 교육과정이다. 국어, 수학, 영어, 사회, 화학, 생물 등이 독립적인 내용체계를 이루며 구성된 것이 그 예이다.

(2) 상관형 교육과정

상관형(相關型) 교육과정은 일반적으로 형식은 분과형을 취하지만, 관련 교과의 내용들이 서로 관련성을 갖고 교수-학습할 수 있도록 편성한 교육과정이다. 국어와 사회, 수학과 물리, 도덕과 사회 등의 교과를 독립적으로 편성하되, 어떤 내용(국어의 문학작품과 역사의 작품이 쓰인 시대적 배경은 교과 간에 서로 관련지어)은 교수-학습이 가능하도록 교육과정이 편성된다.

(3) 융합형 교육과정

융합형(融合型) 교육과정은 상관형에서 광역형으로 이행하는 과정에서 시도되는 일종의 과도기적인 교과중심 교육과정이다. 교육내용상 서로 결합이나 통합할 수 있는 것들을 하나의 교과로 편성하는 교육과정이다.

예를 들어, 식물학과 동물학을 결합시켜 '생물학'으로 편성하거나, 생물과 화학을 결합시켜 '생화학'으로 편성하는 것을 말한다.

(4) 광역형 교육과정

광역형(廣域型) 교육과정은 융합형에 비해 결합시키는 관련 교과목들의 범주가 더 넓다. 예를 들어, 과학(생물, 화학, 물리, 지구과학 등 결합)이나 일반사회(정치, 사회, 경제, 문화 등 결합) 등의 교과가 여기에 해당한다.

(5) 교과중핵형 교육과정

교과중핵형(敎科中核型) 교육과정이란 과목들을 그대로 유지하면서 중핵적인 교과, 가장 중심적인 내용을 다루고 있는 교과를 중심부에 두고, 다른 교과들을 동심원적으로 편성하는 교과중심 교육과정의 한 형태이다. 사회과가 중심에 놓이게 되면, '사회과 중핵교육과정'이 되며, 과학이 중심이 되는 경우 '과학과 중핵교육과정'이 된다.

8) 장 · 단점

(1) 장점

① 교육과정이 간단명료하게 구조화되어 이해하기가 쉽다.
② 교수-학습결과의 평가가 용이하며 객관적인 측정이 가능하다.
③ 교육과정 개정의 수월성이 있다.
④ 교육과정에 대한 중앙집권적 통제가 수월하다.
⑤ 전통적으로 교과중심 교육은 익숙해져 있으므로 교사, 학생, 학부모에게 심리적인 안정감을 준다.

(2) 단점

① 학생의 욕구와 흥미가 무시되고 교사의 가치를 강요할 가능성이 높다.
② 학생의 개인차를 무시한 학습지도가 이루어질 수 있고, 교사중심의 일방적인 수업이 되기 쉬우므로 학생의 피동적인 수업 참여가 이루어질 가능성이 높다.
③ 단편적이고 분절적으로 조직되기 때문에 통일성과 연계성이 결여되기 쉽다.
④ 문화유산을 담았으므로 과거 지향적인 수업이 되기 쉽고 현실 문제를 해결하는 데 소홀해질 수 있다.
⑤ 학생의 민주적인 가치와 태도를 기르는 데 한계가 있다.

2 경험중심 교육과정

듀이(1859~1952)

경험중심 교육과정(experience-centered curriculum)이란 경험의 계열을 존중하는 과정을 말하는 것으로, 학교의 지도하에 아동 및 학생들이 체험하게 되는 모든 경험을 의미하며, 학습자의 능력을 토대로 자발적 활동에서 생기는 경험의 체계를 중시한다. 교과중심 교육과정은 모든 학생들에게 공통된 문서(文書)를 의미한다면, 경험중심 교육과정은 학생 개개인에 따라서 다르게 나타나는 경험(經驗) 자체를 의미한다. 그래서 경험중심 교육과정은 교과(敎科)활동에 못지않게 과외(課外)활동을 중시한다. 경험중심 교육과정은 학생의 흥미와 필요, 호기심에 기초한 경험을 중요시한다. 듀이(Dewey)는 "음식물이 스스로 소화시키고 저절로 근육과 뼈와

혈액이 될 수 없다"고 하였다(박철홍 역, 2002). 마찬가지로 교과가 아동 마음의 작용이 없으면 아동의 일부가 될 수가 없는 것이다. 경험중심 교육과정은 학습자의 흥미와 요구를 토대로 자발적 학습활동을 강조하며, 학생들의 흥미와 관심 및 현재 생활경험에 토대를 두고 교육내용을 조직하는 '심리적 조직'을 강조한다. 경험중심 교육과정에서는 교재보다는 생활을, 지식보다는 행동을, 분과보다는 종합을, 미래의 준비보다는 현재의 생활을, 교사의 가르침보다 학습자의 활동을 중요시하는 입장을 취한다. 또한 사회의 급격한 변화에 적응하는 인간을 육성하고, 전인교육 및 문제해결력의 함양을 강조하고 있다(지식채널e - 7년간의 실험 참조).

경험중심 교육과정은 교과중심 교육과정에 회의를 갖기 시작한 1930년대 전후로 출발하였으며, 듀이(Dewey)의 진보주의 교육사조에 맞추어 전통적 교과중심 교육과정으로는 급변하는 사회에 아동과 학생들이 적응하기 어렵고, 현실생활과의 괴리가 있다는 비판을 받아 교육과정에 대한 변화가 나타났다. 즉, 현실생활과 합일되는 새로운 교육과정의 필요성이 요구되었다. 이에 교과중심 교육과정을 대체할 새로운 교육과정이 검토되었는데, 그것이 바로 경험중심 교육과정이다.

1) 주요 특징

① 교과활동 못지않게 과외활동을 중요시한다. 교과중심의 교육과정이 교실에서의 학습을 위주로 하는 것이라면 경험중심 교육과정은 교실 학습 못지않게 여행, 견학, 자치 활동, 동아리 활동, 체험학습, 전시회 등을 중요시한다.

② 생활인의 육성을 목표로 한다. 학습을 통한 사회성, 공민적 책임, 자아실현 등의 가치를 부여한다.

③ 현실 생활 속에서 직면하게 되는 문제를 해결하는 능력을 기른다.

④ 교재를 학습의 장에서 결정하며 학습자의 협력과 참여를 중요시

한다.

⑤ 아동의 흥미 및 욕구를 기초로 교육과정을 구성한다.

⑥ 아동의 개인차를 고려하여 교육과정을 구성한다.

2) 교육철학적 배경

(1) 자연주의 및 진보주의

자연주의(naturalism)란 자연 그 자체에 질서가 있으며, 질서를 따를 때 삶이 가장 올바르고 행복하다는 입장이다. 여기에는 루소(Rousseau)를 중심으로 한 주관적 자연주의가 있는데, 이는 개별 학생의 개성에 따라 교육을 제공해야 한다는 것이고, 코메니우스(Comenius)를 중심으로 한 객관적 자연주의는 자연 속에서 일반적 원리를 찾아내어 교육에 적용해야 한다는 입장이다. 진보주의(progressivism)는 인간의 진정한 성장과 발달 그리고 진보는 개인에게 성장할 수 있는 충분한 기회를 부여하고, 적합한 환경을 조성해주는 게 중요하다는 입장이다. 따라서 교육과 생활은 둘이 아닌 하나로 본다.

(2) 실용주의

실용주의(pragmatism)란 인간이 생물학적, 사회적, 심리적 진화의 과정을 통하여 발달하며, 가치관은 생활경험 속에서 형성되고 지식의 절대성보다는 상대성을 신념한다. 인식의 주체인 인간은 환경과의 부단한 상호작용을 통하여 발달하는 존재이며, 현재성과 활동성을 띤 생활을 영위하는 성질을 지니고 있고, 모든 사상은 부단히 변한다고 믿는다.

3) 교육목적

경험중심 교육과정이 추구하는 교육목적은 학생의 덕성을 비롯한 선천적인 본성을 고양하도록 개인적 경험을 재구성하고 확장시키는 것이며, 생활상에서 부딪치는 문제를 스스로 해결할 수 있는 문제해결력을 가르는 것이다. 단순한 지식의 습득에 머무르지 않고 전인적 생활인의 육성을 강조한다.

4) 교육내용

학생의 생활 속에서 교육내용을 선정한다. 학생의 생활영역, 생활문제, 흥미와 필요 등을 기초로 교육내용('학습경험'이라는 용어가 더 적합하다)을 선정한다. 교과는 학생의 생활 경험의 세계로 전환될 때에만 그 의미를 지니며, 교과과정 못지않게 교과 외 과정을 중시한다.

5) 교육방법

학생중심의 실질적인 경험, 경험한 내용의 개인적·집단적 발표와 토론, 교육내용과 학습경험의 성격에 따라서 교수-학습과정의 개별화 강조, 학습활동 집단 조직의 다양성이 강조되며, 교사는 학생의 학습활동을 활성화시키는 방법을 개발·적용한다.

6) 평가방법

교과형과는 달리 교과별 시험점수 확인이나 집단 내 순위 정하기보다는 학생의 개인별 경험의 확장 상태의 진전도, 문제해결능력의 개선 정도, 지적·정의적·신체 기능적 특성의 발달 상황 등을 가능한 종합적·포괄적으로 평가하는 데 주안점을 둔다.

7) 조직형태

(1) 생활영역 교육과정

생활영역 교육과정은 인간 생활의 중요한 영역을 밝히고, 각 영역에서 중요한 지식이나 기능, 수행과제 등을 추출하여 편성한 교육과정이다. 생활영역을 가정 및 결혼 생활, 건강 생활, 직업 생활, 여가 생활, 인간관계 생활 등으로 정하고 각각의 생활에 도움이 되는 내용과 경험을 선정하여 교육과정을 편성할 수 있다.

(2) 활동형 교육과정

활동형 교육과정은 학생들이 현재 흥미를 느끼거나 필요로 하는 바를 분석하여 이를 토대로 편성한 교육과정이다.

(3) 생성형 교육과정

생성형 교육과정은 현성(現成) 교육과정이라고도 하며, 교육내용이나 학습경험을 미리 선정·조직하지 않고 교수-학습의 장에서 학습자들의 의견을 들어 구성하는 교육과정이다.

(4) 중핵 교육과정

중핵(中核) 교육과정은 학생들이 가장 필요로 하는 것, 사회생활에서 가장 핵심적인 주제를 중심부에 두고, 중심적인 주제를 학습하는 데 도움이 되는 내용들을 주변 과정에 설치하여 편성하는 교육과정이다. 예를 들어, 학생들의 진로개발과 진로선택 능력을 육성하는 것이 중요한 교육의 목적으로 설정했다면 진로개발과 진로선택 과정을 중심부에 두고, 이를 중심으로 인간의 이해, 사회의 이해, 자연현상의 이해, 생태학, 미래학 등과 같은 과정을 주변 과정으로 설정하여 교육과정을 편성할 수 있다. 이를 학생 필요 중핵 교육과정이라고 한다.

8) 장 · 단점

(1) 장점

① 학습자의 흥미나 욕구를 고려하여 교육과정을 구성하기 때문에 학습자의 학습활동을 촉진시킨다.

② 학생 스스로가 세운 목표와 계획에 따라 자신의 문제를 해결할 수 있는 능력을 기르는 데 효과적이다.

③ 현실 문제를 공동으로 해결하는 과정 안에서 사회성, 책임감, 협동심 등 민주적인 태도와 생활방식을 기르는 데 효과적이다.

④ 개인차를 고려한 학습이 가능하므로 학생의 학습효과를 높일 수 있다.

⑤ 다양한 형태의 학습이 전개되므로 경험의 폭을 넓힐 수 있다.

(2) 단점

① 교직에 대한 소양과 지도요령이 부족한 교사는 실패할 가능성이 높다.

② 학습자의 흥미 및 욕구에 입각하여 구성하게 되면 교육을 과소평가하는 결과를 낳기 쉽다.

③ 행정적으로 통제하기가 어렵고 통일성을 갖기가 어렵다.

④ 구체적 사항이나 경험에 관심이 많은 학생들의 수준에서는 경험중심 교육과정이 유리하지만, 일반적 경험이나 원리적 지식에 관심이

많은 학생들에게는 적합하지 않다.

⑤ 교육과정의 기본적인 분류가 명확하지 않다. 교과중심 교육과정은 각 교과를 중심으로 교육과정을 편성하지만, 경험중심 교육과정에서는 학습자들의 흥미나 욕구를 고려한 것이므로 명확한 분류를 하기가 어렵다.

3 학문중심 교육과정

브루너(1915~2016)

학문중심 교육과정(discipline-centered curriculum)은 20세기 후반에 이르러 과학과 기술의 발달로 지식의 폭발적인 증가와 1957년 구소련의 스푸트니크(sputnik) 발사의 충격으로 경험주의(진보주의)를 비판하는 움직임이 시작되었다. 기존의 교육과정은 교과에 담긴 지식이나 내용의 가치를 상대적으로 약화시켜 학생들의 학력을 저하시켰고, 이로 인해 1960년대부터 브루너(J. Bruner)를 중심으로 새로운 교육과정이 나타나기 시작했다. 그리하여 1960년 이후 브루너(Bruner)를 중심으로 기초 학문에 충실하자는 자성이 일어났다. 그리고 교과를 충실하게 가르치되, 단순한 사실 전달과 암기방식이 아닌 탐구과정을 통해 지식의 구조를 파악하도록 해야 한다는 주장이 제기되었다. 즉, 학습자 스스로 교과내용의 핵심이 되는 기본 구조를 찾아내고 그것을 스스로 탐구해 갈 수 있도록 조직하는 것이었다. 이러한 교육과정을 학문중심 교육과정이라고 한다.

학문중심 교육과정(discipline-centered curriculum)이란 각 교과가 지닌 지식의 구조를 중심으로 논리적이고 체계화된 일련의 지식체계를 강조하며, 단순한 사실 전달이나 암기방식이 아닌 탐구과정을 중심으로 구성하는 것을 의미한다. 어떤 교과라도 어떤 발달단계에 있는 학습자에게도 그것을 효과적으로 가르칠 수 있다고 전제하고, 교수자는 지식을 전수하며 학습자에게 학문을 탐구할 수 있는 '학자로서의 학생'의 모습을 기대한다. 교과중심 교육과정은 학습자가 단순히 지식과 정보를 습득하는 것을 학습이라고 보는 반면, 학문중심 교육과정에서는 학습자가 개념이나 원리를 이해하고 학문 분야에 맞는 절차와 방법을 활용하여 개념화한 것을 학습이 이루어졌다고 본다.

학문중심 교육과정은 지식의 구조, 탐구방법(과정), 나선형 교육과정의 특징을 갖고 있다. 우선 지식의 구조란 각 학문의 기본적인 뼈대, 즉 골격을 이루는 내용으로 핵심적이고 기본적인 지식, 개념, 원리, 법칙 등을 의미한다. 이는 단순한 지식의 정보 나열이 아니며, 지식이 서로 관련되고 체계화된 것으로, 학습자들은 보다 쉽게 교과를 이해할 수 있으며, 학습의 전이를 통한 오랜 기억을 할 수 있다. 다음으로 각 교과 내에 있는 개념, 원리 등을 교수자가 직접 전달하는 것이 아니라, 전공분야의 학자가 탐구한 것처럼 스스로 탐구과정을 통해 발견하는 것이 중요하다. 학습자가 배워야 하는 것은 '지식의 덩어리' 그 자체가 아닌, 그것을 낳게 한 탐구과정이다. 이러한 탐구과정은 학습자의 내적 동기의 유발을 강조하며, 이는 일반적인 전이를 촉진할 수 있다. 마지막으로 학문중심 교육과정은 나선형 교육과정 구성을 강조하는데, 나선형 교육과정은 핵심개념이나 기본원리를 학습자들의 사고방식에 적합하게 가르치며, 학년의 단계에 따라 점차 심화·확대해 나가는 교육과정을 의미한다.

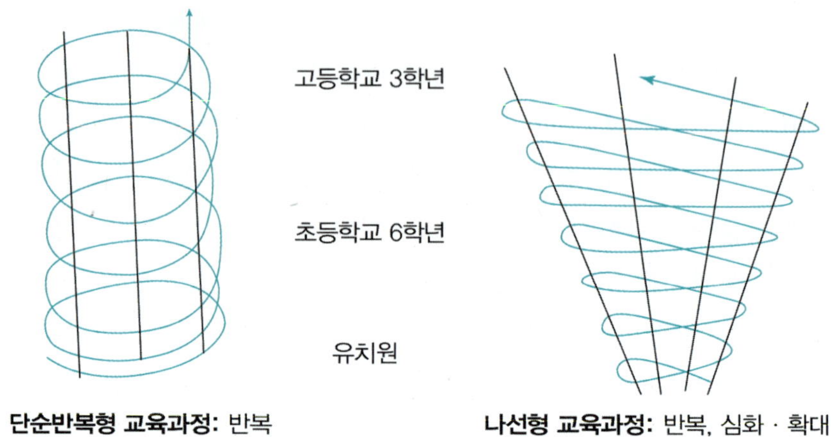

그림 3-1 단순반복형 교육과정과 나선형 교육과정 비교

1) 주요 특징

① 지식의 구조를 중심으로 교육과정을 조직한다. 교육과정은 각 교과의 전문가들이 각 교과에서 찾을 수 있는 <지식의 구조>를 분명하게 나타내어 교과 지식을 체계적으로 조직해 놓은 것이다.

② 나선형(螺旋形) 교육과정으로 구성한다. 나선형 교육과정은 교과에 담긴 핵심개념이나 기본 원리를 학습자들이 사고방식에 알맞게 가르치며, 학년의 진전에 따라 점차 심화·확대해 나가는 교육과정을 의미한다.

③ 탐구과정을 중시한다. 교사는 주어진 개념, 원리 등을 제시하고 주입하는 것이 아니라 전공 분야의 학자가 탐구한 것과 같은 방식으로 학생이 스스로 탐구하여 원리를 찾아내도록 한다.

④ 내적 보상을 통해 학습동기를 유발하도록 강조한다. 외적 보상에 의한 학습동기보다 성공적인 문제해결에 따르는 희열과 성취감 등 보상을 중시한다.

2) 교육철학적 배경

실재주의(實在主義, realism)에 기반한다. 실재주의란 외적 객관적인 세계는 인간의 의식이나 입장을 떠나 독립적으로 실재하며, 참다운 인식은 객관적 실재 파악을 통하여 가능하다는 입장이다.

3) 교육목적

학문중심 교육과정이 추구하는 교육목적은 학생이 탐구정신을 습득하고 탐구능력을 배양하는 것이다. 즉, 학생으로 하여금 여러 가지 문제를 탐구하고 조사하거나 이를 해결하는 데 있어서 가장 유익한 개념, 원리, 아이디어를 사용하고 효율적인 과정을 거치도록 훈련하는 것이다. 학교 교육을 마친 후에도 학교에서 학습한 원리나 아이디어를 넓고 변화무쌍한 사회에서 계속 활용할 줄 아는 능력을 육성하는 것이 교육목적이다.

4) 교육내용

학교 교육에서 다루게 되는 교과는 무수히 많으며, 각 교과 내에서도 다루어야 할 지식은 개념, 사실, 원리, 법칙 등 상당히 많다. 학생이 수많은 지식을 한정된 교육과정 내에서 습득하기란 불가능하다. 따라서 지식들 중에서 가장 기본적인 것, 기초적인 것, 근원적인 것을 선별하여 가르쳐야 한다. 이러한 지식의 핵심적인 것을 학문중심 교육과정에서는 지식의 구조라고 말한다. 지식의 구조란 각 교과에 내재되어 있는 핵심적인 개념과 아이디어, 원리 그리고 학문하는 방법 등이 중요한 교육내용이 된다. 지식의 구조의 가치가 학문(교과) 간의 차이를 나타내주는 준거이다.

5) 교육방법

학문중심 교육과정이 중요시하는 교육방법은 발견과 탐구이다. 학생은 탐구 주제를 정하거나 부여받아 학자가 연구를 수행하듯 탐구과정을 거쳐 일종의 결론을 도출해 내는 교수-학습이 강조된다. 교과형 교육과정과는 달리 학생이 교과의 기본개념과 원리의 의미를 탐구하고 발견해 내는 과정을 중시하는 셈이다. 즉, 교과중심 교육과정에서 교사가 결론을 전달해주는 교사중심의 교수-학습방법을 탈피한다.

6) 평가방법

교육평가의 방법은 각 교과의 성격과 목표에 따라 결정된다. 공통적인 것은 결과보다 과정중심의 평가방법이 강조된다는 점이다. 선택형 문항에의 정답 찾기보다는 논술형 문항에 자신의 견해를 표현하는 방식인 일정한 절차에 의거 문제를 해결하는 능력 등을 주로 평가한다.

7) 조직형태

(1) 분과별 교육과정

분과별(分課別) 교육과정은 교과의 선은 그대로 두고 그 내용을 교과의 기본개념이나 과정(課程) 혹은 탐구방법 중 어느 하나를 중심으로 구조화하여 편성한 교육과정을 의미한다. 예를 들어, 교과 내에서 실험관찰을 하는 내용, 조사연구를 해야 할 내용, 문제해결을 해야 할 내용들을 구조화하여 편성한 교육과정을 말한다.

(2) 다과정 교육과정

다과정(多課程) 교육과정은 교과에 따라서 어떤 교과는 일반학급에서 교수-학습하고, 어떤 교과는 학습자들의 능력에 따라 2~3개의 학습반을 편성하여 교육과정을 운영하도록 조직하는 것을 의미한다.

(3) 나선형 교육과정

나선형(螺旋形, spiral) 교육과정이란 달팽이 껍데기에서 볼 수 있듯이 작은 원으로부터 점차 연속적으로 큰 원을 그려가며 교수-학습하는 교육과정을 편성하는 것을 말한다. 다시 말해 교육과정을 이 구조처럼 동일한 내용(동일한 개념이나 원리)을 학년이 올라갈수록 심화·확대되어 반복적으로 가르쳐질 수 있도록 하는 것이다. 이는 교육내용 조직의 원리 중 계속성과 계열성을 취한다.

8) 장·단점

(1) 장점

① 기본적이고 핵심적인 개념과 원리를 학습하기 때문에 기억이 쉽고 전이가 용이하다.
② 스스로 탐구하는 능력을 습득함으로써 학문 탐구방법을 체득할 수 있고, 학문 자체에 대한 즐거움과 행복감을 느낄 수 있다.
③ 체계화된 지식을 교육내용으로 선정하여 교육과정을 구성하기 때문에 능률적인 교수-학습이 가능하다.

(2) 단점

① 지적 능력이 뛰어난 학생들에게는 유리하지만, 지적 능력이 낮거나

부진한 학생들에게는 불리한 경향이 있다.

② 지적인 측면으로 편중하여 교육과정을 조직, 운영하기 때문에 정의적인 측면이 자칫 소홀할 수 있다.

③ 단절된 교과목 수가 늘어날 가능성이 많고 그 결과 통합성이 상실될 수 있다.

④ 각 학문에 내재한 지식의 구조를 학생들이 학습하기란 쉬운 일이 아니며, 실생활과 유리된 내용은 별로 실용성을 갖지 못하는 편이다.

⑤ 학생의 욕구와 흥미를 경시할 가능성이 높다.

4 인간중심 교육과정

1970년대에 들어 로저스(Rogers)와 실버만(Silberman) 등과 같은 인본주의 학자들에 의해 제기되었으며, 기존의 교육과정이 지나치게 어렵고 비인간적이라는 비판이 일어났다. 인본주의자들은 교육이 나아가야 할 방향은 단순히 지식과 기술을 습득하는 것이 아니라, 인성과 가치관, 인간성 개발, 긍정적 자아개념 형성 등 인간의 존재론적 탐구에 관심을 가져야 한다고 주장하였다. 교육의 궁극적 목적은 인간의 성장가능성을 최대한으로 실현하고, 참다운 인간의 육성할 수 있도록 학습자의 자아실현 가능성을 개발하는 것이다.

인간중심 교육과정은 개인의 고유한 가치를 실현하고 긍정적이고 자유롭게 자아를 개발할 수 있는 다양한 자극과 환경을 제공해야 한다는 점을 강조하고 있다. 학문적 지식을 획득하여 높은 결과를 얻기보다는 의미 있는 삶과 자아개발, 자기실현을 위해 바람직한 교육의 방향과 과정에 관심을 기울여야 한다고 본다(이형행, 2011). 이러한 인간중심 교육의 대표적인 예는 영국의 서머힐(Summerhill) 학교로 학생들은 자유롭게 선택하여 배우고 생활하여 상호 합의를 통해 공동으로 문제를 해결한다. 단 이때의 자유는 다른 사람의 자유를 방해하지 않는 한 자신이 하고 싶은 일을 자유롭게 수행할 수 있다. 니힐(A. Neill)은 아동의 본성은 선하고, 현명하고 현실적이며, 성실하기 때문에 아이들에게 자유를 주면 좋은 변화를 일으킨다는 자신의 주장을 서머힐 학교를 세웠으며(1921년) 이를 증명하였다(EBS 영상 "노는 아이들의 기적 서머힐 학교" 참조).

인본주의 사상에 근거하여 교육과정을 '학교에서 학생들이 갖게 되는 모든 경험과 활동의 총체'로 보려는 입장이다. 즉, 교육과정을 학생의 입장에서 바라보며 전인적 인간을 양성하는 데 목적을 둔다. 현대 산업사회의 거대화, 조직화, 관료화가 가져온 비인간화, 인간소외, 물화 현상을 바라보면서 수단화된 학교의 기능을 신랄하게 비판하고 교육을 인간화할 것을 강조하였다. 인간중심 교육과정은 공식적 교육과정과 잠재적 교육과정을 모두 포함하며, 인간적인 교과와 자아인지를 위한 교과(역사·문학·철학·예술 등)를 모두 강조한다. 또한 해당 교육과정에서는 계획되지 않은, 의도되지 않은, 지도되지 않은 경험도 있으며, 학습자로 하여금 그들이 교육과정을 통해 스스로 자아실현을 추구할 수 있도록 자유를 허용해야 한다. 또한 교수자는 학습자와의 정서적 유대감을 바탕으로 안내하고 격려하는 촉진자 역할을 해야 한다.

1) 주요 특징

① 인간존중을 핵심으로 한다.
② 학생의 자아실현을 실현하기 위한 내용으로 조직되고 구성되어야 한다.
③ 전인적 인간을 육성하는 데 있다.
④ 인간적인 학교 환경을 위해 노력한다.
⑤ 교육평가에서 교육의 결과보다는 과정을 더 중시한다.

2) 교육철학적 배경

(1) 인본주의

인본주의(人本主義)는 행동주의적이며 자연과학적 방법을 존중하는 연합주의(聯合主義)와 인간을 지나치게 분석적·결정론적으로 보는 정신분석학적 입장에 반대하는 학자들의 심리학적 조류이다. 즉, 연합주의와 정신분석학은 주로 동물이나 비정상인을 대상으로 인간을 반응객체(反應客體)로 보고 인간 현상을 기술하려 했음에 반하여, 인본주의심리학은 건전한 인간 자체를 대상으로 삼았으며 인간을 능동적인 성장 가능 잠재력을 가지고 있는 주체로 보았다. 또한 인간은 보다 자기 조절적·자기통제적이며, 자기 선택적(self-choice)이기 때문에 강요와 통제를 지양하고, 그보다는 자발성과 자율성을 더욱 강조해야 한다는 입장이다.

(2) 실존주의

고대 그리스 철학자 플라톤 이후 유럽의 철학은 인간을 눈에 보이지 않는 '본질'에서부터 이해하려는 관념론이 전통을 이루었고, 19세기 후반 서유럽에서는 콩트(Comte)를 중심으로 초월적이고 형이상적인 사변을 배격하고 관찰이나 실험 등 경험적으로 검증 가능한 인식론적 실증주의가 주를 이루었다. 실존주의(實存主義)는 이러한 합리주의적 관념론이나 실증주의에 반대하여 개인적인 인간의 주체적 존재성을 강조하는 철학이다. 실존이란 말은 원래 철학 용어로서 어떤 것의 본질이 그것의 구체적인 조건을 배제한 일반적 본성을 의미한 것으로, 그것이 개별자로서 존재하는 것을 의미한다. 즉, 실존주의라 함은 본질 존재가 아니라 개별적인 '현실' 존재라는 뜻이다. 따라서 실존주의는 개인이 처해 있는 현실적 세계의 상황 속에 단독으로 존재하는 현실 존재의 파악에서 출발하며, 주체적 관점에서 인간의 완전한 자유와 책임을 강조한다.

3) 교육목적

인본주의자들은 교육목적을 개인의 성장과 통합 및 자율성을 길러주는 것으로 보고 있다. 예를 들면, 자아실현을 궁극적인 교육목적으로 삼고 있다. 자아실현의 이상을 실현하는 것이 인간중심 교육과정의 핵심이다. 이와 같은 관점에서 그들은 교육과정의 주요 기능을 개인의 자유와 발달을 도모할 수 있는 내적 보상 경험을 제공하는 것으로 보았다. 따라서 인간중심의 교육과정에서는 학생이 자아실현 욕구를 실현할 수 있도록 고무하여야만 한다.

4) 교육내용

인간중심 교육과정의 큰 강점이자 특징은 통합이다. 여기서 통합이란 인지적 영역과 정의적 영역을 통합하는 것이다. 예를 들면, 학생 행동의 통일을 의미한다. 학생들이 배운 교과내용에 개인적인 정서, 사고, 행동을 접목할 수 있게끔 교육과정을 조직하고 편성하는 것이다. 따라서 교육과정은 학생들에게 무엇을 느끼게 하고, 어떠한 태도를 가져야 하는지를 가르치는 것이 아니라, 학생들에게 다양한 대안을 제시하고, 그들 스스로 대안을 선택할 수 있게끔 하며, 그 결과를 수용하고 책임질 수 있는 능력을 길러주는 것이 중요하다.

5) 교육방법

교육방법은 학생 스스로의 경험 재구성과 학습과정을 직접 수행해 나가도록 환경을 구성 및 제공하는 방법이 강조된다. 교수-학습의 주체는 학생이며, 교사는 촉진자, 지원자의 역할을 수행한다. 따라서 자기 감각을 통한 경험 학습, 만남의 집단(encounter groups), 명상 및 소집단 토론 등

교사와 학생 간 상호 신뢰에 바탕을 둔 개인 성장방법이 동원된다.

6) 평가방법

평가방법은 인본주의 관점에 기반을 두고 있으므로 성과보다는 과정을 강조한다. 학생들의 학습활동이 보다 개방적이고 독립적인 인간으로 성장해 나가는 데 도움이 되는지 여부에 관심을 둔다. 인본주의자들은 학습활동 그 자체를 가치롭게 보며, 미래의 가치에 공헌할 수 있다고 본다. 또한 학생이 자신과 다른 사람에 대해서 더욱 잘 깨닫고, 자신들의 잠재력을 개발하는 데 도움이 되는 교실 상황을 중시한다. 이에 교사들이 선호하는 평가방법도 학생의 주관적 감정을 중시한다. 예를 들어, 교사와 학생은 학생의 그림이나 시를 평가할 때 평가 수치를 제시할 수 있으며, 학생의 행동과 태도에 관한 현저한 진전에 대하여 말할 수도 있다.

7) 조직형태

(1) 균형형

균형형(均衡型)은 인간의 타고난 잠재가능성을 고루 계발할 수 있도록 신체적, 지적, 사회적, 정서적 내용을 통합적으로 균형 있게 조직한 교육과정을 의미한다.

(2) 개인형

개인형(個人型)은 학생의 개인적 능력과 필요에 적합하도록 교육과정을 개별화한 것을 의미한다.

(3) 연관형

연관형(聯關型)은 교과의 핵심내용을 학습자의 심리적 특성 및 생활과 밀접하게 관련지어 편성한 교육과정을 의미한다.

8) 장·단점

(1) 장점

① 타인과의 원만한 인간관계를 유지함으로써 타인을 존중하고 수용할 수 있는 건전한 가치관을 형성하는 데 도움을 준다.

② 학습자들에게 자신에 대한 긍정적인 태도 및 자기계발의 능력을 부여해 준다.

③ 학습자 간의 신뢰로 인간관계를 형성하는 데 도움이 된다.

(2) 단점

① 교육과정이 추상적이고 미체계화되어 있어 적용이 곤란하다.

② 기존의 학교 체제를 전면 부인하는 경향이 있어서 현실성이 떨어진다.

③ 개인의 경험 차이를 중요시하지만, 개인에게 적합한 경험이 무엇인지에 대하여 구체적인 대안을 제시하지 못하고 있다.

이상에서 언급한 교과중심 교육과정, 경험중심 교육과정, 학문중심 교육과정, 인간중심 교육과정을 시기, 정의, 실체, 사상적 배경, 개념의 폭을 정리하여 제시하면 표 3-1과 같다.

표 3-1 교육과정 유형별 비교

구분		교육과정	시기	강조점	실체	사상적 배경	주요질문
지식	무엇을 가르칠 것인가	교과 중심	1920~현재	교과목(교수요목)	문서	이상·본질주의	우리가 보존해야 할 지적 문화유산 중에서 가장 중요한 것은 무엇인가?
		학문 중심	1960~현재	학문(지식의 구조)	문서	본질·실재주의	지식(학문)의 구조는 무엇인가?
학습자	누구를 가르칠 것인가	경험 중심	1930~현재	지도된 경험(경험, 흥미)	경험	진보·실용주의	학습자의 지속적인 성장을 위해 어떤 경험이 필요한가?
		인간 중심	1970~1980	경험의 총체(개인, 자아)	경험	실존·인본주의	학습자의 자아이해와 자아실현을 위해 무엇이 필요한가?

요점 정리(summary)

- 교육과정의 유형에는 교과중심 교육과정, 경험중심 교육과정, 학문중심 교육과정, 인간중심 교육과정이 있으며, 이 외에도 다문화 교육과정, 구성주의 교육과정 등이 있다.
- 교육과정 유형별로 대표적인 조직형태는 분과형, 상관형, 융합형, 광역형, 생성형, 교과중핵형, 균형형 등이 있으며, 이와 같은 교육과정 조직형태는 교육과정 유형별의 특성에 맞게 운영된다.
- 교육과정 유형별의 특징, 교육철학적 배경, 교육목적, 교육내용, 교육방법, 평가방법, 조직형태, 장·단점 등을 이해하고, 이를 토대로 교육과정 유형별의 시기, 정의, 실체, 사상적 배경, 개념의 폭의 차이를 구분한다.

주요 용어(key word)

- 교과중심 교육과정
- 경험중심 교육과정
- 학문중심 교육과정
- 인간중심 교육과정
- 분과형
- 상관형
- 융합형
- 광역형
- 생성(현성)형
- 교과중핵형
- 균형형
- 본질주의
- 이상주의
- 진보주의
- 실용주의
- 실재주의
- 실존주의

형성평가 및 연구과제 formation evaluation & research subject

1. 역사, 지리, 정치, 경제 등의 내용을 '사회'로 통합하듯이, 여러 과목들 중에서 서로 유사하고 관련성이 큰 과목들을 한데 묶음으로써 교육내용과 활동을 재조직하는 통합 유형은?

가. 중핵형　　나. 광역형　　다. 상관형
라. 융합형　　마. 분과형

2. 다음 〈보기〉와 같은 특징을 지닌 교육과정은? (06년 중등 임용고시)

보기

1) 과학교과에서는 초등학교에서 배운 광합성의 원리를 중등학교에서도 심화·반복한다.
2) 경제 단원에서 자원의 희소성, 수요와 공급 등의 기본개념과 원리를 교과 구조 속에서 강조한다.
3) 교사가 결과적 지식을 먼저 제시하기보다 학생들로 하여금 탐구과정을 통해 일반화된 원리를 발견하게 한다.

가. 인간중심 교육과정　　나. 경험중심 교육과정
다. 교과중심 교육과정　　라. 학문중심 교육과정

3. 다음 〈보기〉와 같이 비판받고 있는 교육과정은? (04년 초등 임용고시)

보기

1) 사회가 당면한 문제나 학생이 흥미를 갖는 주제에 관심이 적다.
2) 교육과정 개발에서 교사의 실천적 지식을 잘 반영하고 있지 않다.
3) 학년이 올라감에 따라 동일 주제가 심화·확대되면서 교과내용이 지나치게 어려워질 가능성이 있다.

가. 경험중심 교육과정　　나. 인간중심 교육과정
다. 학문중심 교육과정　　라. 공학중심 교육과정

4. 브루너(J. Bruner)의 지식 구조 이론이 가장 잘 드러나는 사례는? (04년 중등 임용고시)

가. 영문법에서 문장 5형식은 기본 원리이므로 암기하도록 한다.
나. 자석의 원리에 대하여 설명해 준 다음 자석놀이를 통하여 이해하게 한다.
다. 삼권분립의 원리를 입법부, 사법부, 행정부의 요소별로 구조화하여 가르친다.
라. 물과 알코올을 섞는 실험을 통하여 물체의 분자구조에 따라 부피가 달라지는 현상을 깨닫게 한다.

5. 사전에 계획을 하지 않고, 교사와 학생들이 학습현장에서 함께 학습주제를 정하고 내용을 계획하여 교육이 이루어지는 교육과정은?

가. 영 교육과정
나. 중핵 교육과정
다. 현성 교육과정
라. 상관형 교육과정
마. 광역형 교육과정

6. 학생의 흥미나 요구를 중심으로 하여 교육내용을 통합하되 통합 이전 교과의 구분이 완전히 사라진 채 조직되는 통합 유형은? (04년 중등 임용고시)

가. 광역형
나. 중핵형
다. 분과형
라. 상관형
마. 균형형

7. 다음 〈보기〉에 제시된 특징을 지니고 있는 교육과정은?

보기

1) 자아실현을 목표로 함
2) 학교환경의 인간화
3) 학습선택권의 최대한 보장
4) 잠재적 교육과정의 중시

가. 교과중심 교육과정
나. 경험중심 교육과정
다. 학문중심 교육과정
라. 인간중심 교육과정
마. 생활중심 교육과정

8. 학문중심 교육과정에 대한 설명으로 가장 적절한 것은?

가. 외적 보상을 통한 학습동기 유발을 중시한다.
나. 학교 교육의 중요 역할을 경험의 획득에 둔다.
다. 학습자의 지적 수월성을 개발하는 데 목적을 둔다.
라. 학생의 필요를 충족시킬 수 있는 교육내용을 중시한다.
마. 지식 습득에 있어 탐구의 방법보다 암기를 중시한다.

9. 학문중심 교육과정을 지지하는 사람의 주장에 가장 가까운 것은? (00년 중등 임용고시)

가. 학습은 흥미를 바탕으로 이루어져야 한다.
나. 교사와 학습자의 상호작용을 중시해야 한다.
다. 초등학생도 학자들이 하는 것과 동일한 성격의 지적 탐구활동을 할 수 있다.
라. 학교 교육은 일상생활에서 직면하는 문제의 해결과 관련되는 것이어야 한다.

10. 교과중심 교육과정과 학문중심 교육과정의 공통점으로 볼 수 있는 것은?

가. 인성교육을 강조한다.
나. 학생들의 지적 성장을 강조한다.
다. 교과내용은 '지식구조'를 중심으로 조직한다.
라. 생활 개선에 직접적인 의미가 있는 교육을 중시한다.
마. 학습을 경험의 총합으로 보고, 학생의 흥미를 중시한다.

11. 학문중심 교육과정 이론과 가장 밀접하게 관련된 것은? (00년 초등 임용고시)

가. 학습자 자신의 이해에 입각하여 핵심 개념이나 원리 등을 파악하도록 한다.
나. 교육은 사회적 불평등의 재생산이 영속되지 않는 방식으로 이루어져야 한다.
다. 교육은 학생 경험의 계속적인 성장을 추구해야 한다.
라. 교육은 체계적이고 효율적인 절차를 존중하여 이루어져야 한다.

12. 교과중심 교육과정과 학문중심 교육과정의 교육철학적 배경이 순서대로 옳게 연결된 것은?

가. 본질주의-실재주의　　나. 본질주의-실용주의
다. 실재주의-실용주의　　라. 실재주의-실존주의

13. 다음 중에서 인간중심 교육과정의 특징과 거리가 먼 것은?

가. 전인적 인간을 육성하는 데 있다.
나. 교육의 결과보다는 교육의 과정을 중시한다.
다. 학생의 자아실현을 위한 내용으로 구성한다.
라. 인간적인 학교 환경을 위해 노력한다.
마. 생활인의 육성을 목표로 한다.

14. 다음 빈칸에 적합한 내용을 작성해 보시오.

구분	시기	정의	실체	사상적 배경	개념의 폭
1) 교과중심 교육과정					
2) 경험중심 교육과정					
3) 학문중심 교육과정					
4) 인간중심 교육과정					

15. 교육과정 유형 중에서 교사가 학생과의 상호작용을 위해 가장 노력해야 하는 교육과정 유형은 무엇이라고 생각하는가? 그 이유는 무엇인가?

16. 인간중심 교육과정은 매슬로(Maslow)의 욕구 위계를 근간으로 하고 있다. 매슬로의 욕구 위계를 작성해 보고, 왜 그러한지 그 이유를 제시해 보시오.

Chapter 04

우리나라 교육과정의 역사적 변천

1. 교육과정 변천의 개관
2. 과거의 교육과정
3. 최근의 교육과정

학습개요

이 장에서는 교육과정의 역사적 변천 과정 및 각 시기마다의 주요 특성을 파악함으로써 교육과정의 역사를 이해하고, 이를 토대로 교육과정을 바라보는 안목을 키워 교육과정의 미래를 설계하는 능력을 길러주고자 한다. 이를 위해 첫째, 시기별의 교육적/제도적 특성을 살펴볼 것이다. 특히 국가주도형 교육과정으로서 전국 표준 교육과정이 형성된 시기와 교육과정의 지역화나 각급 학교 특성 및 여건을 반영한 시기의 개정 배경과 특성을 살펴보고자 한다. 둘째, 우리나라 교육과정의 지역화와 더불어 학교중심 교육과정이 강화된 시기와 배경 등도 살펴볼 것이다. 마지막으로 2007년 이후 이어지고 있는 교육과정의 개정에 대한 검토를 통해 오늘날 교육과정의 주안점이 무엇인지에 대해 검토할 것이다. 여러분은 이 장을 마치고 나면 우리나라의 교육과정 변천사에 대한 통시적인 측면에서의 이해와 더불어 역사적 변천 과정의 산물로서 현대 교육과정의 주요 개념과 특징을 올바르게 이해할 수 있을 것이다.

학습목표

학습목표 1. 교육과정의 변천사를 이해하고 설명할 수 있다.

학습목표 2. 우리나라 교육과정의 주요 개념과 특징을 이해하고 설명할 수 있다.

학습목표 3. 우리나라 교육과정의 문제점과 대안을 제시할 수 있다.

1 교육과정 변천의 개관

우리나라 교육과정의 변천과정을 개정 시기별로 알아보기 전에 전체적으로 이해를 돕기 위해 요약하여 제시하면 **표 4-1**과 같다(권낙원 외, 2012, 이지원, 2019).

표 4-1 우리나라 교육과정의 변천사

교육과정기	주요 특징
긴급 조치기 (1945~1946)	• 당면한 교육 문제에 대한 미군정의 응급조치 • 초·중등학교의 교과 편제 및 시간 배당 발표
교수요목기 (1946~1954)	• 각급 학교의 교수요목 발표 • 교과중심의 분과주의 채택 • 진보주의 교육 영향 • 학습지도에 따른 아동중심의 새 교육 운동 전개
1차 교육과정 (1954~1963)	• 주요 배경 이론: 교과중심 교육과정 • 체제 면에서는 분과형 교육과정 유지 • '도의' 교육을 처음 적용함 • 내용 면에서는 부분적으로 생활중심 교육과정을 반영함 • 교육과정 영역을 교과활동, 특별활동으로 구분
2차 교육과정 (1963~1973)	• 주요 배경 이론: 경험중심(생활중심) 교육과정 • 교육과정을 학교의 지도하에 학생들이 갖는 경험의 총체로 간주 • 자주성, 생산성, 유용성 강조 • 교육과정 영역을 교과활동, 반공·도덕생활, 특별활동으로 구분
3차 교육과정 (1973~1981)	• 주요 배경 이론: 학문중심 교육과정 • 지식의 구조, 기본 개념과 원리를 중시, 탐구학습 강조 • 도덕과 신설 • 교육과정 영역을 다시 교과활동, 특별활동으로 구분
4차 교육과정 (1981~1987)	• 주요 배경 이론: 인간중심 교육과정(타 교육과정 이론이 복합적으로 적용되었으나 주된 이론은 인간중심 교육과정이었음) • 국민정신교육, 전인교육, 과학기술교육 강조 • 초등학교에서 교과의 통합적 운영으로 통합 교육과정이 싹틈 • 교육과정 영역을 교과활동, 특별활동으로 구분 • 문교부 주도에서 연구기관 중심의 위탁형 교육과정 개발 시작

교육과정기	주요 특징
5차 교육과정 (1987~1992)	• 주요 배경 이론: 교과, 경험, 학문, 인간중심 교육과정의 조화(단일 교육과정 이론 적용을 지양) • 초등학교의 통합교육과정 개정(교과통합 → 교육과정통합) • 기초교육, 미래사회 대비교육 지향 • 교육과정 운영의 효율성 강조 • 다양한 교육과정 자료개발 및 보급 • 컴퓨터교육과 경제교육을 강화 • 시·도 단위의 교과서 편찬 가능 • 교육과정 영역을 교과활동, 특별활동으로 구분
6차 교육과정 (1992~1997)	• 주요 배경 이론: 다양한 교육과정 이론의 복합적 적용 • 교육과정 결정의 분권화, 교육과정 구조의 다양화, 교육과정 내용의 적정화, 교육과정 운영의 효율화 지향 • 초등학교 교육과정 영역을 교과활동, 특별활동, 학교 재량시간으로 구분 • 중학교 교육과정에 선택교과 설정 • 교육과정 결정과 운영의 중앙집중화 탈피, 지방분권화 지향
7차 교육과정 (1997~2007)	• 주요 배경 이론: 다양한 교육과정 이론의 복합적 적용 • 국민공통 기본 교육과정, 수준별 교육과정, 재량활동, 고교 2, 3학년의 선택중심 교육과정 도입 • 교육과정 영역을 교과활동, 재량활동, 특별활동으로 구분
2007 개정 교육과정 (2007~2009)	• 제7차 교육과정의 골격을 유지하면서 부분적으로 수정 • 수업시수를 일부 축소 • 과학과 역사교육을 강화 • 단위학교 교육과정 운영의 자율권 확대 • 고등학교 선택중심 교육과정 개선
2009 개정 교육과정 (2009~2015)	• 2007 개정 교육과정의 공통 교육과정과 선택 교육과정을 재설정 • 학년군 및 교과군의 개념을 도입하여 집중 이수를 활성화하고자 하였으며, 이에 따라 이수과목 수를 8개 이내로 제한함 • 교과(군)별 수업시수를 단위학교의 여건과 학생의 진로 등을 감안하여 20% 자율 증감 가능 • 기존의 특별활동과 창의적 재량활동을 통합해 창의적 체험활동 도입
2015 개정 교육과정 (2015~2022)	• 주요 배경 이론: 통합형 교육과정 운영체계 적용 • 초등학교 1~2학년(군)에 한글교육 강조, 유아교육과정(누리과정)과 연계 강화, 창의적 체험활동 중시 • 중학교 교육과정의 자율성과 유연성 확보를 위한 자유학기제 적용 • 고등학교 교육과정의 문이과 구분 없이 공통과목 이수 • 2018년부터 특성화 고등학교와 산업수요 맞춤형 고등학교를 대상으로 NCS(국가직무능력표준, National Competency Standards) 기반 교육과정 도입

교육과정기	주요 특징
2022 개정 교육과정 (2022~현재)	• 주요 배경 이론: 역량 중심 교육과정(CBE: Competency-Based Education) 적용 • 학습자 중심 교육(Personalized Learning)과 융합 교육(STEAM) 강화, 디지털 리터러시 및 지속 가능 발전(SDGs) 관련 이론 반영 • 초등학교 교과 간 연계 및 실생활 연계 학습 강조 • 중학교 디지털 소양 및 융합적 사고력 함양을 위한 프로젝트 학습 활성화 • 고등학교 선택과 집중을 통한 진로 맞춤형 교육과정 운영 및 디지털 기반 미래 역량(코딩, AI, 데이터 활용 등)교육 강화

2 과거의 교육과정

1) 긴급 조치기(1945~1946)

(1) 배경

1945년 8·15에 일제로부터 벗어난 우리나라는 미국의 신탁통치에 따라 교육도 미군정의 통치를 받았다. 미군정청은 한국교육위원회를 조직하고, 교육을 담당하는 부서로 학무국을 두었으며, '신조선의 조선인을 위한 교육'을 일반 명령으로 시달하였다. 여기에는 교수 용어를 한국어로 할 것과 조선의 이익에 반하는 것을 교수함을 일체 금한다는 내용도 포함되어 있다. 평화와 질서유지를 교육목표로 하여 일본 제국주의적 색채를 없애도록 하였으며, 초보적인 수준이기는 하였지만 교과 편제 및 시간 배당도 이루어졌다.

표 4-2 긴급조치 시기의 과목 및 교육시수(1945)

학년 \ 교과	공민	국어	지리·역사	산술	이과	음악·체육	계
1~3	2	8	1	5	1	3	20
4	2	7	1	4	3	3	20
5~6	2	6	2	3	2	3	18
고등과	2	6	2	2	2	3	17

이 시기는 우리말과 우리 역사의 교육이 본격적으로 시도된 첫 시기로, 해방 직후의 혼란 속에서도 교육 정상화를 위한 초보적인 체계가 마련되었다. 과목 구성과 시간 배당은 이후 교육과정의 기초 틀을 형성하는 데 기여하였다.

(2) 주요 특징

① 당면한 교육 문제에 대한 미군정청의 응급조치기이다.
② 초·중등학교의 교과 편제 및 시간 배당이 처음으로 이루어졌다.
③ 교수 용어가 우리 말과 글 중심으로 바뀌었다.
④ 공민과 신설 및 교과목에 우리 역사를 포함시켰다.

시대 배경 이야기

1945년 8월 15일 광복 이후 미군정은 한반도 남쪽을 통치하게 된다. 같은 해 10월 5일 미군정청은 학무국을 설립하여 새로운 교육제도 수립 임무를 수행한다. 이를 위해 교육 전문가, 학자, 교사 등이 참여한 조선교육심의회(1945년 12월)를 구성하여 민주주의 교육 이념을 바탕으로 한 새로운 교육제도와 교육과정을 마련하게 된다.

당시 중요한 인물 중 한 명은 초대 교육국장으로 1945년 9월 11일부터 8개월

동안 한국 교육 재건을 주도한 얼 N. 라카드(Earl N. Lockard) 대위이다. 그는 시카고에서 영어 교사로서의 경험을 가지고 있었으며, 8개월간 근무하며 한국교육위원회, 국가 교육 계획 위원회 등을 통해 문맹 퇴치, 단선형 학제 도입 등 상당한 성과를 거둔다.

- 한국교육위원회(Korean Committee on Education, KCE): 1945년 9월 16일부터 1946년 5월까지 10명으로 구성·활동하였으며, 해방 직후 학교 재개, 일본인 교직원의 해임, 교육국 재편성, 한국인 인사 임명(교육국 관리, 중등학교 및 대학 교장 포함) 등 시급한 문제를 주로 다뤘다.
- 국가 교육 계획 위원회: 1945년 11월부터 1946년 3월까지 활동했으며, 10개의 소위원회로 구성되어 62명의 한국 교육 및 공공 지도자들과 교육국/교육부 소속 11명의 미국 관리들이 참여하였다. 이 위원회는 장기적인 교육 계획에 관여했으며, 미군정이 추진한 대부분의 교육 성과에서 중요한 역할을 담당했다.

2) 교수요목기(1946~1954)

(1) 배경

교수요목기는 1946년부터 1954년 4월 20일에 공포된 '교육과정 시간 배당 기준량'(문교부령 제35호)이 나오기 전까지를 말한다. 이 시기에는 교육과정이나 교과서가 미처 마련되지 않았으며, 개념상 교수요목과 교육과정을 엄밀하게 구분하지도 않은 상태였다. 미군정청 편수당국의 교과별 편수사들이 교수요목 제정위원회를 조직하여 교수요목을 제정하는 한편, 교과서를 편찬하는 일에 착수하였다. 이 시기 교육과정은 큰 틀에서 교육 이념인 홍익인간의 정신에 입각한 애국애족 교육을 강조하였으며, 세부적으로 교과 지도내용의 상세한 규정, 분과주의를 바탕으로 한 체계적인 지도 능력을 기르는 데 주력하였다.

표 4-3 교수요목기의 초급 중학교 교과목 및 교육시수(1946)

과목 \ 학년		1학년	2학년	3학년
필수과목	국어	5	5	5
	사회생활	5	5	5
	수학	5	5	0
	일반 과학	5	5	5
	체육·보건	5	5	5
	실과	2	2	2
	음악	2	2	2
선택과목	과학	0	0	0
	외국어	5	5	5
	음악	1-2	1-2	1-2
	미술	1-2	1-2	1-2
	수공	1-2	1-2	1-2
	실업	0-10	0-10	0-10
특수과목	국어	1	1	1
	과학	1	1	1
합계		39	39	39

이때 이루어진 사회생활 과목의 도입은 단편적인 지식 전달보다 실제 생활과 밀접한 통합 교육을 지향한 시도라 할 수 있으며, 이후 통합교과 구성의 초석이 되었다. 과목별로 명시된 이수 시간은 교과별 균형 있는 학습을 유도하고자 하는 교육적 의도라 할 수 있다.

(2) 주요 특징

① 교과는 분과주의를 채택하였으며, 진술체계가 통일되지 않아 대부분의 교과가 단원 또는 내용 요소만을 제시하고 있었다.

② 단원 또는 내용 요소마다 이수할 시간 수를 밝히고 있다.

③ 미국 진보주의 교육의 영향을 받아 공민, 역사, 지리, 작업, 자연관찰을 종합하여 초중학교에 사회생활과를 신설하였다.

시대 배경 이야기

1948년 8월 15일 대한민국 정부 수립 이후 취임한 이승만 대통령은 민주적 이념과 반공주의를 강조하며, 국민적 통합을 위한 수단으로 교육의 역할을 강조했다. 교육의 기초가 마련되는 과정에서 교수 요목 제정은 국가 정체성 확립과 관련이 있었다.

6·25 전쟁은 1950년 6월 25일 일요일 새벽 4시에 북한군이 암호명 '폭풍 224'라는 사전 계획에 따라 북위 38도선 전역에 걸쳐 대한민국을 선전포고 없이 기습 남침하여 발발한 전쟁이다. 이 전쟁을 통해 대부분의 교육시설이 파괴되었으며, 교사 수가 부족한 상황에 직면하게 된다.

3) 제1차 교육과정기(1954~1963): 교과중심교육과정

(1) 배경

1954년 4월에 공포된 「교육과정 시간 배당 기준령」과 1955년 8월에 공포된 「교과과정」으로서, 1963년에 공포된 교육과정이 적용될 때까지 시행된 교육과정이다. 1차 교육과정은 한국전쟁으로 인해 혼란스러운 상황 속에서 공포된 것으로 당시의 시대적 상황을 많이 반영하고 있다. 교수요목기부터 유입되기 시작한 미국의 아동중심 교육사조는 한국전쟁 동안 교육과정에 대한 연구에 영향을 주었다. 이후 일부 교육자들 사이에서 교육운동을 개혁하고자 하는 움직임이 나타나는데, 이것을 '새교육운동'이라고 한다.

이 시기 교육과정은 최초의 체계적인 교육과정이라 할 수 있다는 점에서 의의가 있다. 그 설계는 큰 틀에서 교과중심의 설계를 지향하고 있지만 실제 교과서의 내용은 미국 교육사조의 영향으로 생활 중심으로 볼 수 있는 측면을 가지고 있다. 예를 들어 교육 내용을 학생의 생활과 경험과 관련지어 이해의 대상으로 전환하고자 하거나 작업 단원을 통해 학생의 흥미를 유발하려 한 점은 교육과정 자체는 교과중심임에도 불구하고 아동 중심 교육사조의 영향을 받은 모습이라 할 수 있다.

(2) 주요 특징

① 진보주의 교육의 영향으로 '특별활동'이 시간배당표에 처음 기재되었다.

② 현재의 '도덕'에 해당하는 '도의' 교육이 시대적 요구로서 강조되었다.

③ 체제 면에서는 분과형 교육체제를 중시하는 교과중심 교육과정을 적용하였다.

④ 내용 면에서는 부분적으로 생활중심 교육이 반영되었다.

이 교육과정은 우리가 만든 최초의 교육과정으로서 최소한의 필수 교육내용만 국가 수준에서 정하였다. 반공 교육, 도의 교육, 실업 교육 등을 강조하기는 했지만 교수요목기에 완성하지 못했던 각 과 교수요목의 작업을 마무리하는 정도에만 그친 점에서 다소 아쉬움이 남았다.

표 4-4 제1차 교육과정 교과목 및 교육시수

과목 \ 학년		1학년	2학년	3학년
필수 교과	국어	140(4)시간	140(4)시간	140(4)시간
	수학	140(4)시간	140(4)시간	140(4)시간
	사회생활	175(5)	175(5)	175(5)
	과학	140(4)	140(4)	140(4)
	체육	70(2)	70(2)	70(2)
	음악	70(2)	70(2)	70(2)
	미술	70(2)	70(2)	70(2)
	실업·가정	175(5)	175(5)	175(5)
소계		980(28)	980(28)	980(28)
선택 과목	실업·가정	35~245(1~7)	35~245(1~7)	35~245(1~7)
	외국어	105~175(3~5)	105~175(3~5)	105~175(3~5)
	기타 교과	0~105(0~3)	0~105(0~3)	0~105(0~3)
특별활동		70~105(2~3)	70~105(2~3)	70~105(2~3)
계		1,190~1,330시간 (34~38)	1,190~1,330시간 (34~38)	1,190~1,330시간 (34~38)

*이 표에 나타난 총 시간 수는 연간 최소 시간이고, ( ) 안의 수는 주당 평균 시간 수를 의미한다.

제1차 교육과정은 주당 수업 시수를 명확히 제시하고, 선택 과목과 특별활동 영역을 포함하여 교육의 자율성과 다양성을 확대하고자 하였다. 특히 '사회생활', '실업·가정' 등 생활 중심 과목을 강조하여 전인적 발달을 도모하고 있다.

시대 배경 이야기

1958년 제4대 국회의원 선거 과정에서 당시 자유당 정권이 여당 후보들에게 유리하도록 개표 과정에서 조작을 시도한 사건이 발생한다. 이 사건은 조직적으로 투표 용지를 조작한 방식에서 유래하여 '작대기 사건'이라 불린다. 개표 과정에서 자유당 후보의 득표수를 늘리기 위해, 기표되지 않은 투표지에 작대기(막대기)를 추가하여 여당 후보에게 유리하게 만들었다. 이를 위해 자유당 정권은 개표소에 야당 참관인을 들어오지 못하게 하는 한편 조직적으로 투표지 훼손 및 조작을 한 명백한 선거 조작 행위를 한다. 그 결과 자유당은 233석 중 126석을 차지하게 되지만 이후 야당의 선거 무효 소송, 국회 내외의 항의 활동 등 사회 전반에 걸친 혼란을 야기하게 된다. 이 사건은 이후 1960년 3·15 부정선거와 4·19 혁명의 배경이 되었다.

4) 제2차 교육과정기(1963~1973): 경험중심교육과정

(1) 배경

1963년 3월 초등학교 교육과정이 공포된 이후 1973년 제3차 교육과정이 적용될 때까지 시행된 교육과정이다. 제1차 교육과정에서 미국의 영향을 받아 경험중심 교육과정이 일부 반영되어 있었는데, 이 시기에는 교과목으로 조직된 내용보다 학생들의 경험을 중요하게 생각하는 교육의 개념을 전적으로 받아들인 경험중심 교육과정이 대폭 적용되었다. 경험중심 교육과정은 학교의 지도하에 학생들이 가지는 경험의 총체를 강조함으로써 학교생활을 통해 갖게 되는 경험이 학생들로 하여금 어떤 인간으로 성장하게 되느냐에 결정적인 요소로 상정한다.

제2차 교육과정은 각 지역사회의 실정에 맞게 교육과정을 구성하고, 학습자의 주체적 활동을 강조한다. 이를 위해 실업 및 직업, 과학 기술 교육의 실생활 연결 등 교육내용의 유용성을 강조하였다. 제2차 교육과정이 반드시 필요한 기초 학력을 중시하는 동시에 학교급 간, 교과 간 통합성을 강조한 것도 같은 맥락에서 이해될 수 있다. 이런 통합은 지역사회의 모든 자원을 학습경험에 활용하게 함으로써 학생의 학습 경험의 성장이 지역사회의 개선 및 발전과 선순환 구조를 갖도록 유도하고 있다.

(2) 주요 특징

① 생활중심의 경험중심 교육과정이 교과내용을 조직하는 데 충실히 반영되었다.

② 초등학교와 중학교에서 '반공·도덕'이 하나의 교육과정 영역으로 새롭게 설정되었다.

③ 교육과정의 내용 면에서 자주성, 생산성, 유용성을 강조하였다.

④ 교육과정의 운영 면에서 지역성을 강조하였다.

표 4-5 제2차 교육과정 교과목 및 교육시수

과목 \ 학년		1학년	2학년	3학년
교과	국어	5~6	5~6	5~6
	수학	3~4	3~4	3~4
	사회	3~4	3~4	3~4
	과학	3~4	3~4	3~4
	체육	3~4	3~4	3~4
	음악	2	2	2
	미술	2	2	2
	실업 · 가정	4~5	4~5	4~5
	외국어	3~5	3~5	3~5
반공 · 도덕		1	1	1
총계		30~33	30~33	30~33
특별활동		8%~	8%~	8%~

제2차 교육과정에서는 교과별 시수를 범위로 제시하여 학교의 자율적인 시간 운영을 허용하였으며, 반공·도덕 교육을 정규 교과로 명시하고 특별활동의 비중을 확대하였다.

시대 배경 이야기

1968년 12월, 북한의 무장공비들이 남파되어 강원도 일대에 침투하였고, 12월 9일 새벽, 이승복 어린이의 가족이 살던 집을 습격하였다. 당시 북한 공비들은 가족을 위협하며 "공산당을 좋아하느냐?"라고 물었고, 이에 이승복 어린이가 "나는 공산당이 싫어요!"라고 말했다고 전해진다. 이 말을 들은 공비들은 이승복 어린이를 비롯한 가족들을 무참히 살해한 사건이다.

이 사건은 당시 남한 사회에 큰 충격을 주었으며, 반공 교육과 정책을 강화하

는 계기가 되었다. 이후 이승복 어린이는 반공의 상징적인 인물로 자리 잡았고, 그의 이야기는 교과서에도 실리며 널리 알려졌다. 후에 사건의 진위와 관련된 논란은 남아 있지만, 현재 강원도 평창군에는 이승복 어린이를 기리는 기념관이 설립되어 있으며, 그의 희생을 추모하고 있다. 이 기념관은 통일 안보 교육의 장으로 활용되고 있다.

5) 제3차 교육과정기(1973~1981): 학문중심교육과정

(1) 배경

이 교육과정은 교육의 방향 면에서는 1968년 선포된 '국민교육헌장'의 이념 및 1972년 선언된 유신 이념의 구현을 그리고 교육방법 및 원리 면에서는 1960년대부터 미국에서 새롭게 대두된 학문중심 교육과정의 도입을 배경으로 하여 개정되었다. 사회 변화 속에서 학문적 지식을 보다 효과적으로 습득할 수 있는 토대로서 지식의 구조를 학생들에게 익히게 함으로써 달라진 환경을 학생 스스로 탐구할 수 있도록 하는 데 관심의 초점을 맞추고 있다.

(2) 주요 특징

① 초등학교와 중학교에 있어서 교육과정의 하나로 독립된 영역이었던 '반공·도덕' 영역이 교과 활동에 포함되면서 '도덕'이라는 교과가 새롭게 등장하였다.

② '국사', '자유 선택 교과목'과 같은 교과가 신설되었다.

③ 학문중심 교육과정을 토대로 하여 학년이 올라갈수록 점차 심화·

확대해 나가는 나선형 교육과정의 조직형태를 취하였다.

④ 교육방법 면에서는 발견학습이나 탐구학습을 강조하였다.

이 교육과정은 학문적 성격을 지나치게 강조함으로써 몇 가지의 문제점을 발생시켰다. 학습내용 면에서 '수학'이나 '과학'과 같은 일부 교과에서 시간이 과다 편성되고 학습내용이 어려워졌다. 또한 아동의 흥미와 무관한 교과목 위주의 교육, 전인교육을 도외시하는 등의 문제점이 발생하였다.

표 4-6 제3차 교육과정 교과목 및 교육시수

<table>
<tr><th colspan="3">학년
과목</th><th>1학년</th><th>2학년</th><th>3학년</th></tr>
<tr><td colspan="3">도덕</td><td>70(2)</td><td>70(2)</td><td>70(2)</td></tr>
<tr><td colspan="3">국어</td><td>140(4)</td><td>175(5)</td><td>175(5)</td></tr>
<tr><td colspan="3">국사</td><td></td><td>70(2)</td><td>70(2)</td></tr>
<tr><td colspan="3">사회</td><td>105(3)</td><td>70(2)</td><td>70(2)</td></tr>
<tr><td colspan="3">수학</td><td>140(4)</td><td>105~140(3~4)</td><td>105~140(3~4)</td></tr>
<tr><td colspan="3">과학</td><td>140(4)</td><td>105~140(3~4)</td><td>105~140(3~4)</td></tr>
<tr><td colspan="3">체육</td><td>105(3)</td><td>105(3)</td><td>105(3)</td></tr>
<tr><td colspan="3">음악</td><td>70(2)</td><td>35~70(1~2)</td><td>35~70(1~2)</td></tr>
<tr><td colspan="3">미술</td><td>70(2)</td><td>35~70(1~2)</td><td>35~70(1~2)</td></tr>
<tr><td colspan="3">한문</td><td>35(1)</td><td>35~70(1~2)</td><td>35~70(1~2)</td></tr>
<tr><td colspan="3">외국어</td><td>140(4)</td><td>70~175(2~5)</td><td>70~175(2~5)</td></tr>
<tr><td rowspan="2">실업·가정</td><td>필수</td><td>기술(남)·가정(여)</td><td>105(3)</td><td>105(3)</td><td>105(3)</td></tr>
<tr><td>선택</td><td>농·공·상·수산·가산 중 택1</td><td></td><td>105~140(3~4)</td><td>105~245(3~7)</td></tr>
<tr><td colspan="3">총 이수 시간</td><td>1,120(32)</td><td>1,120~</td><td>1,120~</td></tr>
<tr><td colspan="3">특별활동</td><td>70~(2~)</td><td>70~(2~)</td><td>70~(2~)</td></tr>
</table>

*이 표에 나타난 총 시간 수는 연간 최소 시간이고, ( ) 안의 수는 주당 평균 시간 수를 의미한다.

이 교육과정은 학문적 성격을 지나치게 강조함으로써 몇 가지의 문제점을 발생시켰다. 학습내용 면에서 '수학'이나 '과학'과 같은 일부 교과에서 시간이 과다 편성되고 학습내용이 어려워졌다. 또한 아동의 흥미와 무관한 교과목 위주의 교육, 전인교육을 도외시하는 등의 문제점이 발생하였다.

시대 배경 이야기

10월 유신(十月 維新)은 1972년 10월 17일, 박정희 대통령이 비상계엄을 선포하고 헌법을 개정하여 장기 집권 체제를 구축한 사건이다. 이를 통해 대한민국은 사실상 대통령 중심의 영구 집권 체제로 전환되었으며, 이후 1979년까지 유신체제가 유지되었다.

1972년 7월 4일 7·4남북 공동성명을 통해 남북 간 긴장은 완화되었지만 경제성장에도 불구하고 물가 상승, 노동 문제, 민주화 요구 등 내부적으로 정권 유지에 대한 불안은 커져가고 있었다. 1969년 3선 개헌을 통해 연임 제한은 폐지했지만, 유신은 대통령에게 무제한 연임권, 국회의원 1/3 임명권, 긴급조치권 등을 부여하는 보다 강력한 내용을 담고 있었다.

강압적인 분위기 속에 실시한 국민투표는 91.9% 찬성률로 유신 헌법이 통과되어 4공화국, 유신체제가 시작되었다. 유신체제는 1979년 10월 26일 박정희 대통령 서거 이후 종말을 맞이한다.

6) 제4차 교육과정기(1981~1987): 인간중심교육과정

(1) 배경

제3차 교육과정의 문제점을 보완하고, 5공화국 출범에 따른 교육개혁 조치를 반영하며, 급변하는 정치·사회적 현실과 여기서 파생되는 요구를 반영하기 위해 개정되었다. 전체적으로 볼 때 어느 한 사조나 이념만을 반영하는 것은 아니고 종합적이고 복합적인 성격을 지니고 있었으며, 어느 한 측면에 치우치지 않고 개인, 사회, 학문을 고루 강조한 교육과정으로 해석된다.

4차 교육과정은 민주사회, 고도 산업 사회, 건전한 사회, 문화 사회, 통일 조국 건설에 필요한 건강한 사람, 심미적인 사람, 능력 있는 사람, 도덕적인 사람, 자주적인 사람을 길러내는 데 목적이 있음을 밝히고 있다. 이를 위해 교과목 위주의 분과 교육이나 전인교육·인간교육을 다소 간과했던 이전 교육과정의 문제점을 보완하고, 지나치게 과열된 교육열로 인한 과외 등 부작용을 줄이기 위한 교육 정상화를 추진하였다. 그동안 소홀하게 다루어진 인간중심 교육과정의 성격이 반영된 교육과정이라 할 수 있다.

(2) 주요 특징

① 초등학교 1, 2학년에 처음으로 통합적 교육과정이 도입되었다.
② 국민정신교육, 전인교육, 과학기술교육이 되었다.
③ 교육과정 영역을 교과활동과 특별활동으로 구분하였다.
④ 문교부 주도하에 연구기관에 위탁형 교육과정 개발이 시작되었다.
⑤ 인간중심 교육과정을 반영한 전인교육을 강조하였다.

이 교육과정은 미래사회의 인간상을 그리면서 전인교육을 강조한 것으로 보이나 실제로는 큰 변화를 가져오지는 못하였다. 학생의 부담을 줄이려고 과목도 축소하고 주당 수업 시간도 줄였으나, 실제로 각급 학교에서는 입시 과목을 위주로 하는 교육과정을 운영하였으며, 특히 중·고등학교의 경우는 자율학습을 밤늦게까지 진행하기도 하는 등 한번 가열된 교육열이 쉽게 사그라지지 않았다. 실제로 4차 교육과정은 기초 학력 강화에 초점을 맞추고 있어 국어·수학 교과목의 시수가 높게 배정되었으며, 학년이 올라갈수록 영어 시수가 늘어나는 특징을 가지고 있다.

표 4-7 제4차 교육과정 교과목 및 교육시수

<table>
<tr><th colspan="4">과목 \ 학년</th><th>1학년</th><th>2학년</th><th>3학년</th></tr>
<tr><td rowspan="18">교과 활동</td><td colspan="3">도덕</td><td>68(2)</td><td>68(2)</td><td>68(2)</td></tr>
<tr><td colspan="3">국어</td><td>136(4)</td><td>170(5)</td><td>170(5)</td></tr>
<tr><td colspan="3">국사</td><td></td><td>68(2)</td><td>68(2)</td></tr>
<tr><td colspan="3">사회</td><td>102(3)</td><td>68~102(2~3)</td><td>68~102(2~3)</td></tr>
<tr><td colspan="3">수학</td><td>136(4)</td><td>102~136(3~4)</td><td>102~136(3~4)</td></tr>
<tr><td colspan="3">과학</td><td>136(4)</td><td>102~136(3~4)</td><td>102~136(3~4)</td></tr>
<tr><td colspan="3">체육</td><td>102(3)</td><td>102(3)</td><td>102(3)</td></tr>
<tr><td colspan="3">음악</td><td>68(2)</td><td>68(2)</td><td>34(1)</td></tr>
<tr><td colspan="3">미술</td><td>68(2)</td><td>68(2)</td><td>34(1)</td></tr>
<tr><td colspan="3">한문</td><td>68(2)</td><td>34~68(1~2)</td><td>34~68(1~2)</td></tr>
<tr><td colspan="2">외국어</td><td>영어</td><td>136(4)</td><td>102~170(3~5)</td><td>102~170(3~5)</td></tr>
<tr><td rowspan="7">실업 가정</td><td rowspan="2">필수</td><td>생활기술(남)</td><td rowspan="2">102(3)</td><td rowspan="2">136~204(4~6)</td><td rowspan="2"></td></tr>
<tr><td>가정(여)</td></tr>
<tr><td rowspan="5">선택</td><td>농업</td><td rowspan="5"></td><td rowspan="5"></td><td rowspan="5">택 1~2
170~238
(5~7)</td></tr>
<tr><td>공업</td></tr>
<tr><td>상업</td></tr>
<tr><td>수산업</td></tr>
<tr><td>가사</td></tr>
</table>

과목 \ 학년		1학년	2학년	3학년
	자유선택	0~34~(0~1)	0~34~(0~1)	0~34~(0~1)
	계	1,088~1,122 (32~33)	1,088~1,156 (32~34)	1,088~1,156 (32~34)
특별활동		68~(2~)	68~(2~)	68~(2~)
총계		1,156~1,190 (34~35)	1,156~1,224 (34~36)	1,156~1,224 (34~36)

이 교육과정은 미래사회의 인간상을 그리면서 전인교육을 강조한 것으로 보이나 실제로는 큰 변화를 가져오지는 못하였다. 학생의 부담을 줄이려고 과목도 축소하고 주당 수업 시간도 줄였으나, 실제로 각급 학교에서는 입시 과목을 위주로 하는 교육과정을 운영하였으며, 특히 중고등학교의 경우는 자율학습을 밤늦게까지 진행하기도 하는 등 한번 가열된 교육열이 쉽게 사그라지지 않았다.

시대 배경 이야기

東亞日報

大入本考査폐지·卒業定員制

公職者자녀 課外금지 어기면 罷免

課外教師 重課税 刑事立件도 不辭

1970년대 후반 대학 입시 경쟁이 과열되면서 사교육비 부담의 증대가 사회적 문제로 대두되기 시작한다. 1980년 5·18 민주화 운동 이후 전두환 정권은 국민 지지를 얻기 위한 정책의 일환으로 교육개혁, 즉 7·30 교육개혁 조치를 발표한다. 당시에는 대학 입학 정원이 20만 명 수준이었지만 재수생을 포함한 진학 희망자가 50만 명에 달해 과도한 입시 경쟁이 불가피한 상황이었다.

7·30 교육개혁 조치는 1) 모든 형태의 사설 과외 금지, 2) 본고사 폐지 및 대학별 예비고사 실시하는 대학입시 제도 개편, 3) 고교 평준화 정책 강화 등을 주

요 골자로 한다.

이후 사교육 시장이 일부 위축되기는 했지만 음성적 과외의 성행으로 정책의 실효성에 대한 논란이 일기도 했으며, 내신 경쟁 심화, 학력 저하 논란 등 부작용을 초래하기도 한다. 이후 한국 교육제도는 지속적으로 개편되었으며, 현재까지도 입시제도 개혁은 주요한 사회적 이슈로 남아 있다.

7) 제5차 교육과정기(1987~1992): 통합교육과정시기

(1) 배경

제5차 교육과정은 제4차 교육과정의 기본적인 성격을 유지하면서 교육과정 및 교과용 도서 중 개선이 필요한 부분만 개정하는 것을 원칙으로 하여 개정되었다. 제5차 교육과정 개정은 제4차 교육과정의 기본 골격을 유지하면서 부분적·점진적 변화를 시도하였다. 예를 들어, 개정의 특별한 명분 없이 교과용 도서 사용 유효기간만 최대 6년을 넘을 수 없다는 규정이 개정되었다. 그러다 보니 이 교육과정은 어떤 특정한 교육과정이라기보다는 종합적인 성격을 띠었다. 다만 운영 면에서 기초 교육을 강화하고, 정보화 사회에 대응하는 교육 강화, 교육과정이 효율성, 즉 쓸모 있는 교육과정이 되도록 한 부분은 특징적인 부분이라 할 수 있다.

(2) 주요 특징

① 교과, 경험, 학문, 인간중심 교육과정이 조화를 이루며 단일 교육과정의 이론적 적용을 지양하였다.

② 초등학교 교육과정에서 교육과정 사상 처음으로 '일 교과 다 교과서 체제(교과통합 → 교육과정 통합)'를 도입했다.

③ 기초교육, 미래사회 대비교육을 지향하였다.

④ 컴퓨터교육과 경제교육을 강화하였다.

⑤ 시·도 단위의 교과서 편찬을 처음 적용하였다.

⑥ 교육과정 영역을 교과활동과 특별활동으로 구분하였다.

제5차 교육과정은 초등학교 일부 교과단원에 지역 특성을 반영한다든지 중·고등학교에서 학교 여건에 따른 선택교과의 운영을 실질적으로 적용할 수 있는 길을 열어주었다. 지역 간 학교수준의 특성을 살리는 교육 운영의 계기를 마련하였다.

표 4-8 제5차 교육과정 교과목 및 교육시수

<table>
<tr><th colspan="4">학년
과목</th><th>1학년</th><th>2학년</th><th>3학년</th></tr>
<tr><td rowspan="19">교과
활동</td><td colspan="3">도덕</td><td>68(2)</td><td>68(2)</td><td>68(2)</td></tr>
<tr><td colspan="3">국어</td><td>136(4)</td><td>170(5)</td><td>170(5)</td></tr>
<tr><td colspan="3">국사</td><td></td><td>68(2)</td><td>68(2)</td></tr>
<tr><td colspan="3">사회</td><td>102(3)</td><td>68~102(2~3)</td><td>68~102(2~3)</td></tr>
<tr><td colspan="3">수학</td><td>136(4)</td><td>102~136(3~4)</td><td>102~136(3~4)</td></tr>
<tr><td colspan="3">과학</td><td>136(4)</td><td>102~136(3~4)</td><td>102~136(3~4)</td></tr>
<tr><td colspan="3">체육</td><td>102(3)</td><td>102(3)</td><td>102(3)</td></tr>
<tr><td colspan="3">음악</td><td>68(2)</td><td>68(2)</td><td>34~68(2)</td></tr>
<tr><td colspan="3">미술</td><td>68(2)</td><td>68(2)</td><td>34~68(2)</td></tr>
<tr><td colspan="3">한문</td><td>68(2)</td><td>34~68(1~2)</td><td>34~68(1~2)</td></tr>
<tr><td colspan="2">외국어</td><td>영어</td><td>136(4)</td><td>102~170(3~5)</td><td>102~170(3~5)</td></tr>
<tr><td rowspan="7">실업
가정</td><td rowspan="2">필수</td><td>기술</td><td rowspan="2">택1
102(3)</td><td rowspan="2">택1
136~204(4~6)</td><td rowspan="2"></td></tr>
<tr><td>기술·가정</td></tr>
<tr><td rowspan="5">선택</td><td>농업</td><td rowspan="5"></td><td rowspan="5"></td><td rowspan="5">택 1
136~204
(4~6)</td></tr>
<tr><td>공업</td></tr>
<tr><td>상업</td></tr>
<tr><td>수산업</td></tr>
<tr><td>가사</td></tr>
<tr><td colspan="3">자유선택</td><td>0~68~(0~2)</td><td>0~68~(0~2)</td><td>0~68~(0~2)</td></tr>
</table>

학년 / 과목		1학년	2학년	3학년
	계	1,088~1,156 (32~34)	1,088~1,156 (32~34)	1,088~1,156 (32~34)
특별활동		68~(2~)	68~(2~)	68~(2~)
총계		1,156~1,224 (34~36)	1,156~1,224 (34~36)	1,156~1,224 (34~36)

제5차 교육과정은 이전 교육과정의 기본 구조를 유지하면서도 점진적인 개선을 통해 교육의 실효성을 높이려는 시도였다. 특히 기초교육의 내실화, 정보화 사회에 대비한 컴퓨터 및 경제 교육의 강화, 시·도 단위 교과서 편찬 등은 교육의 현실성과 적응력을 높이려는 의도를 반영한다. 그러나 전면 개정이 아니라 부분 조정 중심으로 이루어진 나머지 교육과정의 정체성이 모호하다거나 일관된 방향성 부족 등의 비판을 받기도 한다.

시대 배경 이야기

우리들은 1학년은 1997년 교육과정 개편을 통해 초등학교 1학년의 교과를 통합적으로 운영하기 위해 도입된 정책의 결과물이다. 기존에는 '바른생활', '슬기로운생활', '즐거운생활'로 나누어서 운영하던 교과들을 하나로 묶어 운영함으로써 학생들이 보다 자연스럽게 학교생활에 적응하고 전인적인 성장을 이루도록 하는 것을 목표로 한다.

우리들은 1학년은 통합교과로서 1학년과 2학년의 교과를 생활 중심, 활동 중심으로 설계·운영함으로써 기본 생활 습관, 사고력 및 탐구 활동 유도, 음악·미술·체육을 통한 창의성과 표현력 함양을 내용으로 담았다. 이후 2009 개정 교육과정에서 '봄·여름·가을·겨울' 계절 주제로 재구성되었다고 2015 개정 교육과정 때 '우리들은 1학년'이라는 명칭은 사라졌지만 1~2학년 통합군 교과 형태로 발전하고 있다.

8) 제6차 교육과정기(1992~1997): 신통합교육과정시기

(1) 배경

이 교육과정은 민주주의의 공동체 의식 함양과 시대적 변화에 대한 창조적 대응력 배양에 중점을 두고 개정되었다. 교육과정 결정의 분권화와 자율화, 즉 중앙집권형에서 지방분권형으로 전환하여 학습자 경험의 질을 높일 필요성이 대두되었다. 제6차 교육과정은 초중등 학교는 1995~1997년 시행되어 완전 실시되었고, 고등학교는 1996년 시작되어 1998년 완성되었다.

제6차 교육과정의 가장 특이점은 편성·운영 체계를 개선한 점이다. 국가수준-지역수준-학교수준 교육과정의 구분이나 교육부-교육청-학교로 이어지는 편성 운영 체계의 기준을 마련한 것은 일선 학교 교육과정 운영의 효율성을 증대시킬 수 있는 체계를 마련했다는 점에서 주목할 만하다.

(2) 주요 특징

① 교육과정 결정의 분권화: 교육내용의 획일성, 경직성, 폐쇄성을 해소하고 자율성과 재량권을 확대하였다.

② 교육과정 구조의 다양화: 다양한 이수과정을 설치하고 필수과목을 축소하며, 선택과목을 확대하여 시대적 요구를 교육내용에 반영하였다.

③ 교육과정 내용의 적정화: 학습부담을 경감하기 위하여 학습량과 수준을 조정하고 이수내용의 성차별을 철폐하였다.

④ 교육과정 운영의 효율화: 학생의 적성, 능력, 진로를 중시하고 교육방법 및 평가의 개선을 도모하였다.

⑤ 다양한 교육과정 이론을 복합적으로 적용하였다.

⑥ 초등학교 교육과정 영역을 교과활동, 특별활동, 학교 재량시간으로 구분하였다.

표 4-9 제6차 교육과정 교과목 및 교육시수

과목 \ 학년		1학년	2학년	3학년
필수과목	도덕	68	68	68
	국어	136	170	170
	수학	136	136	136
	사회	102	136	136
	과학	136	136	136
	체육	102	102	102
	음악	68	34~68	34~68
	미술	68	34~68	34~68
	가정	68	34	34
	기술·산업	34	68	68
	영어	136	136	136
선택과목	한문	34~68	34~68	34~68
	컴퓨터			
	환경			
	기타			
특별활동		34~68	34~68	34~68
연간 수업 시간 수		1,156	1,156	1,156

제6차 교육과정은 정보화 및 선택중심 교육의 강화, 교과 통합 등을 통해 학습자의 개성과 적성을 고려한 교육을 지향하였으며, 연간 수업 시간 수는 학년별로 1,156시간으로 동일하게 편성되었다.

시대 배경 이야기

1995년 교육법 개정은 “국민학교”의 명칭을 초등학교로 변경하는 내용을 담고 있다. 이는 단순한 명칭 변경을 넘어 시대적, 사회적 배경의 변화를 반영한 것이라 할 수 있다. 1941년 일제강점기 때 도입된 “국민학교”는 (황)국(신)민학교, 즉 천황에게 충성하는 국민 양성을 목적으로 한다. 1945년 해방 당시 대중에게 익숙하고, 당장 변경에 큰 필요성을 느끼지 않아 사용해 오다, 1990년대 들어 일제 잔재 청산 차원에서 변경 논의가 활발해진다. 이에 더해 당시 진행되던 세계화에 대한 논의는 교육 대상을 대한민국 국민으로 한정하기보다 국제적 보편성을 가진 용어로 변경해야 한다는 주장을 일게 하였다.

1995년 이루어진 초등학교로의 명칭 변경은 일제 잔재를 청산하고 한국 교육의 정체성과 독립성을 회복하는 동시에 보편적인 초등교육을 추구하는 방향이라는 점에서 의미가 크다. 그 결과 오늘날 초등학교는 대한민국의 모든 어린이가 다니는 의무 교육 기관으로 기본적인 인성과 기초 지식을 함양하는 교육 기관으로 자리매김하고 있다.

9) 제7차 교육과정기(1997~2007): 국민공통기본교육과정시기

(1) 배경

제7차 교육과정은 21세기 세계화·정보화 시대의 변화를 반영하기 위해 1995년 8월 교육개혁위원회의 교육과정특별위원회가 조직된 것이 시작이다. 교육부의 위탁을 한국교육개발원은 1997년 2월 교육과정 총론의 편제와 시간 배당 기준 개선안, 교과 교육과정까지 작성하여 현장 검토, 협의회, 공청회 등을 거쳐 1997년 12월 30일 교육부 고시 제1997-15호로 그 내용을 발표한다. 제7차 교육과정은 2000년 초등학교 1·2학년 시작으로 2004년 고등학교 3학년 적용 시점을 달리하여 진행되었다.

이 교육과정은 정보화·세계화 시대에 세계를 주도하는 경쟁력 있는 인간을 효과적으로 양성해 내는 것을 목적으로 개정하였다. 여태까지의 교육과정 이론이나 학교 현장에서 구체적으로 실현되지 못했던 많은 이상들을 국가적 수준에서 표방하거나 보장해 주는 성격을 지니고 있다.

제7차 교육과정은 국민공통기본교육과정과 선택중심 교육과정으로 이원화되어 있으며, 고등학교 2·3학년에 선택중심 교육과정을 적용하여 학생의 장래 진로나 적성에 따른 교육을 선택할 수 있도록 하였다. 또한 수준별 교육과정을 도입하여 학생의 필요나 능력, 흥미에 따른 개인차를 최대한 고려하여 단계형, 심화 보충형, 과목선택형 수준별 교육과정을 구분하여 편성할 수 있도록 하였다. 학생의 자기주도적 학습활동을 촉진하기 위한 재량활동을 확대하였으며 질 관리 중심의 교육과정 평가 체제를 도입하여 주기적인 학생 학력 평가를 통해 교육목표 성취 기준 달성 여부를 확인할 수 있는 체제를 도입하였다.

(2) 주요 특징

① 모든 국민에게 동일한 기간 동안 동일한 내용을 가르치기 위해서 국민 공통 기본 교육과정을 도입하였다.

② 수준별 교육과정이 도입되었다. 수준별 교육과정이란 ‘학생들의 능력 수준에 따라 교육내용이나 방법을 달리하는 교육과정을 의미한다.

③ 학생의 주도적 학습능력을 신장하고, 학교 교육과정 편성과 운영의 자율성 및 학생의 선택권을 부여하기 위해 ‘재량활동’을 하나의 교육과정 영역으로 학교에 따라 신설 또는 확대하였다. 이것이 설정됨으로써 학교는 교과를 심화, 보충하거나 학교 나름의 창의적 활동을 할 수 있는 시간을 확보하게 되었다.

④ 고등학교 2, 3학년의 학생을 대상으로 선택중심의 교육과정이 도입되었다.

⑤ 교육과정 영역을 교과활동, 재량활동, 특별활동으로 구분하였다.

표 4-10 제7차 교육과정 교과목 및 교육시수

<table>
<tr><th colspan="2" rowspan="2">학년
과목</th><th colspan="6">초등학교</th><th colspan="3">중학교</th><th colspan="3">고등학교</th></tr>
<tr><th>1</th><th>2</th><th>3</th><th>4</th><th>5</th><th>6</th><th>7</th><th>8</th><th>9</th><th>10</th><th>11</th><th>12</th></tr>
<tr><td rowspan="10">교과</td><td>국어</td><td colspan="2" rowspan="10">국어
210 238
바른생활
60 80
수학
120 136
슬기로운 생활
90 102
즐거운 생활
180 204
우리들은 1학년</td><td>238</td><td>204</td><td>204</td><td>204</td><td>170</td><td>136</td><td>136</td><td>136</td><td colspan="2" rowspan="11">선택과목</td></tr>
<tr><td>도덕</td><td>34</td><td>34</td><td>34</td><td>34</td><td>68</td><td>68</td><td>34</td><td>34</td></tr>
<tr><td>사회</td><td>102</td><td>102</td><td>102</td><td>102</td><td>102</td><td>102</td><td>136</td><td>170</td></tr>
<tr><td>수학</td><td>136</td><td>136</td><td>136</td><td>136</td><td>136</td><td>136</td><td>102</td><td>136</td></tr>
<tr><td>과학</td><td>102</td><td>102</td><td>102</td><td>102</td><td>102</td><td>136</td><td>136</td><td>102</td></tr>
<tr><td>실과</td><td></td><td></td><td>68</td><td>68</td><td>68</td><td>102</td><td>102</td><td>102</td></tr>
<tr><td>체육</td><td>102</td><td>102</td><td>102</td><td>102</td><td>102</td><td>102</td><td>68</td><td>68</td></tr>
<tr><td>음악</td><td>68</td><td>68</td><td>68</td><td>68</td><td>68</td><td>34</td><td>34</td><td>34</td></tr>
<tr><td>미술</td><td>68</td><td>68</td><td>68</td><td>68</td><td>34</td><td>34</td><td>68</td><td>34</td></tr>
<tr><td>외국어
(영어)</td><td>34</td><td>34</td><td>68</td><td>68</td><td>102</td><td>102</td><td>136</td><td>204</td></tr>
<tr><td colspan="2">재량활동</td><td>60</td><td>68</td><td>68</td><td>68</td><td>68</td><td>68</td><td>136</td><td>136</td><td>136</td><td>204</td></tr>
<tr><td colspan="2">특별활동</td><td>30</td><td>34</td><td>34</td><td>68</td><td>68</td><td>68</td><td>68</td><td>68</td><td>68</td><td>68</td><td colspan="2">8단위</td></tr>
<tr><td colspan="2">연간 수업
시간수</td><td>830</td><td>850</td><td>986</td><td>986</td><td>1,088</td><td>1,088</td><td>1,156</td><td>1,156</td><td>1,156</td><td>1,224</td><td colspan="2">144단위</td></tr>
</table>

제7차 교육과정은 수준별 교육과정과 선택중심 교육과정의 도입, 정보화·세계화 사회에 대응한 외국어 및 정보 교육의 강화, 교과 내용의 적정화 및 다양화 등을 주요 특징으로 한다.

시대 배경 이야기

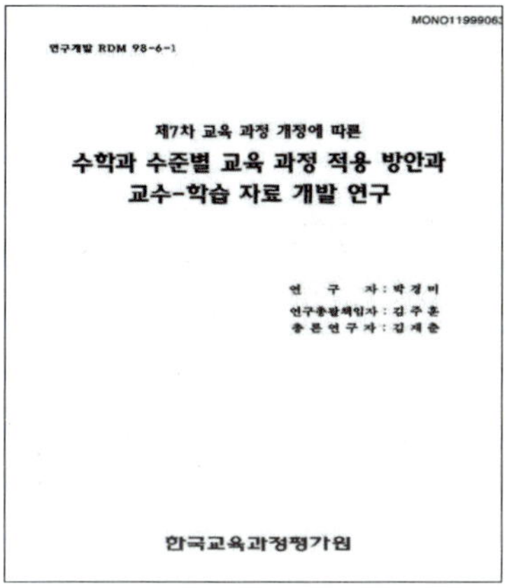
MONO11999063

연구개발 RDM 98-6-1

제7차 교육 과정 개정에 따른

수학과 수준별 교육 과정 적용 방안과 교수-학습 자료 개발 연구

연 구 자 : 박경미

연구총괄책임자 : 김주훈

총론연구자 : 김재춘

한국교육과정평가원

7차 교육과정의 눈에 띄는 특징 중 하나는 수준별 교육과정의 도입이다. 일반적으로 수준은 학업 성취도의 차이를 의미하지만 7차 교육과정의 수준은 좀 더 포괄적으로 흥미, 적성, 진로 등을 모두 포괄하는 것으로 사용하고 있다. 그래서 7차 교육과정의 수준별 교육과정은 단계형, 심화·보충형, 과목선택형으로 그 유형을 구분하고 있다.

단계형은 학습 내용은 난이도에 따라 단계를 구분하여 진행하는 것을 의미하며, 심화·보충형은 개개인의 능력 차이를 반영하여 학습 내용의 양과 깊이를 달리하는 것을 의미한다. 과목선택형은 학생의 능력뿐만 아니라 관심을 반영하여 개설된 다양한 과목 중 진로나 능력에 맞게 스스로 선택하는 것을 의미한다.

수준별 교육과정의 도입은 우열반 편성이 아니냐는 논란이 있었던 것도 사실이다. 그러나 수준별 교육과정은 목적이나 학습 집단 편성 방법에서 우열반 편성과 궤를 달리한다. 즉 우열반 편성은 우수 학생들 간의 경쟁을 유도하여 학습 집중도를 제고하는 데 목적이 있는 데 비해, 수준별 교육과정은 학습 목표 달성을 목적으로 여부에 따라 심화와 보충 학습 기회를 제공한다. 이런 목적 달성을 위해 우열반 편성이 학업성취도에 따른 학습 집단 편성을 한다면, 수준별 교육과정은 교과 및 학교 여건에 따라 학급 내 협력 집단, 학급 내 수준별 분단 편성 등 다양한 방법을 활용한다.

10) 2007 개정 교육과정기(2007~2009)

(1) 배경

이 교육과정은 2007년 2월 28일에 교육인적자원부 고시 제2007-79호로 발표된 것으로, 제7차 교육과정을 급변하는 시대 상황에 맞게 개정·보완하는 수시 개정 작업의 일환으로 추진되었다. 제7차 교육과정의 기본철학과 체제를 유지하되 운영상의 문제점을 보완하는 수준에서 개정을 최소화하였다. 2007 개정 교육과정은 단위 학교별 교육과정 편성·운영의 자율권의 확대, 고등학교 선택중심 교육과정의 개선하여 선택 과목군을 6개로 확대·조정, 수준별 교육과정의 문제점 개선에 초점을 맞추어 부분 개정을 진행하였다.

(2) 주요 특징

① 제7차 교육과정의 골격을 유지하면서 부분적으로 수정하였다.

② 2006년 3월부터 주 5일 수업을 월 2회 실시함에 따라 수업시수를 일부 축소·조정하였다.

③ 과학과 역사 교육을 강화하였다.

- 주변국의 역사왜곡에 대응하고 국제화시대에 적합하도록 중·고등학교 사회 교과에서 역사 교과를 독립시켰다.
- 고등학교 1학년 역사 과목 시간을 주당 2시간에서 3시간으로 증대하였다.

④ 단위학교 교육과정 운영의 자율권을 확대하였다.

⑤ 고등학교 선택중심 교육과정을 개선하였다.

- 입시 위주의 편중 선택을 예방하고 전인교육에 중점을 두었다.
- 특히 체육, 음악, 미술 선택을 중시하고, 평가방법도 대폭 개선하였다.

표 4-11 2007 개정 교육과정 교과목 및 교육시수

<table>
<tr><th rowspan="2" colspan="2">학년
과목</th><th colspan="6">초등학교</th><th colspan="3">중학교</th><th>고등학교</th></tr>
<tr><th>1</th><th>2</th><th>3</th><th>4</th><th>5</th><th>6</th><th>7</th><th>8</th><th>9</th><th>10</th></tr>
<tr><td rowspan="14">교과</td><td>국어</td><td rowspan="14" colspan="2">국어
210 238
바른생활
60 80
수학
120 136
슬기로운
생활
90 102
즐거운
생활
180 204
우리들은
1학년</td><td>238</td><td>204</td><td>204</td><td>204</td><td>170</td><td>136</td><td>136</td><td>136(8)</td></tr>
<tr><td>도덕</td><td>34</td><td>34</td><td>34</td><td>34</td><td>68</td><td>68</td><td>34</td><td>34(2)</td></tr>
<tr><td rowspan="4">사회</td><td rowspan="4">102</td><td rowspan="4">102</td><td rowspan="4">102</td><td rowspan="4">102</td><td colspan="4">사회</td></tr>
<tr><td>102</td><td>·</td><td>68</td><td>102(6)</td></tr>
<tr><td colspan="4">역사</td></tr>
<tr><td>·</td><td>102</td><td>68</td><td>102(6)</td></tr>
<tr><td>수학</td><td>136</td><td>136</td><td>136</td><td>136</td><td>136</td><td>136</td><td>102</td><td>136(8)</td></tr>
<tr><td>과학</td><td>102</td><td>102</td><td>102</td><td>102</td><td>102</td><td>136</td><td>136</td><td></td></tr>
<tr><td rowspan="2">실과</td><td rowspan="2"></td><td rowspan="2"></td><td rowspan="2">68</td><td rowspan="2">68</td><td colspan="4">기술·가정</td></tr>
<tr><td>68</td><td>102</td><td>102</td><td>102(6)</td></tr>
<tr><td>체육</td><td>102</td><td>102</td><td>102</td><td>102</td><td>102</td><td>102</td><td>68</td><td>68(4)</td></tr>
<tr><td>음악</td><td>68</td><td>68</td><td>68</td><td>68</td><td>68</td><td>34</td><td>34</td><td>34(2)</td></tr>
<tr><td>미술</td><td>68</td><td>68</td><td>68</td><td>68</td><td>34</td><td>34</td><td>68</td><td>34(2)</td></tr>
<tr><td>외국어
(영어)</td><td>34</td><td>34</td><td>68</td><td>68</td><td>102</td><td>102</td><td>136</td><td>136(8)</td></tr>
<tr><td colspan="2">재량활동</td><td>60</td><td>68</td><td>68</td><td>68</td><td>68</td><td>68</td><td>102</td><td>102</td><td>102</td><td>102(6)</td></tr>
<tr><td colspan="2">특별활동</td><td>30</td><td>34</td><td>34</td><td>68</td><td>68</td><td>68</td><td>68</td><td>68</td><td>68</td><td>68(4)</td></tr>
<tr><td colspan="2">연간 수업
시간수</td><td>830</td><td>850</td><td>952</td><td>952</td><td>1,054</td><td>1,054</td><td>1,122</td><td>1,122</td><td>1,122</td><td>1,190(70)</td></tr>
</table>

2007 개정 교육과정은 학생의 적성과 진로를 고려한 선택중심 교육과정이라는 기본 방향 아래, 공통 교육과정과 선택 교육과정의 이원적 구조를 강화하였다. 특히 고등학교 교육과정에서는 공통 과목과 함께 학생 선택권을 확대하기 위해 교과군별로 다양한 선택과목이 편성되었다.

시대 배경 이야기

2007년은 한국 교육 행정에 있어 중요한 변화가 있었던 해이다. 이전까지 간선제 방식으로 선출되던 교육감 선출 제도가 주민직선제로 변경된 해이기 때문이다. 이는 교육의 자치 및 전문성 강화에 대한 사회적 요구를 반영한 결과라 할 수 있다.

교육감 직선제 도입은 몇 가지 중요한 배경 속에서 이루어졌다. 첫째, 간선제의 한계이다. 기존 간선제는 대표성이 떨어지고, 학연·지연 중심의 조직선거나 금권선거 등 비리에 취약하다는 지적이 제기되어 왔다. 둘째, 교육자치를 강화하기 위한 시도이다. 교육계에서는 교육감의 주민대표성을 강화하여 교육자치를 더욱 공고히 할 수 있다고 보았다. 셋째, 정치적 중립성 확보를 위해서이다. 이를 위해 정당의 교육감 후보 추천은 금지되었고, 후보 자격도 제한되었다.

첫 직선제 선거는 2007년 2월 부산에서 시행되었다. 그러나 초기에는 낮은 투표율과 높은 선거비용 등의 문제점도 나타났다. 2007년 개정 교육과정은 이러한 사회적 변화를 반영하여 수립되었다. 주요 개정 내용으로는 국가 경쟁력 확보를 위한 과학 교육 강화, 세계화 시대에 대응하기 위한 역사 교육 강화 등이 포함되었다.

교육감 직선제 도입은 교육 행정의 민주화와 자율성 강화라는 측면에서 2007년 개정 교육과정의 중요한 사회적 배경이 되었으며, 이는 학교 수준의 교육과정 편성·운영에 대한 자율권 확대로 이어진다.

교육감 선출방식 변천사

시기	형태	선출방식
1949~1990년	임명제	교육위원회 추천으로 대통령이 임명
1991~1997년	교황 선출 방식	교육위에서 후보를 지명하지 않고 무기명 투표로 과반 득표자 결정
1998~2006년	간선제	학교운영위원회 선거인단에서 선출
2007년 이후	직선제	주민이 직접 선출

※ 1949~1990년 교육위원회는 교육계에서 덕망 있는 인사로 구성된 교육위, 1991~1997년 교육위원회는 주민들이 직접선거로 선출한 교육위원들로 구성된 교육위.

자료: 교육부

11) 2009 개정 교육과정기(2009~2015)

(1) 배경

이 교육과정은 당초 대통령 직속 '국가교육과학기술자문회의'에서 선진교육체제를 구상하여 '미래형 교육과정'이라는 이름으로 개정하였다. 이후 교육과학기술부에서 받아들여 기초연구 및 공청회와 심의회 등을 거쳐 구체화하여 추진계획을 발표(2009.9.10.)하였으며, 공식 명칭은 2009 개정 교육과정이라고 하였다. 개정 업무의 효율성을 높이기 위하여 교육과학기술부 내에 '2009 개정 교육과정추진단'을 설치·운영하였다.

2009 개정 교육과정은 발달 단계가 비슷한 2~3개 학년을 하나의 학년군으로 설정하고, 교육목적 및 내용의 인접성, 연관성을 고려한 교과군의 설정, 기존 특별활동과 재량활동을 통합하여 창의적 체험활동 교육과정 영역의 도입 등을 시도하였다.

(2) 주요 특징

① 공통 교육과정(1~9학년)과 선택 교육과정(고등학교 전 과정)을 재설정하였다.
- 초·중학교는 기초·기본교육을 강화하였다.
- 고등학교는 진로에 적합한 교과목 선택 및 학생의 핵심역량을 강화하였다.

② 교육과정 운영의 자율권을 확대하였다.
- 교과(군)별 시수 20% 증감을 허용하였다.
- 교과(군)의 수업시수는 '최소 수업시수'가 아닌 '기준 수업시수'를 도입하였다.

③ 학년군, 교과군을 적용하여 집중이수제를 도입하였다.

④ 교과활동에서 창의·인성교육 활성화 방안을 제시하였다.

표 4-12 2009 개정 교육과정 교과목 및 교육시수

<table>
<tr><th colspan="2">학년
과목</th><th>1~2학년</th><th>3~4학년</th><th>5~6학년</th></tr>
<tr><td rowspan="7">교과(군)</td><td>국어</td><td rowspan="7">국어 448
수학 256
바른생활 128
슬기로운 생활 192
즐거운 생활 384</td><td>408</td><td>408</td></tr>
<tr><td>사회/도덕</td><td>272</td><td>272</td></tr>
<tr><td>수학</td><td>272</td><td>272</td></tr>
<tr><td>과학/실과</td><td>204</td><td>340</td></tr>
<tr><td>체육</td><td>204</td><td>204</td></tr>
<tr><td>예술(음악/미술)</td><td>272</td><td>272</td></tr>
<tr><td>영어</td><td>136</td><td>204</td></tr>
<tr><td colspan="2">창의적 체험활동</td><td>272</td><td>204</td><td>204</td></tr>
<tr><td colspan="2">학년군별 총 수업 시간 수</td><td>1,680</td><td>1,972</td><td>2,176</td></tr>
</table>

2009 개정 교육과정은 '창의적 인재 육성'을 목표로 핵심 역량 중심 교육과정 구조를 지향하며, 교과 간 통합성과 창의적 체험활동의 비중을 강화하였다. 특히 1~2학년은 바른생활, 슬기로운생활, 즐거운생활의 세 가지 통합교과를 중심으로 생활 중심 교육이 이루어지며, 3학년부터 교과중심 교육과정으로 점진적으로 전환된다.

시대 배경 이야기

집중이수제란 수업 집중도를 높이기 위해 학기당 12~13 교과목을 배우던 것을 8과목 이내로 하고, 과목별 수업시간을 충족하는 선에서 수업 시기를 학교가 자율적으로 편성할 수 있도록 허용한 제도다. 학생들의 학과목 부담을 줄어주기 위해 시행됐다.

이 제도의 시행으로 학교마다 배우는 과목이나 수업진도가 달라질 수 있게 되었다. 예컨대, 체육 수업을 3년 가운데 1학년 때로 몰아서 할지, 아니면 3년간 매 학기 균등하게 나눠서 편성할지 재량껏 결정할 수 있다. 집중이수제는 학교의 교육과정 운영 자율성을 강화하고, 학습 부담의 경감, 다양한 체험활동을 가능하게

하는 데 초점을 맞춘 제도이다.

그러나 이 같은 수업 편성이 '국영수 위주 수업 강화'에 따른 '국영수 외 과목의 학습 소홀'로 이어질 위험이 크다를 비롯하여 장시간 수업으로 인한 집중력 저하, 학생들의 발달 단계와 불일치 등의 부작용을 우려하는 목소리 또한 적지 않다.

• 집중이수제 운영 예시

교과목	일반		집중이수제 운영 시	
	수업기간	주당 강의시간	수업기간	주당 강의시간
미적분학1 (3학점)	15주	3시간 (총 45시간)	7주 또는 8주 이내	평균 6시간 내외 (총 45시간)
미적분학2 (3학점)	15주	3시간 (총 45시간)	7주 또는 8주 이내	평균 6시간 내외 (총 45시간)

• 집중이수제 교과목 주차별 운영 계획(안)

교과목	주차별 운영			
	1주~7주	8주	9~15주	16주
미적분학1 (3학점)	7~12.5교시	7~9.5교시	-	-
미적분학2 (3학점)	-	-	7~12.5교시	7~9.5교시

3 최근의 교육과정

1) 2015 개정 교육과정기(2015~2022)

(1) 배경

이 교육과정은 '문·이과 통합형 교육과정'의 추진에서 출발하였고, 이후 정책연구와 다각적인 논의를 거쳐 2015 개정 교육과정으로 발표하였다. 기본 취지는 모든 학생들이 인문·사회·과학기술에 대한 기초 소양을 함양하여 인문학적 상상력과 과학기술 창조력을 갖춘 창의·융합형 인재로 성장할 수 있도록 교육의 근본적인 패러다임을 전환하는 데 두었다. 주안점으로는 미래사회가 요구하는 핵심역량을 기를 수 있는 교과 교육과정을 개발하는데 두었고, 각 교과는 단편 지식보다 핵심개념과 원리를 제시하고, 학습량을 적정화하여 토의·토론 수업·실험 및 실습 활동 등 학생들이 수업에 직접 참여하면서 역량을 함양할 수 있도록 하였다. 평가는 과정 중심의 평가를 확대하였다.

2015 개정 교육과정은 2009 개정 교육과정에 비해 총론 문서 체제에 있어서 교육과정 구성의 중점, 학교급별 교육 목표, 특수한 학교에서의 교육과정 편성 운영을 신설하였고, 종전 학교 교육과정 편성 운영을 분리하는 동시에 교수·학습, 평가, 모든 학생을 위한 교육기회 제공 항목을 추가하는 변화를 시도하였다.

(2) 주요 특징

① 초등학교 1~2학년(군)에 한글교육 강조, 유아교육과정(누리과정)과 연계 강화, 창의적 체험활동을 중시하였다.

② 중학교 교육과정의 자율성과 유연성 확보를 위한 자유학기제를 도입하였다.

③ 고등학교 교육과정의 문·이과 구분 없이 공통과목을 이수토록 하였다.

④ 2018년부터 특성화 고등학교와 산업수요 맞춤형 고등학교를 대상으로 NCS(국가직무능력표준, National Competency Standards) 기반 교육과정을 도입하였다.

■ 표 4-13 중학교 시간 배당 기준표

구 분		1~3학년
교과(군)	국어	442
	사회(역사 포함)/도덕	510
	수학	374
	과학/기술·가정/정보	680
	체육	272
	예술(음악/미술)	272
	영어	340
	선택	170
	소계	3,060
창의적 체험활동		306
총 수업 시간 수		3,366

2015 개정 교육과정은 미래 사회가 요구하는 창의융합형 인재 양성을 목표로 핵심역량 중심의 성취기준 교육과정을 도입하였다. 학생중심의 교육과정 운영을 통해 자기주도적 학습과 진로 맞춤형 교육 실현을 지향하였다.

시대 배경 이야기

2015 개정 교육과정과 관련하여 역사 교과서 논란은 중요한 사회적 맥락으로 작용한다. 역사 교과서와 관련된 논란이 교육과정 개정의 직접적인 원인이 된 것은 아니지만 당시 교육 정책 수립에 영향을 미쳤기 때문이다.

역사 교과서와 관련된 논란은 정부가 중학교·고등학교 한국사 교과서의 국정화를 추진하면서 촉발되었다. 역사 교과서의 국정화는 우리나라의 근대사에 대한 역사 해석의 차이, 이념적 갈등을 불러일으켜 찬성과 반대 의견이 첨예하게 대립하게 된다.

역사 교과서 국정화는 이루어지지 않았지만 이런 논의 자체는 교육의 본질과 방향에 대한 사회적 관심을 환기시키는 동시에 교과서 선택의 자율성과 교육과정 운영의 유연성에 대한 논의를 활발하게 하는 데 기여하였다.

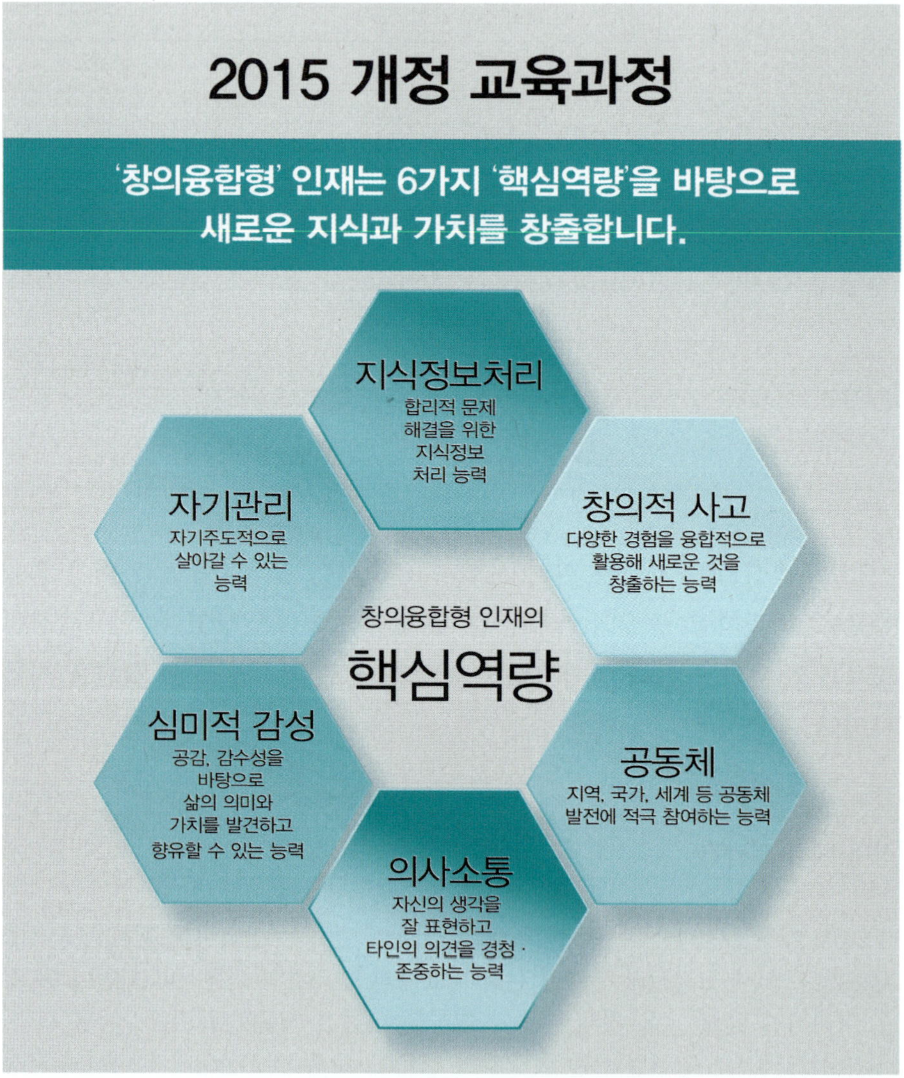

2) 2022 개정 교육과정기(2022~현재)

(1) 배경

2022 개정 교육과정은 예측할 수 없는 변화에 대응할 수 있는 교육 혁신, 저출산·고령화로 인한 학령 인구 감소 및 학습자 성향 변화에 따른 맞춤형 교육 기반의 필요를 배경으로 개정된다. 디지털 사회로의 전환은 변화의 속도뿐만 아니라 정도를 예측하기 어려운 것이 되게 하고 있으며, 그로 인해 전통적인 학령기의 경계선은 모호해지고 있다. 지식과 정보의 폭발적인 증가는 교육을 통한 새로운 교육 환경에 적응할 수 있는 역량 함양이 필요해진 셈이다.

2022 개정 교육과정은 포용성과 창의성을 갖춘 주도적인 사람을 비전으로 역량 중심으로 개정된다. 이 교육과정은 미래 사회에 대응할 수 있는 능력과 기초 소양 함양을 위한 자기 주도적 학습 및 삶을 강조하며, 기후·생태환경 변화 등 지속 가능성, 공동체적 가치 함양을 위한 교육 아이디어들을 포함하고 있다.

(2) 주요 특징

① 깊이 있는 학습, 교과 간 연계와 통합, 삶과 연계한 학습, 학습 과정에 대한 성찰을 중심으로 역량 함양 교과 교육과정을 개발하였다.

② 다양한 문제 상황에 대해 스스로 탐구하고, 해결 방안을 모색할 수 있는 학습자 주동성을 강조하였다.

③ 장애 학생의 특성 및 교육적 요구 등을 고려한 맞춤형 교육과정을 제시하였다.

■ **표 4-14** 2022 개정 교육과정 교과목 및 교육시수

구 분		1~3학년
교과(군)	국어	408
	사회(역사 포함)/도덕	816
	수학	816
	과학/기술·가정/정보	884
	체육	612
	예술(음악/미술)	816
	영어	544
	소계	5,800
창의적 체험활동		612
총 수업 시간 수		6,412

2022 개정 교육과정은 지속가능한 미래 사회를 대비하기 위해 학습자 주도성과 학교 자율성, 그리고 지역성과 연계성을 강조하였다. 이를 위해 국가 수준 교육과정의 구조를 유연하게 재구성하여 다양성과 포용성을 강화하려는 데 관심의 초점을 맞추고 있다.

■ **표 4-15** 우리나라 교육과정 변천사

교육과정	적용시기
교수요목기	1945년 9월 ~ 1954년 3월
제1차 교육과정	1954년 4월 ~ 1963년 1월
제2차 교육과정	1963년 2월 ~ 1973년
제3차 교육과정	1973년 ~ 1981년
제4차 교육과정	1981년 ~ 1987년
제5차 교육과정	1987년 ~ 1992년
제6차 교육과정	1992년 ~ 1997년
제7차 교육과정	1997년 ~ 2007년
2007 개정 교육과정	2007년 ~ 2009년

교육과정	적용시기
2009 개정 교육과정	2009년 ~ 2015년
2015 개정 교육과정	2015년 ~ 2022년
2022 개정 교육과정	2022년 ~ 현재

교육과정은 시대적 요구와 사회적 변화에 따라 지속적으로 개정되어 왔다. 주목할 점은 제7차 교육과정 이후부터는 수시 개정 체제로 전환되어, 전면적인 개정 대신 필요에 따라 부분적인 개정이 이루어지고 있다는 점이다. 이는 교육 환경의 빠른 변화에 더욱 유연하게 대응하기 위한 조치라 할 수 있다.

시대 배경 이야기

기계 학습과 인공 지능의 변화는 인간 삶 전반에 걸친 변화를 불러일으키고 있다. 소위 4차 산업혁명으로 표현되는 이런 변화는 교육과정도 예외가 아니다. 2022 개정 교육과정은 디지털 전환에 대응할 수 있는 역량을 함양함으로써 급격한 사회 변화 속에서도 포용성과 창의성을 갖춘 주도적인 사람을 기르는 데 초점을 맞추고 있다.

4차 산업혁명의 도래는 교육내용의 변화뿐만 아니라 교육대상, 교육방법 등 전방위에 걸친 변화를 예고하고 있다. 예를 들어 가상현실(VR), 증강현실(AR), 인공지능(AI), 사물인터넷(IoT) 등의 기술이 학습 현장에 도입되어 교육 방식 혁신이나 문제기반 학습, 프로젝트 기반 학습, 탐구학습 등의 교수-학습 방법을 활용 증대 등이 그 사례라 할 수 있다.

4차 산업시대 신 직업, 한국고용정보원

직업명	개요
SNS 전문가	SNS상에서 기업 혹은 상품, 서비스 등의 홍보 및 마케팅, 고객과의 의사소통, 부정적 소문 및 이미지 관리 등
빅데이터 분석가	저장된 대량의 정형 또는 비정형 데이터를 분석하고 그 결과로부터 기업 혹은 공공기관 등에게 가치 있는 정보를 추출
인공지능 전문가	인간의 뇌구조에 대한 지식을 바탕으로 컴퓨터나 로봇 등이 인간과 같이 사고하고 의사 결정할 수 있도록 인공지능 알고리즘(딥러닝)을 개발하거나 프로그램으로 구현

직업명	개요
자율주행자동차 개발자	첨단 센서, 그래픽 기술, 3D 카메라, 레이더 등 기기를 활용하여 주변 상황과 교통 상황을 정확히 판단하여 운전자가 조작하지 않아도 스스로 주행하는 자동차를 개발
디지털장의사	고객의 의뢰를 받아 고인의 개인정보를 토대로 생전에 인터넷에 남긴 기록들을 삭제하거나, 인터넷상에서의 악성 댓글이나 루머, 고객 정보, 기록, 글, 사진 등 다양한 자료를 삭제
스마트팩토리 설계자	공장의 특성, 생산제품, 공정 등을 고려하여 ICT, 인공지능, IoT 등의 스마트 기술을 적용하여 공장 상황을 분석하고, 분석 결과를 토대로 스스로 공정을 연계하고 제어하는 스마트팩토리를 설계
3D프린팅 모델러	3D프린팅을 통해 3D형상을 제작하기 위하여 형상을 3D모델링으로 구현하여 프로그램화하는 일
가상현실 전문가	게임, 비행, 관광, 훈련 및 교육 등 가상현실에 대한 사용자의 요구, 사용목적 등을 파악하고, 이에 따라 가상현실콘텐츠와 시스템을 기획하고 개발
원격진료 코디네이터	양방으로 통신할 수 있는 ICT 기술을 활용해 거리와 관계없이 환자와의 상담을 통해 증상, 의료정보 등을 파악하여 적합한 의사를 선정하고, 정보를 의사에게 전달하여 의사와 환자가 효과적으로 원격진료를 할 수 있도록 돕는 일
드론촬영 조종사	드론촬영의 특성, 목적, 용도 등과 함께 드론 비행규정 등을 고려하여, 적합한 촬영용 드론, 촬영 방법을 결정하며, 촬영을 위해 드론을 조정

요점 정리(summary)

- 교육과정의 유형을 종합해 볼 때, 제1차 교육과정은 교과중심 교육과정, 제2차 교육과정은 경험중심 교육과정, 제3차 교육과정은 학문중심 교육과정, 제4차 교육과정 이후부터는 통합교육이 이루어지면서 교육과정의 유형이 구분되지 않았다.
- 제5차 교육과정까지는 국가주도형 교육과정으로서 전국 표준적인 교육의 과정을 중시하였다. 제6차 교육과정부터 시작하여 제7차 교육과정에서는 각 시·도 교육청과 지역 교육청이 교육과정 편성 및 운영의 지침을 개발하거나 장학자료를 개발하여 각급 학교에 제시하는 역할분담이 구체화됨으로써 장차 교육과정의 지역화 방향은 강화되었다.
- 2007년 이후 이루어진 교육과정 개정은 차수로 구분하지 않고 지속적·점진적 개선을 통한 교육과정 보완의 연속이라 할 수 있다. 미래 교육의 방향에 대한 새로운 아이디어들을 탐색하며 자기주도적 학습 역량이 강화되는 방향으로 전개되어 오고 있다.
- 초기에는 교과중심 교육에서 경험중심 교육으로, 다시 학문중심 교육으로 변화하는 경향을 보였으며, 최근에는 학생의 흥미와 적성을 고려한 선택중심 교육과정과 창의적 체험 활동을 강조하고 있다. 시대적 요구에 따라 도덕, 반공 교육, 정보 교육 등의 내용이 교육과정에 반영되는가 하면, 중앙집권적인 교육과정에서 지방 분권적인 교육과정으로 변화해 왔다.
- 교육과정의 변천사는 한국 사회의 변화와 함께 끊임없이 발전해 왔으며, 앞으로도 미래 사회의 요구에 부응하기 위해 지속적으로 변화할 것으로 예상된다.

주요 용어(key word)

- 종일반
- 집중이수제
- 재량활동
- 자유학기제
- 누리과정
- 특별활동
- 편제
- 선택중심 교육과정
- 교과중심 교육과정
- 경험중심 교육과정
- 학문중심 교육과정
- 인간중심 교육과정
- 통합교육과정

형성평가 및 연구과제 formation evaluation & research subject

1. 시기별 교육과정의 특징에 대한 설명으로 바르지 않는 것은? (06년 유치원/초등/특수학교 임용고시)

가. 제2차 교육과정은 경험중심 교육과정을 표방하였다.
나. 제3차 교육과정은 인간중심 교육과정을 표방하였다.
다. 제6차 교육과정은 교육과정 결정의 분권화를 표방하였다.
라. 제7차 교육과정은 학생중심 교육과정을 표방하였다.

2. 우리나라 교육과정의 변천과정을 볼 때 다음에 지시한 내용과 관련이 있는 교육과정은?

1) 고등학교에서의 단위제 채택	2) 교과활동, 반공도덕, 특별활동으로 구성
3) 자주성, 생산성, 유용성 강조	4) 생활중심 교육과정 개발

가. 제1차 교육과정　　나. 제2차 교육과정
다. 제3차 교육과정　　라. 제4차 교육과정
마. 제5차 교육과정

3. 우리나라에서 '시·도교육청 교육과정 편성·운영 지침' 작성권이 시·도교육청에 부여된 시기는 언제부터인가? (02년 중등 임용고시)

가. 제3차 교육과정기　　나. 제4차 교육과정기
다. 제5차 교육과정기　　라. 제6차 교육과정기
마. 제7차 교육과정기

4. 다음에서 알 수 있는 우리나라 교육과정 변천과정의 경향은? (04년 초등 임용고시)

> 1) 초등학교 사회과에서 지역별 교과서를 만들도록 하고 있다.
> 2) 시·도교육청에 교육과정 편성·운영 지침 작성권을 부여하고 있다.
> 3) 학교의 실정이나 학생의 요구에 따른 교육과정을 편성·운영할 수 있도록 하고 있다.

가. 교육과정 결정의 분권화　　나. 교육과정 결정의 구조화
다. 교육과정 결정의 표준화　　라. 교육과정 결정의 집중화

5. 학교의 교육과정에 국사 교과가 신설된 교육과정 시기는?

가. 제1차 교육과정　　나. 제2차 교육과정
다. 제3차 교육과정　　라. 제4차 교육과정
마. 제5차 교육과정

6. 제7차 교육과정의 기본방향에 가장 잘 부합하는 것은? (00년 중등 임용고시)

가. 교육내용의 증대　　나. 교육정보화 확산
다. 자기주도적 학습능력 신장　　라. 학부모의 교육과정 결정 참여 확대

7. 제7차 교육과정의 국민공통 기본 교육과정이 적용되는 범위는? (01년 중등 임용고시)

가. 초등학교 1학년-중학교 1학년
나. 초등학교 1학년-중학교 3학년
다. 초등학교 1학년-고등학교 1학년
라. 초등학교 1학년-고등학교 3학년

8. 제7차 교육과정에 편성된 재량활동 시간의 운영방법을 바르게 설명한 것은? (01년 중등 임용고시)

가. 학교가 임의적으로 운영하지 않을 수 있다.
나. 학생의 희망에 따라 배정 시간을 증감할 수 있다.
다. 교과의 심화·보충 학습 시간을 활용할 수 있다.
라. 배정된 시간을 모두 교과 재량활동에 투입할 수 있다.

9. 다음의 내용 중에서 제7차 교육과정의 개정중점으로만 묶인 것은?

1) 국민공통 기본 교육과정의 이수
2) 재량시간 신설 및 확대
3) 교육과정 내용의 구조화
4) 교육과정 결정의 분권화
5) 수준별 교육과정의 도입
6) 상대적 평가 확대로 수월성 지양

가. 1), 2), 3)
나. 2), 3), 4)
다. 1), 2), 5)
라. 2), 3), 6)

10. 제7차 교육과정의 특별활동 영역만으로 묶인 것은?

가. 자치활동, 적응활동, 단체활동, 학급활동, 봉사활동
나. 행사활동, 적응활동, 단체활동, 봉사활동, 계발활동
다. 자치활동, 계발활동, 단체활동, 봉사활동, 적응활동
라. 적응활동, 단체활동, 봉사활동, 학급활동, 계발활동
마. 자치활동, 적응활동, 계발활동, 봉사활동, 행사활동

11. 다음은 어떤 교육과정에 대한 설명인가?

이것은 학생의 자기주도적 학습능력을 기르고, 학교 교육과정 편성 및 자율성을 확대하며, 학생의 교과 혹은 교육프로그램의 선택권을 보장하기 위한 과정이다.

가. 재량활동과정
나. 특기·적성교육 활동
다. 특별활동
라. 선택중심 교육과정

12. 2007 개정 교육과정의 주요 특징으로 보기 어려운 것은?

가. 제7차 교육과정의 기본 골격 유지
나. 주 5일 수업제에 따른 수업 시수 조정
다. 과학 및 역사 교육 강화
라. 획일적인 교육 내용 제시

13. 다음 중 2009 개정 교육과정에서 새롭게 도입된 것은?

가. 수준별 교육과정
나. 재량활동
다. 창의적 체험활동
라. 선택중심 교육과정

14. 다음 중 2015 개정 교육과정에 대한 설명으로 옳지 않은 것은?

가. 초등학교 1~2학년의 한글 교육을 강조하였다.
나. 중학교에서 자유학기제를 적용하였다.
다. 고등학교에서 문·이과 구분을 강화하였다.
라. NCS 기반 교육과정을 도입하였다.

15. 다음 중 2022 개정 교육과정의 주요 배경 중 하나는?

가. 경제 성장 가속화
나. 디지털 전환
다. 인구 증가
라. 산업화 촉진

16. 제7차 교육과정은 일종의 수준별 교육과정인 셈이다. 이와 같은 수준별 교육과정은 학생들의 학력차를 확대·재생산하는 교육기제이며, 사교육을 조장하는 교육과정이라는 지적이 있다. 이에 대한 학생의 견해는 무엇인지를 제시해 보시오.

Memo

Part 02

교육과정 개발 및 운영

Chapter 05

교육과정 개발모형

학습개요

이 장에서는 교육과정 개발의 의미와 개발모형에 대하여 다음과 같은 점에 관심을 두고 수업에 임해야 한다. 첫째, 교육과정 개발은 요구사정(요구분석, 상황분석)의 결과와 이론적·현실적 배경을 토대로 교육 활동(교육목적·목표 설정, 교육내용 선정 및 조직, 교과지도 및 생활지도·상담, 교육평가)에 대한 종합적인 계획을 세우는 활동의 기초이므로 정확한 개념 이해가 있어야 한다. 둘째, 학교에서의 모든 교육 활동의 기본 지침은 국가수준에서 개발됨을 이해하고, 이어 각 지역에서는 국가수준의 교육과정을 근간으로 그 지역적 특성을 반영한 지역수준의 교육과정이 개발되어, 각급 학교에 전달되면 단위학교는 그 내용을 토대로 학교수준, 학년수준, 교과수준 등 보다 실제적이고 구체적인 교육과정을 개발하여 운영한다는 사실을 파악할 필요가 있다. 셋째, 교육과정 개발과정에서는 어떤 절차나 활동의 개요로서 모형을 적용한다. 모형 중에는 합리적/목표 모형, 순환적 모형, 역동적/상호작용 모형 등이 있다. 이들 모형은 교육과정 개발자의 가치나 선호도 등에 따라 달리 적용할 수 있다. 여러분은 모형의 특징, 절차, 구성요소, 장·단점 등을 분석 적용할 수 있어야 한다. 여러분은 이 장을 마치고 나면 교육과정 개발의 의미와 개발모형을 현장에서 적용할 능력을 기를 수 있을 것이다.

학습목표

학습목표 1. 교육과정 개발의 의미에 대하여 설명할 수 있다.

학습목표 2. 교육과정 개발모형을 유형별로 분류할 수 있다.

학습목표 3. 교육과정 개발모형의 유형별 장·단점을 구분할 수 있다.

1 교육과정 개발의 의미

교육과정 개발(curriculum development)이란 요구사정(요구분석, 상황분석)의 결과와 이론적·현실적 배경을 토대로 교육 활동(교육목적·목표 설정, 교육내용 선정 및 조직, 교과지도 및 생활지도·상담, 교육평가)에 대한 종합적인 계획을 세우는 활동을 말한다. 학교에서의 모든 교육 활동의 기본 지침이 되는 문서로서의 교육과정은 맨 먼저 국가수준에서 개발된다. 이어 각 지역에서는 이러한 국가수준의 교육과정을 근간으로 그 지역적 특성을 반영한 지역수준의 교육과정이 개발된다. 그리고 이러한 교육과정이 각급 학교에 전달되면 해당 학교는 그 내용을 토대로 학교수준, 학년수준, 교과수준 등의 보다 실제적이고 구체적인 교육과정을 개발하여 운영함으로써 소기의 교육목적과 목표를 달성하게 된다(오만록, 2012).

이렇게 개발된 교육과정은 학교 현장에서 시행된 후 일정 기간 유지되지만, 또 새로운 변화와 혁신의 압력에 직면하게 되면 이러한 절차를 반복하게 된다. 이러한 계속적인 순환적 과정이 교육과정 개발 활동과정을 의미하는 것이다(권낙원 외, 2012).

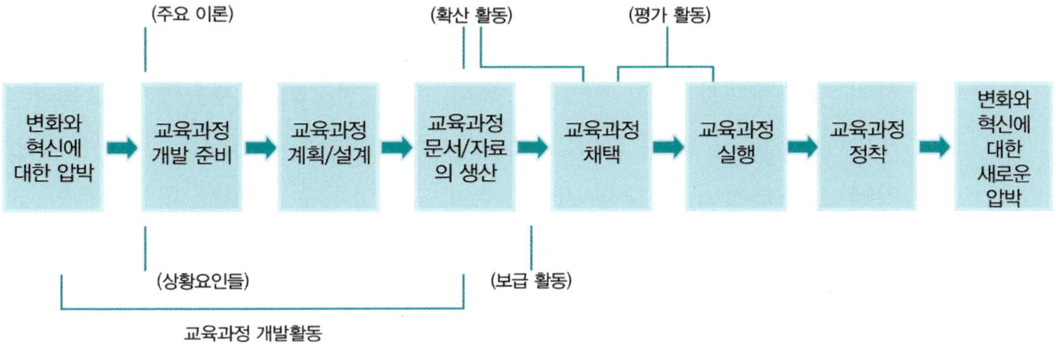

그림 5-1 교육과정 개발활동의 체계(Marsh & Willis, 1999)

이러한 교육과정 개발 활동 수준은 그 나라의 교육과정 결정체제에 따라 달라진다. 즉, 국가에서 교육과정을 개발하여 지역이나 학교에서 교육과정 운영 역할을 담당하는 중앙집권형 교육과정 체제와 교육과정의 개발, 운영, 평가의 모든 활동이 지역이나 학교를 중심으로 이루어지는 지방분권형 교육과정 체제로 나뉜다. 이러한 두 가지 교육과정 결정체제의 장·단점을 비교하면 **표 5-1**과 같다(권낙원 외, 2012).

표 5-1 교육과정 결정체제 비교

구 분	중앙집권적 결정체제	지방분권형 결정체제
장점	• 전국적으로 통일된 교육과정을 가짐 • 학교급, 학교 간 교육과정의 연계성을 충족시킬 수 있음	• 지역과 학교의 특수한 상황에 부응하는 교육과정을 개발할 수 있음 • 교사들이 교육과정 개발에 주인의식을 갖게 됨 • 급격한 변화에 대응하여 교육과정을 신속하게 수정할 수 있음
단점	• 교육과정 운영이 획일화, 경직화되기 쉬움 • 권위주의적인 교육 풍토를 조성할 가능성이 높음 • 교사가 교육과정으로부터 소외되기 쉬움	• 학교급, 학교 간 교육과정의 연계가 어려움 • 지역 간 교육과정의 질에 있어서 수준 차이가 있을 수 있음

오늘날은 중앙집권적 결정체제와 지방분권형 결정체제의 단점을 보완하여 절충체제를 갖고 있으며, 특히 학교 현장의 교사들에게 교육과정 개발에 대한 더 많은 참여와 책임을 주기 위하여 중앙정부 수준에서 결정된 교육과정의 지침과 지역수준의 교육방침을 토대로 학교수준의 교육과정을 개발하도록 허용하고 있다. 이러한 추세는 학교중심 교육과정 개발(school-based curriculum development: SBCD)이라는 이슈로 확대되었다.

2 교육과정 개발모형의 분류

학교에서 학생들에게 무엇을 가르칠 것인가를 결정하는 것은 매우 중요하면서도 복잡한 과정을 거친다. 교육과정의 개발과정은 일반적으로 교육목표의 설정과 진술에서 시작하여, 교육내용(학습경험)을 선정하고 조직하며, 교육목표의 달성도를 확인하는 절차를 밟는다. 교육과정 개발모형에는 관점에 따라 다양하게 제시할 수 있으나, 여기서는 크게 세 가지로 구분한다.

첫째, 1950~60년대 초에 미국에서 출현한 전통적 교육과정 개발모형인 '합리적/목표모형'으로서 ① 타일러(Tyler)의 모형, ② 타바(Taba)의 모형이다.

둘째, 1960~70년대 주로 영국이나 호주를 중심으로 크게 환영을 받았던 '순환적 모형'으로서 ① 휠러(Wheeler)의 모형, ② 니콜스와 니콜스(Nicholls & Nicholls)의 모형이다. 교육과정 개발은 합리적 모형처럼 1회적으로 이루어지는 경우는 적으며, 교육과정 개발과정의 순환적 성질과 개발 요소들 간의 상호의존적 성질이 강조된다.

셋째, 1970년대 이후 교육과정 개발에 있어서 실제적이고 상호작용적·역동적 측면을 강조하는 '역동적/상호작용모형'으로서 ① 워커(Walker)의 모형, ② 스킬벡(Skilbeck)의 모형이다.

이 외에도 아이즈너(Eisner)의 예술적 교육과정 개발모형, 백워드(Backward)의 교육과정 설계모형, 올리바(Oliva)의 교육과정 개발모형 등이 많이 있지만, 여기서는 주요 세 가지 관점의 교육과정 개발모형에 국한하여 분류하고 대표되는 학자들만 표 5-2와 같이 제시하고자 한다.

표 5-2 교육과정 개발모형의 분류

합리적/목표모형	순환적 모형	역동적/상호작용모형
타일러(Tyler) 타바(Taba)	휠러(Wheeler) 니콜스와 니콜스(Nicholls & Nicholls)	워커(Walker) 스킬벡(Skilbeck)

3 교육과정 개발모형

1) 합리적/목표모형

(1) 타일러의 교육과정 개발모형

타일러(Tyler, 1949)는 그의 저서 『교육과정과 수업의 기본원리』(*Basic Principles of Curriculum and Instruction*)에서 합리적 교육과정 개발모형을 강조하였다. 타일러는 교육과정 개발 모형에서 목표의 원천은 ① 학습자에 대한 요구(학습자에의 타당성-필요, 흥미, 요구 등), ② 사회의 요구나 필요(사회적 요구와 가치에 대한 것으로 사회에의 타당성-사회의 필요, 사회인의 생활조건). ③ 교과전문가의 요구나 제안(교과의 타당성-교과교육에 전문가의 견해)을 통해 잠정적인 교육목표 설정(교육목표의 타당성 조건)을 한다. 다음으로 목표의 여과(목표거름체)인 ① 철학의 활용(교육철학-교육적으로 추구할 만한 가치가 있는가?), ② 학습심리학의 활용(학습심리학-학습자가 잠정적 목표를 달성할 수 있는가?)을 통해 최종적으로 의미 있고 타당한 교육목표를 도출한다.

타일러가 교육과정 개발에 있어 중요하게 고려한 내용은 크게 네 가지로 요약할 수 있다.

① (교육목표) 학교는 어떤 교육목적을 달성하려고 노력해야 하는가?

② (학습경험 선정) 이 목표를 달성하기 위하여 어떤 교육적 경험이 선정되어야 하는가?

③ (학습경험 조직) 선정된 학습경험은 어떻게 조직해야 교육목표를 달성하는 데 도움이 되는가?

④ (학습성과 평가) 설정된 교육목표가 어느 정도 달성되었는가를 어떻게 확인할 수 있는가?

타일러는 이와 같은 일련의 과정이 제대로 이루어질 때 적절한 교육내용을 선정·조직할 수 있고, 수업활동을 원활히 펼칠 수 있을 뿐만 아니라, 평가의 근거와 기준을 토대로 학습성과를 제대로 확인할 수 있다고 강조하였다. 특히 타일러의 교육과정 개발모형은 개발의 어떤 요소들보다 목표를 우선시한다는 점에서 목표우위모형이며, 목표가 평가할 방향을 안내한다는 점에서 평가중심모형이다. 그리고 개발의 단계가 목표설정에서부터 평가방법에 이르기까지 직선적인 계열을 따라 진행하는 것으로 조망한 점에서 직선적 모형이며, 모형을 누구나 쉽게 이해할 수 있고 적용할 수 있다는 점에서 합리적 모형이며, 교육과정 개발자가 각 단계에서 수행해야 할 바가 무엇인가를 구체적으로 제시해 준다는 점에서 처방적 모형이다. 또한 전체로부터(전체 교과) 부분으로(각 교과의 단원으로) 진행된다는 점에서 연역적 모형이라고 할 수 있다(손충기, 2006). 타일러의 교육과정 개발모형에 관한 일련의 절차를 제시하면 그림 5-2와 같다.

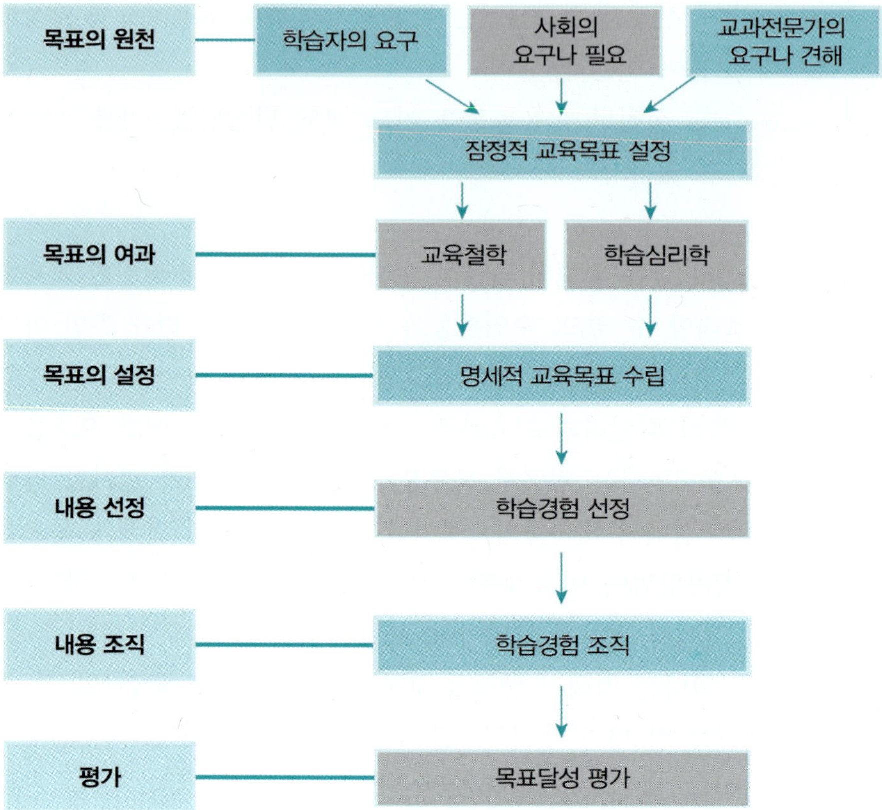

그림 5-2 타일러(Tyler)의 모형

(2) 타바의 교육과정 개발모형

타바(Taba, 1962)는 『교육과정 개발; 이론과 실제』(*Curriculum Development; Theory and Practice*)라는 저서에서 교육과정 개발과정에 대한 접근방법을 제시함으로써, 학교수준에서의 교육과정 개발에서 고전적 모형이라고 할 수 있는 타일러의 교육과정 개발모형을 수정하였다. 타바의 교육과정 개발모형은 타일러와 마찬가지로 개발자들이 따라야 할 절차를 제시했다는 점에서 '처방적 모형'이며, 계속적인 요구진단을 통하여 교육과정 요소들의 상호작용을 강조한다는 점에서 역동적인 모형이기도 하다. 하지만 타일러의 교육과정 개발모형과 달리 단원개발에서 출발하여 교과구성으로 진행된다는 점에서 '귀납적 모형'의 특징을 갖고 있어 교사 수준에서 실천 가능하며 현장지향적인 모형이기도 하다. 이에 교육과정이 유용한 학습경험이 되어야 하고, 이를 위해서는 교육과정 설계자가 우선적으로 학생의 욕구를 확인해야 한다는 것이다. 또한 학습경험은 구체적이고 분명한 것에서 출발하여 차츰 더 추상적인 것들로 접근해 나가는 교수로의 학습(단원개발에서 교과 전체로)이어야 한다고 주장하였다.

이를 종합해볼 때 타바는 타일러가 강조한 전체적인 학습자의 요구, 사회의 요구나 필요, 교과전문가의 요구나 견해를 분석한 것에 비해서 보다 좁은 범위에서 학습자에게 무엇이 요구되는가를 분석하였다. 이러한 타바의 교육과정 개발모형을 그림으로 제시하면 그림 5-3과 같다.

단계	내용
(1단계) 학습자의 요구 진단	학습자의 필요와 요구를 조사 및 분석
(2단계) 교육목표의 명세화	요구 진단에 근거하여 달성할 교육목표를 명세적 작성
(3단계) 내용 선정	목표 달성에 적합한 교육내용 작성
(4단계) 내용 조직	선정한 교육내용을 체계적으로 조직
(5단계) 학습경험 선정	교육내용 중 학습자의 학습경험에 필요한 내용 선정
(6단계) 학습경험 조직	선정한 학습경험을 체계적으로 재조직
(7단계) 평가내용과 평가방법 결정	교육목표 달성도를 확인할 평가내용과 평가방법 결정

그림 5-3 타바(Taba)의 교육과정 개발모형

(3) 합리적/목표중심 교육과정 개발모형의 장·단점

이상에서 살펴본 합리적/목표중심 교육과정 개발모형의 주요 장·단점을 살펴보면 다음과 같다(손충기, 2006).

1 장점

① 합리적/목표중심모형은 교육과정 개발과정을 단순하고 단계적으로 접근하는 방법을 제시함으로써 상식에 부합하며 이해가 용이하다.

② 교육목적 혹은 목표를 강조함으로써 교육과정 개발의 방향을 명확히 하고 개발상의 혼란을 막을 수 있다.

③ 교사들이 학교 현장에서 용이하게 적용할 수 있다.

④ 시간-효능의 접근 방법을 제공해 주고 있다. 교육과정 개발과정을 매우 체계적이고 순차적인 것으로 기술하기 때문에 순서에 입각하여 단계적인 활동을 전개해 나가면 시간을 절약할 수 있고, 효과적으로 교육과정을 개발할 수 있다.

2 단점

① 교육과정 개발 작업이 합리적 모형의 장점인 단계적이고 체계적인 순서대로만 이루어지는 것은 아니다. 다소 창의적이고 역동적으로 사고하는 교사들에게는 교육과정 개발이 기계적인 메커니즘(mechanism)에 다소 어려움을 느낄 수 있다.

② 설정한 목표와 교수-학습 상황이 상호 일치하지 않을 수 있으며, 이 문제에 대하여 합리적/목표중심모형은 적절하게 다루지 못하고 있다. 교수-학습 상황은 항상 예측 가능한 것이 아니다.

③ 합리적/목표중심모형은 교육목표의 행동 진술을 지나치게 강조함으로써 목표의 행동적 진술이 어렵거나 불가능한 경우가 있음을 간과하고 있다. 또 교사들로 하여금 목표설정에 너무 많은 시간을 투입하도록 함으로써 상대적으로 다른 교육과정 개발 요소를 소홀히 다루도록 만들 가능성이 있다.

2) 순환적 모형

(1) 휠러의 교육과정 개발모형

휠러(Wheeler, 1967)는 그의 저서 『교육과정 개발과정』(*curriculum process*)에서 교육과정의 각 구성요소들이 상호 관련되어 있고, 상호의존적이며 순환적 형태를 띠고 있으므로 교육과정 개발자들은 순환적 개발과정을 사용해야 한다고 주장하였다. 그는 타일러와 타바의 아이디어를 더욱 발전·

확장시켰으며, 교육과정 개발과정에서 목적 및 목표설정, 학습경험의 선정, 내용의 선정, 학습경험과 내용조직 및 통합, 평가의 다섯 가지 단계를 제시하였다. 그림 5-4와 같이 교육과정 개발자들은 1단계에서부터 5단계까지의 계열적 순서에 따라 교육과정을 개발해야 한다는 것을 보여 주고 있으며, 이들 단계가 교육 활동 외부의 다양한 변화에 대처하는 연속적인 순환과정에 있다는 점을 보여 주고 있는 점이 특징적이다(권낙원 외, 2018). 그럼에도 불구하고 휠러 모형의 각 단계들은 계열적으로만 진행되므로 큰 틀에서 보면 합리적 접근방식을 취하고 있다.

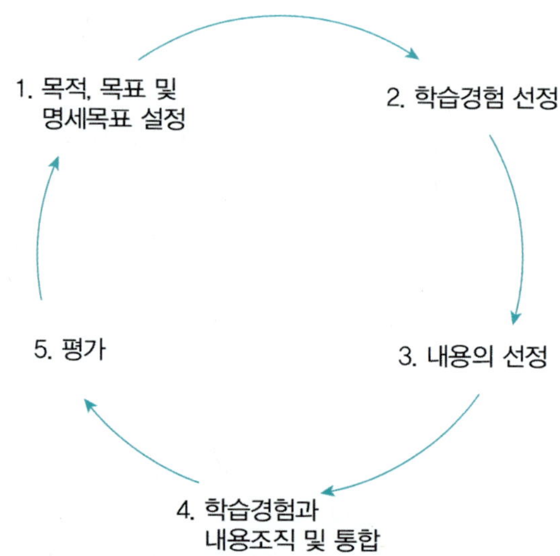

그림 5-4 휠러(Wheeler)의 교육과정 개발모형

(2) 니콜스와 니콜스의 교육과정 개발모형

니콜스와 니콜스(Nicholls & Nicholls, 1976)는 그의 저서 『교육과정 개발: 실제적 지침』(*Development a curriculum: A practical guide*)에서 새로운 순환적 접근 방법을 제안하였다. 이들은 교육과정 개발의 순환적 성질의 예비단계, 즉 상황분석을 강조함으로써 타일러, 타바, 휠러의 아이디어를 더욱 확장·

세련화하였다. 이들 모형의 구성요소는 상황분석, 목표의 선정, 내용의 선정·조직, 방법의 선정·조직, 평가로 되어 있다. 따라서 니콜스와 니콜스는 상황분석으로부터 표출된 지식과 통찰을 활용하여 전체적 상황을 구성하는 모든 요인들을 진단·분석할 수 있는 포괄적인 접근방법을 주장하였다. 상황분석 단계는 앞서 살펴본 타바의 요구분석 단계와 유사한 부분이 있다. 그림 5-5는 니콜스와 니콜스의 교육과정 개발모형이다.

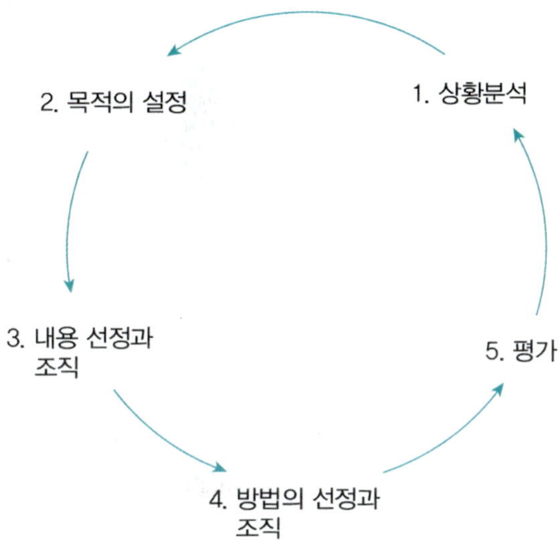

그림 5-5 니콜스와 니콜스(Nicholls & Nicholls)의 교육과정 개발모형

(3) 순환적 교육과정 개발모형의 장·단점

이상에서 살펴본 순환적 교육과정 개발모형의 주요 장·단점을 살펴보면 다음과 같다(손충기, 2006).

1 장점

① 목적, 목표, 명세목표의 역할을 강조함으로써 교육과정 개발자로 하여금 개발과정이 진행되기 이전에 그 과제들을 개념화하도록 요

구한다. 이것은 합리적 사고를 촉진시켜 보다 효과적인 교육과정을 개발할 수 있는 확률을 높여 준다.

② 상황분석은 하나의 출발점으로 삼기 때문에 효과적인 목표가 설정될 수 있는 기초 자료를 제공해 준다.

③ 상황분석은 교육과정 개선 상황이 발생하면 신축성 있게 변화하는 것을 전제로 하므로, 상황의 변화에 능동적으로 대처할 수 있는 가능성을 확대시켜 준다.

④ 모형에 대한 이해가 용이하기 때문에 학교 교사들이 적용하기 쉽다.

2 단점

① 순환적 모형은 상황분석으로부터 개발 작업이 시작된다는 것을 가정한다. 하지만 상황분석이 일단 이루어진 후에는 어느 교육과정 요소에서라도 또 다른 변화를 야기할 수가 있다.

② 효과적인 상황분석을 위해서는 많은 시간이 소요된다. 이는 귀찮고 힘든 일이므로 대부분의 교사들은 '경험에서 생긴' 직관에 의존하려는 경향이 있다.

3) 역동적/상호작용모형

(1) 워커의 교육과정 개발모형

워커(Walker)의 교육과정 개발모형은 합리적·순환적 모형이 교육기관에서 교육과정 개발의 실제를 제대로 반영하시 못한다고 주장하였다. 이에 반해 역동적 모형은 교육과정을 개발할 때 나타나는 교사와 개발자들의 행동을 연구자들이 관찰하여 이 관찰 결과로부터 주요 구성요소와 단계를 추출하였으므로 기존의 모형에 대한 새로운 대안적 모형임을 강조한다. 특히 그는 '숙의모형'이 교육과정을 개발하고 설계하는 참여자들 간의 다양한 견해를 반영할 수 있게 한 부분이 가장 특징적이라고 하였다. 워커의 교육과정 개발모형을 제시하면 그림 5-6과 같다.

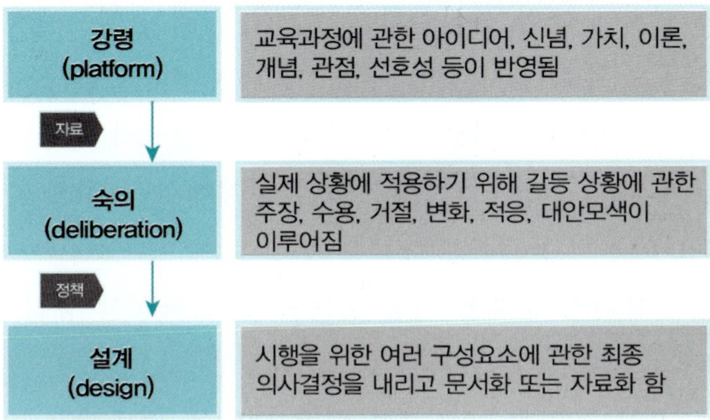

그림 5-6 워커(Walker)의 교육과정 개발모형

1 강령 단계

출발점 단계인 강령(platform)이란 교육과정의 의사결정자가 가지고 있는 믿음과 가치체계를 의미한다. 교육과정의 의사결정자는 자신의 관점을 실현시키기 위해서 어떤 고민을 내릴 것인지를 고민할 때 이 강령의 도움을 받는다. 즉, 교육과정 개발 활동에 참여하는 사람들이 지닌 교육적 신념, 가치, 각종 교육 이론, 교육목적, 교육과정 구상, 교육과정 개발 절차, 아이디어, 자기가 소속된 집단의 이해관계 전략, 자신의 숨은 의도 및 선호도 등을 나타낸다. 이 단계에서 개인들은 자신의 플랫폼을 방어하고 순간적인 아이디어를 내놓게 된다. 이와 더불어 개발자들은 자신의 아이디어를 명확히 하고, 합의를 이끌어낼 수 있는 장면을 형성하기 시작한다. 일단 개인 간의 상호작용이 시작되면 '숙의' 단계로 넘어간다.

2 숙의 단계

숙의(deliberation) 단계란 본질적으로 적절한 대안들, 대안적 지각들, 대안적 문제들과 대안적 해결들을 찾아내고 고려하기 위한 체계적인 활동이다. 숙의의 목적은 강령 단계의 대안들 간의 충돌을 제거하는 데 있다. 숙의 단계에서 학생들의 요구가 무엇이고 그들은 어떻게 배우며, 교사의 수업 방법과 절차에 대한 허심탄회한 토론을 통해 실행 가능한 해결책을 찾는 것이다. 즉, 서로 상치되거나 갈등이 되는 의견들을 조정하며 주장→수용→거절→변화→적응→대안 모색 등 일련의 과정들을 거쳐 명료성을 이루어내는 결과를 얻는다. 숙의 단계에서 고려해야 할 사항은 다음과 같다.

① 숙의는 교육과정 문제를 가장 설득력 있고 타당한 방법으로 논의해야 한다.
② 숙의는 가장 유망한 교육과정 실천 대안을 검토해야 한다.
③ 숙의는 대안을 내세우면서 거론과 관련 지식을 고려하고, 그 지식에 대한 적절한 논쟁과 장·단점을 따져봐야 한다.
④ 숙의는 작은 결정 하나에도 관련된 모든 집단의 입장과 가치를 탐색해야 한다.
⑤ 숙의는 공정하고 균형 잡힌 판단에 이르도록 해야 한다.

3 설계 단계

마지막 단계인 설계(design)란 실제 교육과정의 상세한 계획을 수립하는 정책과정을 말한다. 정책은 장차 전개될 의사결정을 안내하기 위한 주어진 여러 대안 가운데서 선정된 '행동과정'이나 '행동방법'이다. 예를 들면, 교육과정 개발자들이 교육과정 문서화 혹은 구체적인 자료화를 이루어내는 단계이다.

(2) 스킬벡의 교육과정 개발모형

스킬벡(Skilbeck, 1976)은 교육과정 개발모형의 이름을 학교중심 교육과정 개발(School Based Curriculum Development; SBCD)모형으로 제안하였다. 역동적 혹은 상호작용모형에 의하면 교육과정 개발자는 어떤 교육과정 요소로부터 개발 활동을 시작할 수도 있고, 어떠한 수준의 계열성을 따라 진행할 수도 있다, 스킬벡의 교육과정 개발모형은 다섯 단계로 구분되며, 어느 단계에서부터라도 계획을 시작할 수 있으며, 어떠한 순서도 허용된다. 이전의 합리적·순환적 모형과는 가장 대조를 이루는 것이 특징이다. 스킬벡의 교육과정 개발모형을 제시하면 그림 5-7과 같다.

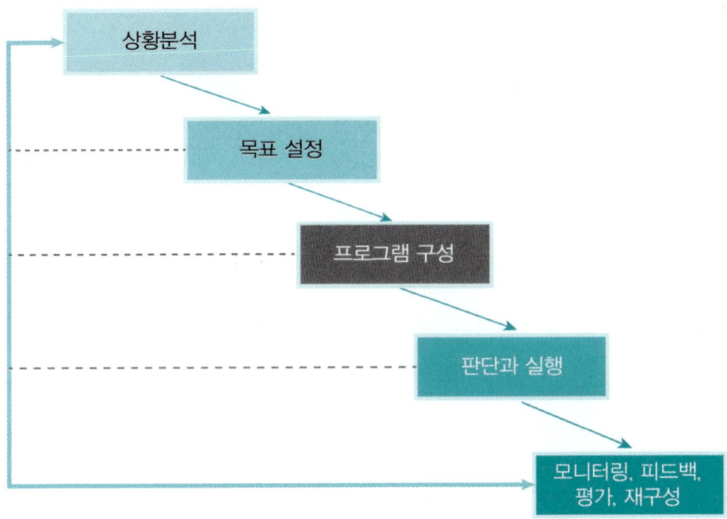

그림 5-7 스킬벡(Skilbeck)의 교육과정 개발모형

이 모형은 학생, 교사, 지역환경, 학부모들의 요구와 필요에 따라 발전적으로 수정할 수 있기 때문에 매우 융통적이고 역동적인 교육과정 개발 방식으로 평가받기도 한다. 스킬벡의 개발모형에 대한 각 단계를 제시하면 다음과 같다.

1 상황분석: 학교의 상황을 구성하는 내·외적 요인분석

① 외적 요인: 학부모의 기대, 지역사회의 가치와 사회·문화적 변화, 이데올로기 등이 이에 속한다.

② 내적 요인: 학생의 적성·능력·교육적 요구, 교사의 가치관 및 태도·기능·지식·경험, 학교의 환경과 정치적 구조, 시설·설비, 교육과정 내의 문제점 등이 이에 속한다.

2 목표설정: 상황분석에 기초하여 교육목표 설정

① 예견되는 학습 결과를 진술함으로써 교사와 학생의 행동을 강화하는 목표를 설정한다.

② 상황분석에 기초하여 교육 활동의 방향을 제시하기 위한 가치와 판단을 포함한다.

3 프로그램 구성: 교육목표 설정을 기초로 교수-학습활동의 설계 등

프로그램 구성은 교수-학습활동의 설계, 필요한 수단과 자료의 기술, 적절한 제도적 장치와 현장 연구 장면의 설계, 교직원의 역할분담, 시간표 및 규정 등을 계획한다.

4 판단과 실행: 문제들을 규명 및 해결

교육과정의 변화를 일으킬 수 있는 문제들을 중심으로 과거의 경험을 검토하고, 교육과정 변화에 대한 연구와 관련 이론을 분석하며, 예측을 통하여 미리 해결한다.

5 모니터링, 피드백, 평가, 재구성: 상황 파악, 피드백 평가, 재구성 등의 활동

교육과정 개발에 대해 계속적으로 모니터링하고, 그에 따른 피드백 평가를 수행할 뿐만 아니라, 그 결과를 토대로 교육과정을 재구성하는 일련의 활동이 이루어진다.

(3) 슈왑의 교육과정 개발모형

슈왑(Schwab, 1971)은 실제적·절충적 교육과정 개발모형을 제시하였다. 교육과정 전문가들은 기존 교육과정 개발모형의 이론적 문제만 강조할 뿐, 특정 상황에서 일어나는 실제적인 문제를 다루지 못하고 있다고 비판하였다. 교육과정을 교실의 전체적인 문화로 간주하고, 교육과정이 활용될 특수한 상황에 초점을 맞추어 개발되어야 한다고 주장하였다. 즉, 교육과정 탐구는 교육과정에 참가하는 사람들이 특수한 상황에 대한 숙의과정을 통해 실제적 상황을 고려해야 한다.

전체 교실문화에서 학생들에게 영향을 미칠 수 있는 교육과정의 공통적인 구성요인들(교수자·학습자·교과·환경) 간의 상호작용을 고려하여, 교실 내 학생에게 영향을 미치는 교육과정은 실제적(실용적), 구체적, 절충적인 방향으로 진행되어야 한다. 교육과정 활동이 일어나는 학교 자체가 연구와 개발의 중심이 되어야 하고, 교육현장의 관계자들이 교육과정 개발에 직접 참여해야 한다. 이러한 주장은 1970년대 교육과정 재개념주의에 영향을 주기도 하였다.

슈왑은 교육과정 개발의 공통요인들(commonplaces)로써 교수자, 학습자, 교사, 환경 등 제시하면서, 네 가지 구성요소들 간의 끊임없는 상호작용의 결과에 의해 교육과정이 구성된다고 하였다. 그리고 이들 요소들이 동등한 비중으로 다루어져야 교육과정 개발이 잘 이루어질 수 있다고 주장하였다.

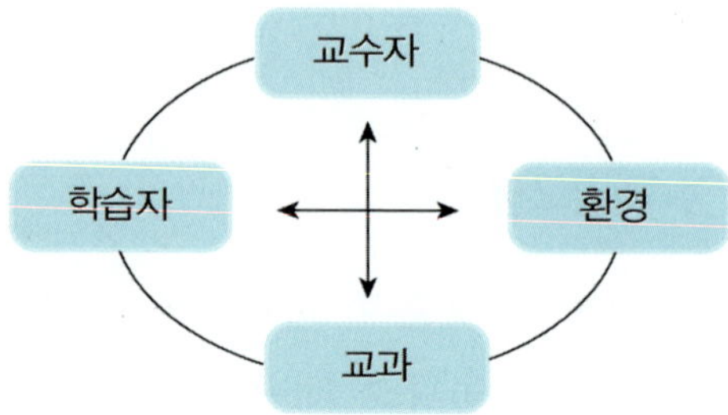

그림 5-8 슈왑(Schwab)의 모형

(4) 역동적/상호작용 교육과정 개발모형의 장·단점

이상에서 살펴본 역동적/상호작용 교육과정 개발모형의 주요 장·단점을 살펴보면 다음과 같다(손충기, 2006).

1 장점

① 행동목표 진술에 어려움과 회의를 갖는 교사들이 현실적으로 적용 가능한 모형이다.

② 융통성 있는 모형으로서 개발자들의 자율성과 창의성을 인정하며 이를 교육과정 개발과정에서 발휘할 수 있다.

③ 학교 교육과정 개발의 실제를 잘 반영한다. 학교 교육적 상황을 잘 반영하고 있으므로, 교육과정 개발과제를 학습하는 자들에게 매우 적절하다.

2 단점

① 교육과정 개발 작업절차가 뒤섞어 방향성이 다소 부족하다.

② 운영 실제에 있어서 개발자들의 역할상의 혼란이 야기될 가능성이 있으며, 전체를 충분히 반영하지 못하는 점이 있다.

③ 목표를 설정해 두는 일을 소홀히 하므로 어디로 나가고 있는가를 분명하게 이해하기 어렵다.

④ 시간 낭비가 클 가능성이 있다. 특히 숙의 단계에서 종료시간을 설정해 두지 않으면 시간을 많이 소요하게 될 가능성이 높다.

4) 이성호의 교육과정 개발모형

이성호(2009)는 교육과정 개발을 위해 어떤 모형을 선택하거나 개발할 때, 필수적인 몇 가지 기준을 제시하면서, 모형의 요소들은 선형적인 것이 아니라 순환적으로 서로 연계되어 상호작용하는 관계에 놓여 있다고 강조한다.

- 개발과정의 모든 필수적 주요 요소를 포함하고 있는가?
- 시작과 끝이 분명하고 융통적인가?
- 교육과정과 실제 수업 간의 관계가 설정되어 있는가?
- 요소들 상호 간의 상호작용 관계가 제시되어 있는가?
- 환류(feedback)가 어떻게 이루어지는지 제시되어 있는가?
- 개발과정 도중에도 경우에 따라서는 도중 출발 또는 개입이 가능하도록 되어 있는가?
- 내면적인 합치성과 논리성이 이루어져 있는가?
- 필요에 따라서는 기억할 수 있을 만큼 단순화되어 있는가?

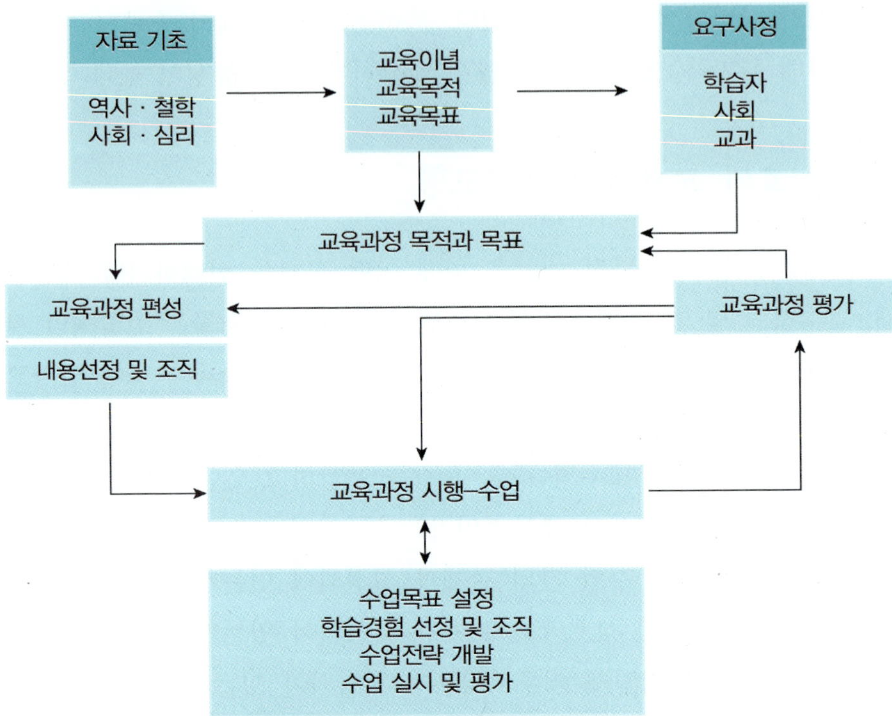

그림 5–9 이성호의 교육과정 개발 모형

5) 구성주의적 교육과정 개발모형

구성주의는 피아제(Piaget)와 비고츠키(Vigotsky) 등 인지발달, 실용주의, 지식사회학, 해석학, 포스트모더니즘 등의 다양한 이론을 바탕으로 전개되고 있다. 전통적인 인식론에서는 지식이란 개별 인식주체와는 별개인 독립적인 실제 세계로 존재한다. 그러나 구성주의는 학습자들이 외적 원천으로부터 지식을 수동적으로 받아들이기보다는 이미 가지고 있는 각각의 개념적 구조와 관련시켜 지식을 능동적으로 구성해 나간다고 보고 있다. 따라서 지식은 학습자가 이미 가지고 있는 인지구조를 토대로 새로운 경험을 하게 될 때 그 인지구조가 재구조화됨으로써 마음속에서 구성된다.

구성주의 관점에서 교육내용으로서 '무엇'은 더 이상 학습자의 의지와 관계 없이 외부에서 결정되는 것이 아니라, 학습내용과 학습결과를 결정하는 것은 궁극적으로 학습자 자신이다. 이러한 의미에서 '교육과정'의 개념은 교사에 의해 외부적으로 학습자에게 '주어진 교육과정'에서 학습자 스스로가 자신의 교육과정을 '만들어가는 교육과정'으로 재개념화된다.

교육과정 개발에 대한 전통적인 객관주의적 접근과 구성주의적 접근에 대한 차이를 분석해보면 다음과 같다(오만록, 2021).

첫째, 교육내용과 수업방법을 보는 관점에 있어서 차이가 있다. 전통적인 객관주의적 접근에서는 수업의 기본원리가 내용에 상관없이 응용될 수 있다고 전제하기 때문에 교육과정 개발자는 내용을 분석하고 체계화하여 방법으로 전환한다. 반면, 구성주의적 접근에서는 내용으로부터 방법을 분리시키는 것에 이의를 제기하면서, 과정은 내용으로부터 드러나며, 수단과 목적은 궁극적으로 같은 것으로 인식한다. 또한 구성주의적 접근에서 내용(지식)의 일률적인 계열화와 수업사태에 대한 엄격한 외적 통제는 학습자의 구성적 활동을 방해하기에 수업설계에서 제시된 절차를 기계적으로 적용하기보다는 학습자가 스스로 사고하고 배우는 과정으로부터 지식을 능동적으로 구성해 나가는 데 중점을 둔다.

둘째, 교육내용과 학습맥락을 보는 관점에도 차이가 있다. 전통적인 객관주의적 접근에서는 학교에서 배운 내용과 실제 적용하는 맥락이 유리되어 지식습득현장과 실천현장이 이원화되는 것으로 간주한다. 그러나 구성주의적 접근에서는 지식의 학습은 학습자들의 생생한 경험과 관련 있을 뿐만 아니라, 실제에서 적용할 상황과 유사한 맥락에서 이루어져야 한다는 점을 강조한다. 따라서 학습자와 환경 간의 상호작용으로 보며, 수업현장과 현실의 문제상황을 같은 맥락에서 고려함으로써 실제 상황에서의 전이력을 높여줄 수 있다고 본다.

표 5-3 교육과정 개발과 평가에 대한 '객관주의적 접근'과 '구성주의적 접근' 비교

비교기준		객관주의적 접근 (objectivism approach)	구성주의적 접근 (constructivism approach)
개발	주체	수업설계자/교사	학생-교사 협력(학생의 주도성 강조)
	시기	수업 전	수업과정 중 수시로
	방법	세분화, 순서화, 연계화에 의한 설계	상황적이고 융통성 있는 설계
평가	주체	설계자/교사	학생 자신, 동료학생, 교사
	시기	수업 후(총합평가)	수업 도중에 수시로(형성평가)
	형태	객관식 평가형태	다양한 평가형태

표 5-4 교육과정에 대한 '객관주의적 접근'과 '구성주의적 접근' 비교

객관주의적 접근	구성주의적 접근
교육과정 개발과정은 순차적이고 선형적(직선적)이다.	교육과정 개발과정은 반복적이고 비선형적이며, 때로는 무질서하다.
계획은 위에서 아래로(top-bottom), 체계적으로 이루어진다.	계획은 유기적·발달적·반성적·협동적으로 이루어진다.
교육목표는 이후의 설계와 개발과정을 이끈다.	교육목표는 설계와 개발과정으로부터 도출된다.
특정 지식을 가진 전문가가 보편적인 설계 과정을 거친다.	보편적인 설계과정에 따라 교육과정을 개발하는 전문가는 존재하지 않는다.
교육내용에 대한 객관적인 계열화를 토대로 효과적인 수업활동을 중요시한다.	수업활동에서는 의미 있는 맥락에서의 학습활동을 중요시한다.
수업목적은 사전에 선정된 지식의 전달에 있다.	수업목적은 의미 있는 맥락에서 개인적 이해에 둔다.
평가활동에서는 총합평가를 더 중요시한다.	평가활동에서는 형성평가를 더 중요시한다.
객관적인 자료에 근거한 평가가 중요하다.	주관적인 자료에 의한 평가가 가치 있다.

요점 정리(summary)

- 교육과정 개발이란 요구사정(요구분석, 상황분석)의 결과와 이론적·현실적 배경을 토대로 교육 활동(교육목적·목표 설정, 교육내용 선정·조직, 교과지도 및 생활지도·상담, 교육평가)에 대한 종합적인 계획을 세우는 활동을 말한다.
- 학교에서의 모든 교육 활동의 기본지침이 되는 문서로서의 교육과정은 맨 먼저 국가수준에서 개발된다. 이어 각 지역에서는 이러한 국가수준의 교육과정을 근간으로 그 지역적 특성을 반영한 지역수준의 교육과정이 개발된다. 그리고 이러한 교육과정이 각급 학교에 전달되면 해당 학교는 그 내용을 토대로 학교수준, 학년수준, 교과수준 등의 보다 실제적이고 구체적인 교육과정을 개발하여 운영함으로써 소기의 교육목적과 목표를 달성하게 된다.
- 교육과정 개발과정에서는 어떤 절차나 활동의 개요로서 모형을 적용한다. 모형 중에는 합리적/목표모형, 순환적 모형, 역동적/상호작용모형 등이 있다. 이들 모형은 교육과정 개발자의 가치나 선호도 등에 따라 달리 적용할 수 있다. 즉, 모형의 특징, 절차, 구성요소, 장·단점 등을 고려하여 선택할 수 있다.

주요 용어(key word)

- 교육과정 개발
- 중앙집권적 교육과정
- 지방분권형 교육과정
- 합리적/목표 개발모형
- 순환적 개발모형
- 역동적/상호작용 개발모형
- 타일러(Tyler)
- 타바(Taba)
- 휠러(Wheeler)
- 니콜스와 니콜스(Nicholls & Nicholls)
- 워커(Walker)
- 스킬벡(Skilbeck)

형성평가 및 연구과제 formation evaluation & research subject

1. 다음 중에서 교육과정 개발과정에서 중앙집권적 결정체제의 단점이 아닌 것은?

가. 교육과정의 운영이 획일화 및 경직화되기 쉽다.
나. 권위주의적인 교육적 풍토를 조성할 가능성이 높다.
다. 학교급, 학교 간 교육과정의 연계성이 높다.
라. 교사가 교육과정으로부터 소외되기 쉽다.

2. 타일러(Tyler)가 제시한 교육과정 구성요소로서 부적당한 것은?

가. 교육목표 설정
나. 교육경험의 선정
다. 교육경험의 조직
라. 요구사정
마. 교육자료 개발

3. 워커(Walker)의 교육과정 개발모형에서 여러 대안 중 가장 현실적인 대안을 찾아내는 단계는?

가. 설계 단계
나. 강령 단계
다. 숙의 단계
라. 평가 단계

4. 교육과정 개발모형을 발전시킨 학자와 개발모형이 올바르게 짝지어진 것은?

가. 워커(Walker)-순환적 모형
나. 휠러(Wheeler)-합리적 모형
다. 타바(Taba)-합리적 모형
라. 스킬벡(Skilbeck)-순환적 모형

5. 다음은 교육과정 개발모형 중에서 어떤 모형의 단점에 해당하는가?

> 설정한 교육목표를 달성하는 데 부적합 교수-학습 상황이 벌어질 수 있다. 교수-학습 상황은 항상 예측 가능하지 않다. 이 모형은 교육목표와 교수-학습 상황의 연계성을 충분히 고려하지 못하고 있다.

가. 순환적 모형
나. 상호작용적 모형
다. 합리적 모형
라. 예술적 모형

6. 교육과정 개발에서 상황분석을 가장 강조한 모형은 어느 것인가?

가. 타바의 절차적 모형
나. 니콜스의 순환적 모형
다. 아이즈너의 예술적 모형
라. 워커의 자연주의적 모형

7. 다음 중 워커(Walker)의 교육과정 개발모형의 숙의 단계에서 고려할 사항이 아닌 것은?

가. 숙의는 교육과정 문제를 가장 설득력 있고 타당한 방법으로 논의해야 한다.
나. 숙의는 가장 유망 있는 학자의 의견을 교육과정 실천 대안으로 검토한다.
다. 숙의는 대안을 내세우되 관련 지식에 대한 적절한 장·단점을 따져봐야 한다.
라. 숙의는 작은 결정 하나에도 관련된 모든 집단의 입장과 가치를 탐색한다.
마. 숙의는 공정하고 균형 잡힌 판단에 이르도록 함께 노력해야 한다.

8. 다음의 교육과정 개발모형에서 역동적/상호작용 개발모형의 단점이 아닌 것은?

가. 교육과정 개발 작업절차가 뒤섞여 방향성이 다소 애매하다.
나. 운영 실제에서 개발자들의 역할상의 혼란이 야기될 가능성이 있다.
다. 목표설정이 지나치게 세부적이어서 방향성을 이해하기 어렵다.
라. 숙의 단계에서 시간을 제한하면 시간 낭비가 줄어든다.

9. 다음 중 타일러(Tyler)의 교육과정 개발모형의 특징이 아닌 것은?

가. 합리적　　나. 귀납적

다. 처방적　　라. 직선적

10. 다음 그림은 마쉬와 윌리스(Marsh & Willis)의 교육과정 개발 활동의 체계도이다. (　) 안에 들어갈 절차를 써 넣으시오.

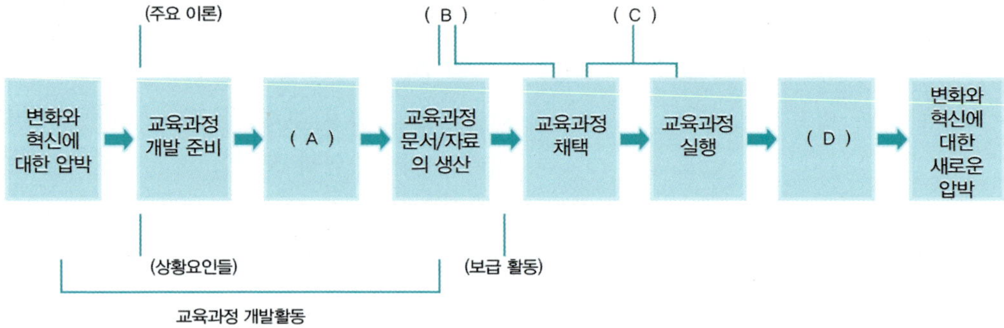

정답: A (　), B (　), C (　), D (　)

11. 다음은 워커(Walker)의 교육과정 개발모형이다. (　) 안에 들어갈 내용을 써 넣으시오.

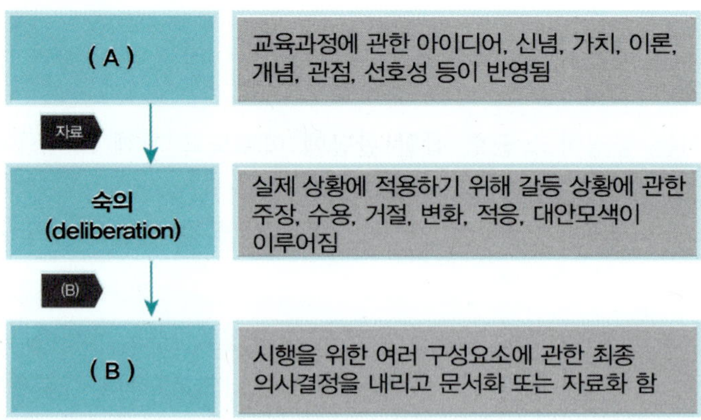

정답: A (　), B (　)

12. 여러분은 교육과정 개발모형 중에서 어떤 모형에 대하여 선호도가 높은가? 그 이유는 무엇인가?

13. 교육과정 개발모형 중 순환적/목표 개발모형의 장·단점을 기술해 보시오.

Chapter 06

교육과정 개발의 절차와 운영

1. 국가수준의 교육과정 개발
2. 지역수준의 교육과정 개발
3. 학교수준의 교육과정 개발
4. 교육과정 운영의 의미, 관점 및 수준
5. 교육과정 운영의 원리
6. 학교 교육과정 운영체제

학습개요

이 장에서는 교육과정의 개발 주체에 따른 개발 절차를 세 가지로 구분하여 살펴보고자 한다. 첫째, 국가수준의 교육과정이다. 국가수준의 교육과정은 지역수준의 교육과정과 학교수준의 교육과정과 연계되어 있으며, 교육과정을 결정하는 주체에 따른 분류로서 그 성격 및 역할이 구분된다. 국가수준의 교육과정이란 한 국가의 초·중등교육의 기본설계도이며 국가의 의도를 담은 문서내용을 이해하고, 개발 절차와 개정 방식에 대하여 살펴볼 것이다. 둘째, 지역수준의 교육과정이다. 지역수준의 교육과정이란 국가수준의 교육과정을 시·도 단위 혹은 시·군·구 단위에서 지역의 특성과 실정, 필요, 요구 등을 반영하여 지침의 형태로 구체화한 것임을 이해하고, 교육과정의 개발 절차와 확대 가능성에 대하여 상세히 살펴볼 것이다. 셋째, 학교수준의 교육과정이다. 학교수준의 교육과정이란 국가수준이나 지역수준의 교육과정에 의거하여 지역의 특성과 학교의 실정, 학생의 실태에 알맞게 편성한 단위학교의 구체적인 교육과정임을 이해하고, 교육과정의 개발 절차와 단위학교 역할의 중요성을 살펴볼 것이다. 또한 교육과정의 운영에 대하여 네 가지를 살펴보고자 한다. 첫째, 교육과정 운영과 관련하여 교육 현장에서 실천적 준거가 되는 스나이더(Snyder)와 그 동료가 제안한 세 가지 관점인 충실도 관점, 상호작용적 관점, 생성 관점이다. 둘째, 교육과정 운영의 활용 수준인 0단계(무활용)부터 6단계(갱신)까지의 기본 개념을 파악하고, 이를 기초로 학교 교육과정에 대한 운영방안을 검토해 볼 것이다. 셋째, 교육과정을 성공적으로 운영하기 위한 교육과정 운영의 원리이다. 교육과정 운영의 원리는 교육과정을 편성·운영할 때 존중되어야 할 행위규범이다. 교육과정 운영의 원리는 합목적성의 원리 외에 14개의 원리가 있다. 넷째, 국가수준과 지역수준의 교육과정이 생성되면 학교에서는 학교와 학생의 특성을 고려해 학교 교육과정을 만들게 된다. 학교 교육과정 운영체계의 조직과 역할을 살펴볼 것이다.

학습목표

학습목표 1. 국가수준의 교육과정 개발의 절차를 설명할 수 있다.

학습목표 2. 지역수준의 교육과정 개발의 절차를 설명할 수 있다.

학습목표 3. 학교수준의 교육과정 개발의 절차를 현장에 적용할 수 있다.

학습목표 4. 교육과정의 원리를 설명할 수 있다.

학습목표 5. 학교 교육과정 운영체제를 설명할 수 있다.

1 국가수준의 교육과정 개발

1) 국가수준 교육과정 개발의 의미

국가수준의 교육과정은 지역수준의 교육과정과 학교수준의 교육과정과 연계되어 있으며, 교육과정을 결정하는 주체에 따른 분류로서 그 성격 및 역할이 구분된다. 국가수준의 교육과정이란 한 국가의 초·중등교육의 기본 설계도이며, 국가의 의도를 담은 문서내용을 말한다. 이는 초·중등교육법에 기초하여 적용된다. 교육과정 관련 법의 위계체제를 제시하면 그림 6-1과 같다.

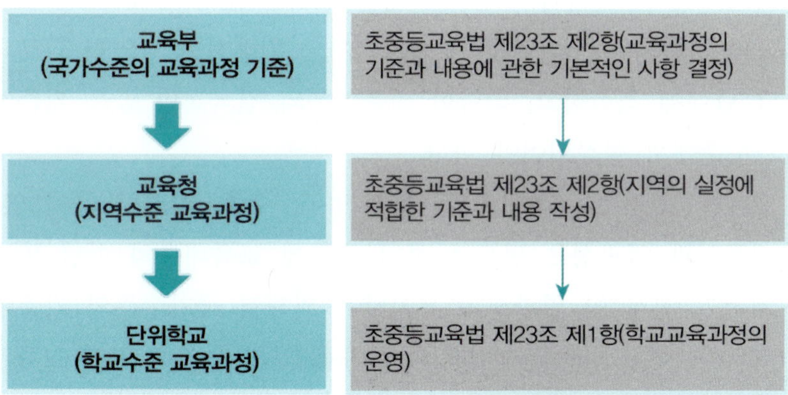

그림 6-1 교육과정 관련 초·중등교육법의 위계체제

국가수준의 교육과정은 전국의 모든 학교에서 편성·운영해야 할 교육내용의 공통적이며 일반적인 기준이므로, 각 지역의 특수성과 각 학교의 다양한 교육적 요구와 여건을 모두 고려하기는 사실상 어려운 일이다. 그럼에도 불구하고 중앙 정부에서 국가수준의 교육과정 기준을 제시하고 있는 주된 근거는 다음과 같다(권낙원 외, 2011: 136~138).

① 초·중등의 학교 교육은 보통 교육이기 때문에 국민으로서 필요한 공통적이고 일반적인 기준이 국가수준에서 설정되어야 한다. 특히 국민으로서의 기본적인 자질과 생활 태도를 기르는 것을 목적으로 하는 초·중등의 학교 교육이 자유방임적이고 무궤도적인 운영이 되지 않도록 하기 위해서는 국가가 교육적인 측면에서 일정한 표준을 설정해야 하는 책임이 따르게 된다. 따라서 현재 대부분의 국가는 국가수준 혹은 지방정부수준에서 국민들의 위임을 받아 교육내용에 관한 기준 설정권을 가지고 있다.

② 전국의 어느 학교에서나 같은 수준과 질의 교육 혜택을 받을 수 있도록 교육의 질적 기회를 균등하게 보장하기 위해서 전국 공통의 기준이 필요하다. 모든 국민은 어느 지역, 학교, 교원 및 교육환경에서도 동일한 질과 수준의 보통 교육을 보장받을 수 있을 때에 교육의 기회균등은 실현될 수 있다. 이를 위해서는 당연히 학생의 발달 단계에 적합하고, 타당한 교육내용의 전국적인 공통 기준이 국가수준에서 설정되어야 한다.

③ 단계별 교육은 교육내용의 영역, 범위, 수준, 학습량 등에 있어서 계통성과 일관성을 필요로 하기 때문에 교육내용의 학년 또는 단계적인 체계 및 일관성을 유지하기 위해서 국가수준의 기준이 필요하다. 어느 나라든지 일정한 학제를 가지고 있어 학교 교육은 단계적으로 이루어진다. 단계별 학교 교육은 교육내용의 영역, 수준, 범위, 학습량 등의 계통성, 일관성을 필요로 한다. 학제의 전체적인 구조 속에서 교육내용의 국가적인 기준을 요구하게 되는 것이다. 이에 대한 혼란이 생기면 각 단계별 학교 교육 간의 연계와 교육이수 및 학습에 장애가 생기고, 위계적이고 계열적인 교육이 불가능해지기 때문이다.

④ 각 학교에서 이루어지는 교육이 공교육의 입장에서 객관적으로 관리가 가능하도록 하고, 교육의 일정 수준을 유지, 향상시키기 위해

서는 국가수준의 기준이 필요하다. 한 나라의 교육수준은 그 나라의 발전과 국력수준의 중요한 지표가 된다. 모든 국가는 그 나라의 교육수준을 향상, 발전시키기 위해서 노력하고 있으며, 국가적, 사회적, 개인적, 학문적으로 적정한 교육내용의 수준을 정하고 유지하는 일을 각 학교에만 맡길 수 없기 때문에, 국가에서 타당한 수준의 교육내용 기준을 결정·제시하여야 한다.

⑤ 교육에 가해질 우려가 있는 부당한 압력이나 간섭, 편향된 교화, 선전 등을 방지하여 교육의 중립성을 확보하기 위해서는 국가수준의 기준이 필요하다. 우리나라는 교육의 중립성 확보를 교육의 정치적, 종교적 중립을 법으로 규정하고 있다. 공교육이 이러한 중립성을 확보하기 위해서는 교육 외적 체제로부터의 부당한 간섭, 압력, 편향된 교화, 선전 등을 방지하기 위한 방파제로서의 기준이 필요하게 된다.

⑥ 초·중등학교의 교육을 통해 기르고자 하는 인간상을 구현하는 일은 궁극적으로 국가의 책임이기 때문에 이를 위한 기준이 필요하다. 각국은 제각기 교육 관계법에 초·중등 교육을 통해 성취하고자 하는 교육이념을 제시하고 있다. 우리나라는 교육기본법 제2조에 교육이념을 제시하고 있으며, 이러한 교육이념을 바탕으로 추구하는 인간상과 학교급별 교육목표를 교육과정에 제시하고 있다.

이러한 국가수준 교육과정의 구성은 크게 총론과 각론으로 구분된다. 총론에서는 '교육과정 편성과 운영' 관련 교육과정 구성의 방향, 학교급별 교육목표, 편제와 시간(단위) 배당 기준, 교육과정 편성 운영 지침을 제시하고 있으며, 각론에서는 각 교과별로 성격, 목표, 내용(내용 체계와 학년별 내용), 교수–학습방법, 평가 등이 제시되어 있다.

2) 국가수준 교육과정 개발의 절차

국가수준 교육과정 개발의 절차는 일반적으로 교육부에서 개정의 기본계획을 수립하고, 기초 연구를 수행하며, 교육과정 개정 시안을 개발하고, 교육과정 전문가와 각계각층의 요구를 반영하여 수정·보완과정을 거친다. 이어서 전문가 집단의 심의회 결과를 반영한 개정안을 마련하고, 이 개정안에 대한 공청회를 거쳐 다시 수정·보완한 다음 확정·고시하는 절차를 밟고 있다.

이와 같은 국가수준 교육과정의 개발이 구체적으로 어떠한 절차를 통하여 이루어지는가를 이해하기 위해 우리나라 '국가수준의 교육과정 개발 절차'를 제시하면 그림 6-2와 같다.

단계	업무 추진내용	소요시간
(1) 교육과정 개정 기본 계획 수립	• 개정 기본방향 설정 • 관계 전문가와의 협의 및 종합 검토 • 실무 작업반 구성·운영 • 기본 계획 수립, 결제	1개월
(2) 기초 연구 및 체제·구조 개선 연구의 위탁	• 연구개발 위탁 협의 및 기관 선정 • 연구개발 세부 계획서 및 국고 보조금 신청서 제출 • 연구개발 책임자 협의회 • 연구진, 협의진 등 실무추진팀 구성 • 연구개발비 국고 보조	2개월
(3) 교육과정 개정 기초 연구	• 위탁과제별 기초 연구 • 현행 교육과정의 분석, 평가 • 교육과정 국제 비교, 연구 • 학생·교원·학부모의 요구 및 의견 조사 • 국가·사회적인 요구 및 학교 교육의 전망 조사연구 • 교육과정 운영실태조사 • 추진상황 검토 협의회 • 위탁과제별 협의회 • 위탁과제별 기초 연구 결과 답신보고서 제출 • 국고 보조금 집행 정산서 제출	6개월

단계	주요 내용	기간
(4) 교육과정 총론 개정 시안의 개발	• 교육과정 체제·구조개선 연구 • 추진상황 검토 협의회 • 종합세미나, 공청회 • 시안작성 및 검토협의회 • 수정·보완 1차 집중작업 • 수정안 작성 및 검토 협의회 • 수정·보완 2차 집중작업 • 심의자료 제출 • 제1차 심의 • 총론 개정 시안 작성 • 총론 개정 시안 개발 답신보고서 제출 • 국고 보조금 집행 정산서 제출	6개월
(5) 교육과정심의회 구성·운영	• 교육과정심의회 구성 • 교육과정 심의위원 위촉 • 총론 개정 시안에 대한 1차 심의자료 수정 • 총론 개정 시안 1차 심의 – 운영위원회 – 학교급별 소위원회 • 심의 결과 수정·보완 • 총론 수정안 2차 심의	3개월
(6) 총론 개정 시안 현장 검토, 공청회	• 총론 수정안에 대한 의견 수렴 – 초·중·고등학교 현장 검토 – 시·도교육청, 관련학회, 각론 연구기관, 타 부처 • 총론 수정안에 대한 공청회 • 총론 수정·보완 집중작업 • 총론 개정안 작성	3개월
(7) 교육과정 총론 확정	• 교육과정 개정 기본방향, 개정 중점, 주요 개정사항 보고 • 편제와 시간 배당 기준 확정 • 교육과정 총론 개정자료 및 홍보자료 발간	1개월
(8) 교육과정 각론 개정안 개발 계획 수립	• 각론 연구개발 위탁기관 및 책임자 추천 • 위탁 예정 기관과의 사전 협의 조정 • 각론 연구개발 지침 작성	2개월

단계	내용	기간
	• 각론 개정안 개발 기본 계획 수립, 결제 • 각론 개정 시안 연구개발 위탁 • 연구개발 책임자 협의회 개최 • 교과별 연구개발 세부 계획서 제출 • 교과별 연구진, 협의진 구성 • 연구계획서, 보조금 신청서 검토, 조정 및 확정 • 연구개발 과제별 국고 보조금 교부	
(9) 교과별 각론 개정 시안 연구개발	• 연구진, 협의진 공동 협의 • 교과별 연구개발 계획의 상세화 • 교과별 각론 개발 기본방향 설정 • 현행 교과별 교육과정 분석, 평가 • 교과별 교육과정 국제 비교 분석 • 학생, 교원, 학부모 및 관계 전문가의 요구, 의견 조사 • 교과별 교육과정 운영 현장실태 조사 • 교과별 세미나, 협의회	8개월
(10) 교육과정 각론 현장 검토, 공청회	• 각론 수정안에 대한 의견 수렴 - 초·중·고등학교 현장 검토 - 시·도교육청, 관련학회, 타 부처 등 • 각론 수정안에 대한 공청회 • 총론 수정·보완 집중작업 • 교과별 각론 개정안 작성	3개월
(11) 교육과정 개정안 (총론, 각론 작성)	• 교육과정 운영위원회 최종심의 • 학교급별 소위원회 최종심의 • 종합세미나 개최 • 교육과정 개정안 종합 수정·보완 • 개정안 작성 최종 정리 작업	2개월
(12) 교육과정 개정안 확정, 고시	• 교육과정 개정안 보고, 확정 • 새 교육과정 고시 • 교육과정 고시 책자 발간, 보급	2개월
(13) 교육과정 개정 후속 지원업무	• 교과용 도서 개발 • 교육과정 시행 대비 교원 연수 • 교육과정 해설서 발간보급 • 연수자료, 홍보자료 발간보급	2~3년 2~3년 1년 1년

	• 교과별 이행 조치 • 시도별 교육과정 편성·운영지침 작성 • 학교 교육과정의 편성·운영 • 교과용 도서 실험 연구학교 운영 • 교육과정 연구학교 운영	1년 1년 1년 2~3년 2~3년
(14) 새 교육과정의 시행	• 학교급별 전국 적용 – 연차별, 단계적으로 시행	새 교육과정 고시 후 3~5년 소요

그림 6-2 국가수준의 교육과정 개발 절차

3) 국가수준 교육과정의 개정방식

우리나라 국가수준 교육과정의 역사적 변천 과정을 종합해보면, 제7차 교육과정에 이르기까지의 개정방식은 ① 주기적, ② 전면적, ③ 일시적 개정이라는 특징을 갖고 있다(김재춘 외, 2005). 최근의 국가수준 교육과정의 개발 및 개정 방향은 두 가지로 요약되는데, 하나는 학교 차원의 교육과정 결정 권한을 확대하는 방안이고, 다른 하나는 수시적·부분적·점진적 개정방식을 도입하는 방안이다.

(1) 주기적 개정

주기적 개정이란 국가수준의 교육과정이 일정한 주기를 두고 개정한다는 의미이다. 초기에는 대략 8~10년 주기로 개정하였으며, 제5차 교육과정 이후에는 5~6년 주기로 교육과정을 개정해 오고 있다.

(2) 전면적 개정

전면적 개정이란 국가수준에서 모든 학교, 학년, 교과의 교육과정을 전면적으로 개정함을 의미한다. 예를 들어, 일반 교과와 전문 교과, 필수과목과 선택과목 등의 성격과 지위가 상이하므로 개정 필요성이 달라야 함에도 비슷한 예산과 규모로 전면적으로 개정하고 있다. 전면 개정은 일시에 진행될 경우 부실한 개정이 될 가능성이 높다.

(3) 일시적 개정

일시적 개정이란 국가수준에서 일정한 기간 안에 한꺼번에 총체적으로 개정함을 의미한다. 교육과정의 개정 대상이 되는 모든 것을 거의 동시에 단기간에 개정한다는 것이다. 예를 들어, 제6차 교육과정의 경우 2년 8개월이 소요되었고, 제7차 교육과정은 2년 6개월이 소요되었다.

2 지역수준의 교육과정 개발

1) 지역수준 교육과정 개발의 의미

지역수준의 교육과정이란 국가수준의 교육과정을 시·도 단위 혹은 시·군·구 단위에서 지역의 특성과 실정, 필요, 요구 등을 반영하여 지침의 형태로 구체화한 것을 의미한다. 각 시·도나 시·군·구에서 학교에 제시하는 각급 학교 교육과정 편성·운영지침이나 실천 중심의 장학자료가 이에 해당한다. 일반적으로 시·도교육청 수준에서는 각급 학교 교육과정 편성·운영지침을 작성하여 이를 관내의 교육지원청과 각급 학교에 제시하게 되며, 시·군·구의 교육지원청은 학교 교육과정 편성·운영에 관한 실천 중심의 장학자료를 작성하여 학교에 제시하게 된다. 이러한 지침이나 자료는 학교수준에서 교육과정을 개발할 때 유용한 지침이 된다.

이와 같은 지역수준의 교육과정은 지역의 특수성을 반영하고 지역교육청의 교육문제 해결능력을 신장하며, 교육 관련 전문성을 키울 수 있다는 장점을 가지고 있다. 하지만 시간, 인력, 비용 등의 부족으로 질이 낮아지고, 지역 간의 교육격차가 심화될 수 있다는 위험도 함께 갖는다.

2) 지역수준 교육과정의 점진적 확대

① 우리나라의 경우 교육과정 개발에서 이러한 지역수준의 역할과 책임을 강화하기 시작한 것은 제5차 교육과정 개정의 주요 방침으로 '교육과정 지역화'를 공식적으로 도입함으로써 시작되었다. 이를 위해 교과용 도서의 2종화, 교과 단원의 지역화, 교재 활용의 다양화, 교육과정 운영의 탄력화 등을 통해서 교육과정 지역화를 도모하고자 하였다(교육부, 1998). 이러한 지역수준의 교육과정 역할 강화는 제6차 교육과정에서는 초등학교에서 학교장에게 해당 지역 및 학교의 특성에 맞는 교육과정을 자체적으로 개발하여 운영할 수 있도록 하였으며, 제7차 교육과정에서는 이를 중등학교로 확대하였다.

② 제7차 교육과정과 2007 개정 교육과정, 2009 개정 교육과정에서는 국가, 시·도 및 지역교육청, 학교 등 교육과정 주체 간의 역할분담을 보다 명확하게 하고, 지역 단위의 교육과정 자율권을 보다 확대하였다. 즉, 국가수준에서는 전국의 각급 학교에서 실행해야 할 공통적·일반적 기준만을 제시하고, 각 지역의 특수성을 반영한 교육과정 편성·운영 지침은 해당 시·도교육청 및 지역교육청에서 작성하도록 하였다. 또한 각급 학교에서는 국가 기준과 시·도 및 지역교육청의 편성·운영 지침을 토대로 단위학교의 실정에 맞게 학교교육과정을 편성하여 운영하도록 하고 있다.

3) 지역수준 교육과정의 개발 절차

시·도교육청 수준의 '각급 학교 교육과정 편성·운영 지침'을 작성하기 위해서는 일반적으로 그림 6-3과 같은 지역수준의 교육과정 개발 절차를 거치게 된다(권낙원 외, 2011).

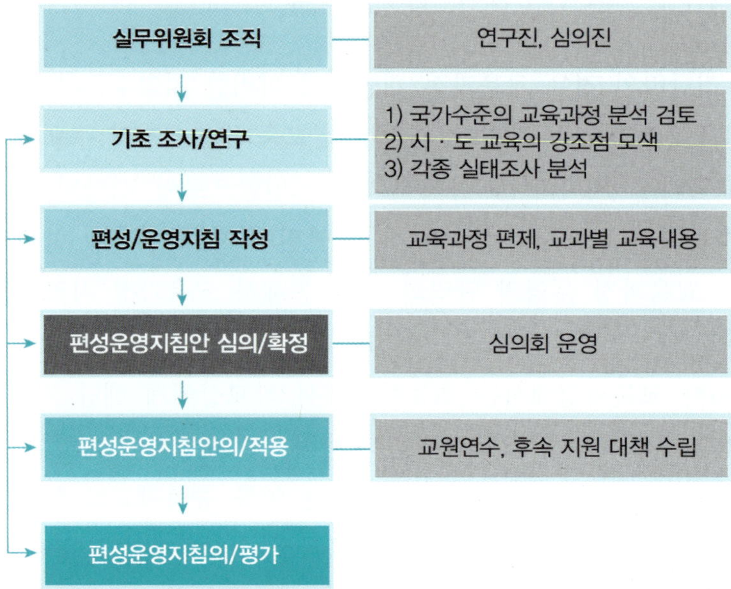

그림 6-3 지역수준의 교육과정 개발 절차

(1) 실무위원회 조직

국가 교육과정 문서에 제시된 시·도교육청 편성 지침에 따르면, "시·도교육청은 교육과정의 편성·운영에 관한 조사·연구와 자문 기능을 담당할 교육과정운영위원회를 구성하여 운영한다. 이 위원회에는 교원, 교육행정가, 교육과정 전문가, 교과교육 전문가, 학부모, 지역사회 인사, 산업체 인사 등이 참여할 수 있다"라고 규정하고 있다. 이 지침에 따라 시·도교육청은 관내의 각급 학교에 제공할 교육과정 편성·운영 지침을 작성하기 위해서 '교육과정위원회'를 구성하고 실무를 담당할 '실무위원회'를 조직해야 한다.

(2) 기초조사·연구

실무위원회가 구성되면 국가수준의 교육과정 기준에 대한 세밀한 분석과 해석, 해당 지역의 분석 등은 물론, 학부모의 요구, 지역사회의 필요, 학생의 실태, 교원의 지도실태, 시설·환경 및 재정 등 기초적인 조사를 수행하고, 이를 분석하여 해당 지역의 교육과정에 반영할 시사점을 도출해낸다.

(3) 편성·운영 지침 작성

시·도교육청에서는 국가수준 교육과정 기준에 의거하여 '각급 학교 교육과정 편성·운영 지침'을 작성하여, 이를 관내의 지역교육청과 각급 학교에 제시하도록 규정되어 있다. 이와 관련하여 시·도의 지침(2009 개정 교육과정)에 포함된 사항을 예시로 제시한다.

① 공통 교육과정의 교과, 창의적 체험활동 시간 확보와 운영에 관한 사항
② 공통 교육과정의 교과, 창의적 체험활동의 교육 중점에 관한 사항
③ 수준별 교육과정 편성과 운영에 관한 사항
④ 중학교 창의적 체험활동의 선택과목 시간 확보와 운영에 관한 사항
⑤ 고등학교 선택 교육과정의 편성과 운영에 관한 사항
⑥ 교육과정에 표시되지 않은 교과목의 신설과 운영에 관한 사항
⑦ 고등학교의 계열, 학과의 신설과 운영에 관한 사항
⑧ 일반계 고등학교의 과정·설치와 운영에 관한 사항
⑨ 실업계 및 기타계 고등학교의 전문 교과 이수단위에 관한 사항
⑩ 실업계 및 기타계 고등학교의 전문 교과 실험·실습에 관한 사항

⑪ 실업계 고등학교의 현장실습에 관한 사항
⑫ 고등학교 총 이수단위 수의 증배 운영에 관한 사항
⑬ 교과, 창의적 체험활동의 교육평가에 관한 사항
⑭ 교과용 도서의 인정, 개발, 보급에 관한 사항
⑮ 조기 입학, 조기 진급 및 졸업에 관한 사항
⑯ 특수아, 귀국자 및 다문화 가정 자녀의 교육에 관한 사항
⑰ 학교 교육과정의 작성 절차 및 체제에 관한 사항
⑱ 독서 목록 작성·활용에 관한 사항
⑲ 교육과정 편성·운영에 관한 평가와 질 관리에 관한 사항
⑳ 창의적 체험활동 운영의 지원에 관한 사항
㉑ 특성화 학교, 자율 학교 등의 교육과정 운영에 관한 사항
㉒ 기타 필요한 사항

(4) 편성·운영 지침안 심의·확정

시·도교육청에서 개발한 교육과정 편성·운영 지침의 시안에 대하여 교원, 교육행정가, 교과교육 전문가, 학부모, 지역사회 인사 등 광범위한 인사들의 전문적인 검토를 받는 과정이 필요하다. 예를 들어, ① 국가수준의 교육과정 기준에 제시된 내용의 포함 여부, ② 교육 관련 법규에 규정된 사항의 반영 여부, ③ 교육 중점에 각 학년별 교과, 창의적 체험활동이 체계적으로 반영되었는지 여부, ④ 학교 교육과정의 효율적인 편성·운영을 위한 후속적인 지원대책(교재 개발, 교원 연수·수급, 교육자료 등)의 수립 여부 등을 확인함으로써 편성·운영 지침 시안의 현장 적용 가능성을 종합적으로 검토하는 작업이 요구된다.

(5) 편성·운영 지침의 적용

확정된 시·도교육청의 교육과정 편성·운영 지침의 적용을 위해서는

무엇보다 각 학교 교장 및 교원을 대상으로 한 연수가 요구된다. 이 과정에서는 연구에 실제로 참여했던 연구진이 지침의 성격, 그 개발과정 및 검토되었던 쟁점들, 지침의 기본 이념 및 지침 적용 시 주의를 요하는 사항 등을 상세하게 설명해 줄 필요가 있다. 연수에서는 무엇보다 각 학교에서 개발해야 할 '학교 교육과정'에 대한 교육이 강조되어야 한다.

(6) 편성·운영 지침의 평가

국가 교육과정 문서에 제시된 시·도교육청 편성 및 운영 지침 중에서 각종 자료의 개발 및 보급, 행·재정적 지원에 관련된 지침은 다음과 같다.

1 편성

시·도교육청은 각급 학교가 새 학년도 시작에 앞서 교육과정 편성·운영에 관한 계획을 세울 수 있도록 교육과정 편성·운영 자료를 개발, 보급하고, 교원의 전보를 적기에 시행한다.

2 운영

교과, 창의적 체험활동 운영을 위한 각종 교수-학습자료를 연구·개발하여 보급하고, 교육시설·설비, 자료 등의 정비 확충에 필요한 행·재정적인 지원을 한다.

3 학교수준의 교육과정 개발

1) 학교수준 교육과정 개발의 의미

학교수준 교육과정은 국가수준이나 지역수준 교육과정에 의거하여 지역의 특성과 학교의 실정, 학생의 실태에 알맞게 편성한 단위학교의 구체적인 교육과정을 말한다. 단위학교가 의사결정하고 통제하는 학교 교육과정은 국가수준과 시·도교육청의 편성·운영 지침에 기초하고 당해 학교의 학생 실태, 학부모의 요구, 교사의 구성, 학교의 시설, 지역사회의 여건 등을 고려하여 성취목표를 구체적으로 설정하고, 내용의 범위와 수준을 제시하며, 교수-학습방법과 평가방법을 실용성 있게 구성한 것이다(교육부, 2009).

학교 교육과정은 학교의 상세한 교육 설계도로서 그 학교가 수용하고 있는 학생에게 책임지고 실현해야 할 교육목표, 내용, 방법, 평가 등에 대한 구체적인 실행 교육 프로그램을 의미하고, 특색 있는 교육전략 또는 상세한 교육 운영의 세부 시행계획으로 규정된다. 따라서 전국의 단위학교는 제각기 다양한 교육의 모습을 보일 수 있게 된다. 학교 교육과정은 교육의 효율성과 적합성을 높이기 위하여 필요할 뿐만 아니라 교원의 자율성과 전문성을 높이기 위하여 필요하다(함수곤, 2000).

2) 학교수준 교육과정의 개발 절차

학교수준 교육과정 개발은 국가수준의 교육과정 기준과 지역 시·도교육청 수준의 교육과정 편성·운영 지침을 토대로 하여 해당 지역 및 해당 학교의 특성에 적합하게 개발되어야 한다. 해당 학교 학교장의 학교경영 철학과 교육적 신념에 따라 창의성을 발휘하여 특색 있는 교육과정이 개발되어야 한다. 학교수준의 교육과정 체제는 '학교 교육과정의 편성과 운영의 기본방향', '학교 교육과정의 영역별 지도내용', '학교 교육과정의 평가 중점', '학교 교육과정에 대한 지원 체제' 등이 구성되어야 한다. 표 6-1은 학교 교육과정 구성 형태의 예시이다.

표 6-1 학교 교육과정 구성 형태(예)

Ⅰ. 학교 교육과정의 기저 1. 국가 및 시도교육의 방향 2. 학교경영의 기본계획 3. 기초조사 및 실태 분석 4. 전년도 학교 교육과정 운영 결과 분석 **Ⅱ. 학교 교육목표** 1. 학교 교육목표 2. 교육목표 구현 중점 3. 구현 중점별 세부 추진계획 4. 특색사업	**Ⅴ. 학교 교육과정 운영 지원계획** 1. 교직원 조직 및 연수계획 2. 자율 장학 추진계획 3. 독서 지도계획 4. 생활 지도계획 5. 방과 후 학교 운영계획 6. 기초학력 책임지도 운영계획 7. 각종 위원회 운영계획 8. 예산 운영계획 9. 기타
Ⅲ. 학교 교육과정 편성·운영계획 1. 기본방침 2. 학교 교육과정 편성표(입학 연도별) 3. 연간 수업일수 및 수업시수 확보 계획	**Ⅵ. 학교 교육과정의 평가** 1. 학생평가 2. 학교 교육과정 편성·운영 평가
Ⅳ. 학교 교육과정 운영의 실제 1. 교과 2. 창의적 체험활동	**<부록>** 1. 학교 연혁 2. 학사 일정 3. 교직원 일람 4. 교사별 교과 담당 시간 5. 업무 분장표 6. 교사 배치도 7. 각종 규정 8. 기타

위와 같은 학교수준 교육과정을 개발하기 위한 학교 교육과정의 편성 및 운영 절차는 그림 6-4와 같다.

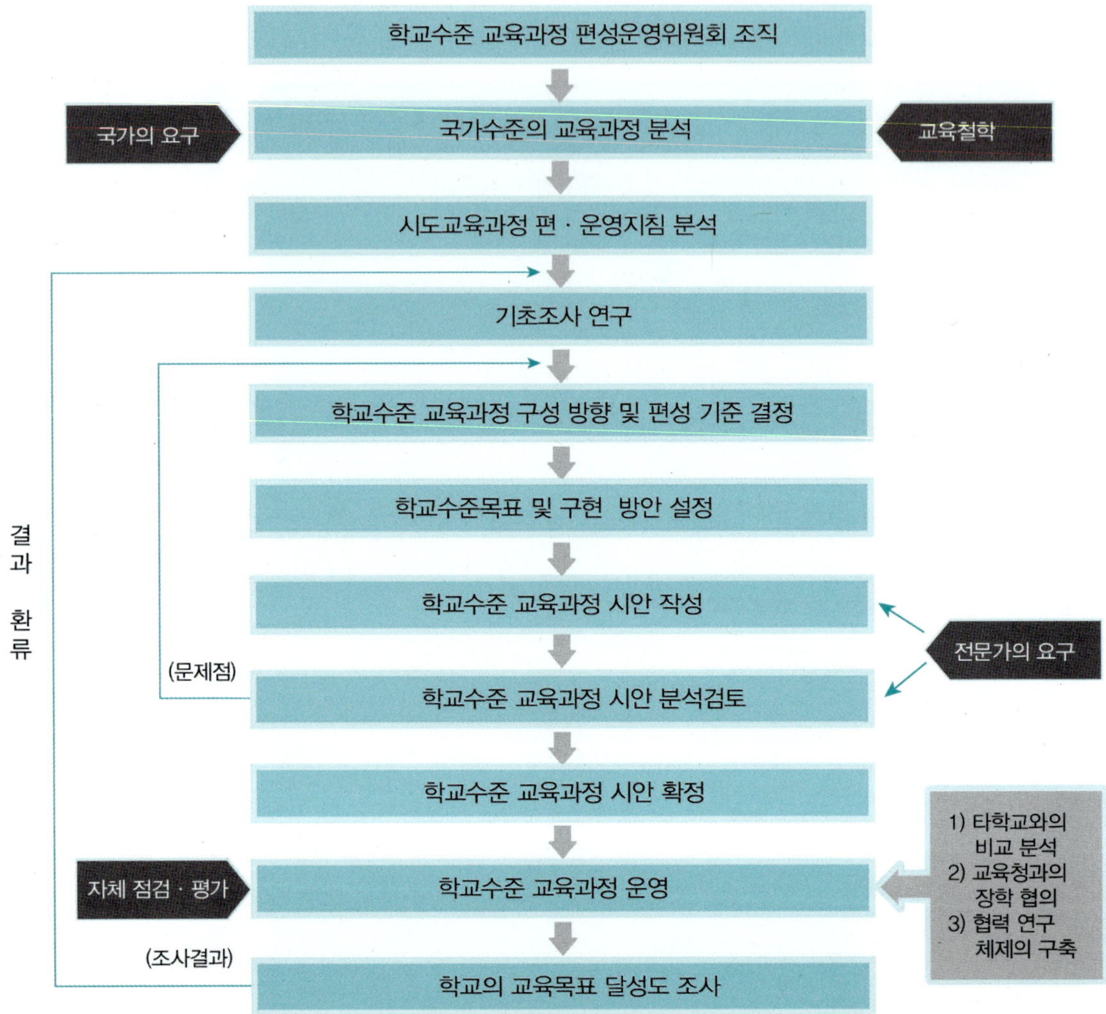

그림 6-4 학교수준의 교육과정 개발 절차

3) 단위학교의 역할

교육과정 편성·운영에 관한 단위학교의 역할은 교육부에서 고시한 교육과정에 명시되어 있다. 학교급별 지침과는 별도의 공통 지침은 다음과 같다(김진규, 2015).

① 학교는 교육부의 국가 교육과정과 시·도교육과정 편성·운영 지침, 지역교육청의 학교 교육과정 편성·운영에 관한 장학자료를 바탕으로 학교 실정에 적합한 학교 교육과정을 편성·운영한다.

② 교육과정의 합리적 편성과 효율적 운영을 위하여 교원, 교육과정(교과교육), 전문가, 학부모 등이 참여하는 '학교 교육과정위원회'를 구성하여 운영하며, 이 위원회는 학교장의 교육과정 운영 및 의사결정에 관한 자문역할을 담당한다.

③ 학교는 학교 교육과정 편성·운영계획을 바탕으로 학년, 학급, 교과목별 교육과정을 편성할 수 있다.

④ 학교 교육과정을 편성, 운영함에 있어서는 교원의 조직, 학생의 실태, 학부모의 요구, 지역사회의 실정 및 교육시설·설비 등 교육 여건과 환경이 충분히 반영되도록 노력한다.

⑤ 수준별 교육과정을 적용하는 교과는 심화보충 학습을 위한 추가 시간이 필요한 경우, 재량활동에 배당된 시간 등 별도의 시간을 활용할 수 있다.

⑥ 이 교육과정에 예시된 과목 이외의 과목을 설치·운영하고자 할 때에는 시·도의 교육과정 편성·운영 지침에 의거하여 사전에 필요한 절차를 거쳐야 한다.

4 교육과정 운영의 의미, 관점 및 수준

1) 교육과정 운영의 의미

교육과정 운영이란 교육과정의 목표가 정해지고 내용이 선정·조직되고 수업설계가 이루어지면 개발된 교육과정을 실행(implementation)에 옮기는 것을 말한다. 우리나라의 경우 국가수준의 교육과정이 개발되고 개발된 교육과정은 현장에서 적용된다. 하지만 개발된 교육과정은 개발 주체가 의도한 대로 실행될 수도 있고 또 변형되어 실행될 수도 있다.

어떻든 교육과정은 하나의 계획으로 시작하여 실제 교육 장면에서 학생들을 대상으로 실행될 때 비로소 그 가치가 드러나게 되는데, 이러한 실행에는 모든 참여자들의 노력이 요구되는 복잡한 활동들로 이루어진다. 여기에서 실행이라는 용어는 교육과정 혹은 교수요목(syllabus)이 의도한 바의 목적과 목표의 달성을 위해 전개·실현되는 과정을 말한다. 학교에서 특정 교육과정을 성공적으로 실행하기 위해서는 국가수준과 지역수준에서부터 그 실행장소인 학교 장면과 학급 상황에 이르기까지의 전달과정에 개입하는 여러 요소들을 탐색하고, 그에 따른 체계적 수준에서의 역할과 책임을 규명하여 합리적인 실행계획을 수립하여야 한다(윤광보, 2000). 특히 교육과정의 목적을 달성하기 위해서는 학교 현장의 교사와 학교장의 역할이 무엇보다 중요하다. 우선 교사는 개발된 교육과정을 일선 학교에서 실천적 수업활동을 통해 학생에게 전달해야 하기 때문이다. 이에 교사는 교육과정 개발자의 교육과정 개발 의도와 목적을 정확하게 파악하고, 학습자를 위해 재해석하는 과정을 거쳐야 한다. 다음으로 학교장은 교사들이 학교 교육과정을 효율적으로 진행할 수 있도록 행·재정적 지원을 포함한 실행 의지가 뒷받침되어야 한다.

교육과정 운영은 크게 학교 외부에서 개발된 교육과정을 학교 현장에서 실행해 옮기는 것과 학교 내에서 자체적으로 개발된 교육과정을 실행해 옮기는 것으로 구분할 수 있다. 일반적으로 교육과정 전문가들에 의해 개발된 교육과정을 교육실천가인 교사들이 학교 현장에서 실행에 옮기는 것이므로, 이를 '교육과정 적용'이라고 한다. 이러한 경우 교사가 직접 참여하여 개발한 교육과정을 실행에 옮기는 것이 아니므로 개발자와 실천자는 서로 다르게 되므로, 교육과정 실행은 교육과정 개발과는 분리된 별개의 활동이 된다. 개발된 교육과정이 마치 연극의 대본이며 실행되는 교육과정은 연극의 실연과 같다(오만록, 2011). 그러므로 우리나라처럼 개발자와 실천자가 분리된 국가수준의 교육과정을 효율적으로 운영하기 위해서는 교사와 학교장의 역할이 중요하다.

2) 교육과정 운영의 관점

교육과정 운영과 관련하여 교육 현장에서 어떻게 실천해야 하는지 여러 전문가들에 의해 꾸준히 논의되어 왔다. 여기서는 스나이더(Snyder)와 그 동료가 제안하고 있는 세 가지 관점인 ① 충실도 관점, ② 상호작용적 관점, ③ 생성 관점으로 구분하여 살펴보고자 한다. 이들 세 관점을 비교·요약하여 제시하면 표 6-2와 같다(박창언, 2018: 213~215).

표 6-2 교육과정 운영의 관점 비교·요약

구 분	교육과정 운영의 정의	교육과정 개발 주체	평가의 주안점
① 충실도 관점	계획된 교육과정	학교 외부 전문가	계획과 결과 간의 일치 정도
② 상호작용적 관점	조정된 교육과정	외부 전문가와 학교 내부의 교육과정 운영 담당자 간의 상호작용	상호작용의 변화 과정
③ 생성 관점	창조된 교육과정	학교 내외 교사와 학생	교사의 이해와 해석 수준

(1) 충실도 관점

충실도(fidelity) 관점은 본래 계획된 교육과정이 존재하고, 그 교육과정을 교육 현장에서 일치되게 실천하는 것을 말한다. 충실도 관점에서는 교육과정은 외부 전문가에 의해 개발되고, 교사는 전문가에 의해 개발된 교육과정을 제대로 실천하기만 하면 되는 것이다. 학교 교육과정의 변화와 혁신은 교사가 의도된 교육과정에 따라 실행하면서 교사의 의식과 교수에 필요한 기능과 태도 등이 변하게 되어 실제 교수행위가 변화됨으로써 이루어진다는 것이다. 이 관점에서 보면 교사는 외부 전문가가 개발한 교육과정을 수용하고, 이를 잘 활용하기 위해 연수를 제대로 받으면 된다는 것이다. 교사는 교육과정에 대한 소양이 낮기 때문에 교육과정을 매우 구체적이고도 체계적으로 잘 계획하는 것은 중요하다. 이러한 연유로 교사는 교육과정 개발에 참여를 제대로 하지 못하게 되는 결과를 초래하는 단점을 지니게 된다.

(2) 상호작용적 관점

상호작용적(mutual) 관점은 교육과정 개발자에 의해 만들어지고 교육과정이 학교나 교실 상황에서 실제 사용하는 사람에 의해 조정될 수 있다고 보는 것이다. 상호작용적 관점은 교육과정 개발자와 교육과정 운영자 간의 상호작용에 기초한 역동적 변화의 과정을 강조한다. 교육과정 운영은 다양한 수준과 맥락에서 일어나는 복잡한 과정이기 때문에 그러한 상황을 밝히고, 이들의 상호 관련성을 분석할 필요가 있는 것이다. 이 관점은 외부에서 개발된 교육과정의 보급보다는 교육과정 개발자와 사용자 간의 상호작용에 기초한 역동적인 변화의 과정을 설명하고, 교육 현장의 특수성이나 다양성을 고려한 실체 교육과정 활용을 조정하는 과정을 중시한다는 장점을 지닐 수 있다.

(3) 생성 관점

생성 관점(enactment perspectives)은 교사와 학습자가 점진적으로 만들어 가는 과정을 강조한다. 교육과정 생성 관점은 교육과정에 영향을 미치는 학습자의 주관적 지각과 느낌, 교사와 학습자의 상호작용 과정을 분석하고 해석함으로써 교육과정 운영에 대한 교사와 학습자의 적극적 이해를 강조하고 있다. 교육적 변화는 단순히 관찰되는 행동의 변화가 아니라, 교사와 학습자 양자의 개인적 발달 과정이라고 여긴다. 교수자는 학습자와 함께 교육과정을 만들어가는 개발자인 것이다. 이 관점에서 가장 중요한 교육과정 운영 변인은 교사이다. 교육과정의 성공적 운영을 위해서는 교사의 주관적 느낌과 생각 등을 이해하고 수용하는 것이 중요하다. 즉, 교육과정은 교사와 학습자의 개인적 성장 과정을 의미하기 때문이다.

3) 교육과정 운영의 수준

교육과정 활용의 수준은 새로운 교육과정을 운영하는 과정에서 교사가 실제 행동을 나타내는 데 사용된다. 교사의 활용 수준이 어느 단계에 있는지 정확하게 파악한다면, 새로운 교육과정의 운영에 도움을 줄 수 있다. 실행의 단계에 따라 관리자나 담당 교사는 해당 교사에 대해 더 많은 정보와 자료를 제공해 줄 수 있고, 그러한 정보와 자료를 잘 활용한 교사는 교육과정의 성공적 혁신을 이룰 수 있을 것이다. 교육과정 운영의 활용 수준 및 개념을 제시하면 **표 6-3**과 같다(박창언, 2018: 217~218).

표 6-3 교육과정 운영의 활용 수준 및 개념

관심 단계		개념
0	무활용	사용자가 혁신안에 대해 거의 알고 있지 못하거나 전혀 지식이 없어서 제대로 참여하고 있지 못하며, 앞으로 관여하기 위해 필요한 일도 전혀 하고 있지 않은 상태를 말한다.
1	지향 (입문)	최근에 이용자는 혁신안에 관한 정보를 얻었거나 얻고 있는 상태이다. 그리고/혹은 혁신안의 지향이 무엇이며, 그것이 이용자나 이용자 체계에 대해 요구하는 바가 무엇인지를 탐색하였거나 탐색하고 있는 상태이다.
2	준비	이용자가 혁신안을 처음으로 활용할 준비를 하는 상태이다.
3	기계적 활용	이용자는 혁신안에 대해 별도로 성찰할 시간을 가지지도 못한 채 그것의 단기적인 쓰임새에 주로 초점을 맞추는 수준이다. 의뢰인의 요구보다는 이용자의 요구에 더 잘 부합할 수 있도록 이용의 변화가 생겨났다. 이용자는 혁신안을 이용하기 위해 요구되는 과업에 숙달하려고 시도하게 되는데, 그 결과 단절적이고 피상적인 이용에 그칠 수도 있다.
4	A 일상화	혁신안의 이용이 비교적 안정된다. 지속적으로 이용하는 가운데 거의 변화가 일어나지 않는다. 설사 있다손 치더라도 극히 드문 변화이다. 혁신안의 이용이나 그 결과에 대해 개선하려는 준비나 고민을 거의 하지 않는다.
	B 정교화	이용자가 직접적인 영향권 내에서 의뢰인에 미치는 영향이나 효과를 높이기 위하여 혁신안의 이용을 변화시키는 상태이다. 그 변화의 정도나 양상은 의뢰인에게 미치는 단기적 혹은 장기적 결과에 대한 지식에 근거한다.
5	통합	이용자가 혁신안을 이용하려는 자신의 노력을 동료들의 관련 활동과 결합하려고 노력하는 상태이다. 그 목적은 공통적인 영향권 내에서 의뢰인에게 미치는 전체 영향이나 효과를 성취하려는 것이다.
6	갱신	이용자가 의뢰인에게 미치는 영향을 증가시킬 목적으로 혁신안을 이용하였던 질을 재평가하고, 현재의 혁신안을 대폭 수정하거나 대체안을 모색하는 상태이다. 또한 그 분야의 새로운 개발안을 검토하며 자신과 체제를 위한 새로운 목표를 탐색한다.

5 교육과정 운영의 원리

교육과정을 성공적으로 운영하기 위해서는 다양한 요인들을 고려할 필요가 있다. 특히 교육과정 운영의 원리는 학교에서 교육과정을 편성·

운영할 때 존중되어야 할 행위규범이다. 교육과정 운영의 원리를 제시하면 다음과 같다(김진규, 2015; 오만록 2011).

1) 합목적성의 원리

교육과정의 운영은 궁극적으로 교육의 목적 및 목표를 달성하기 위해 이루어지는 활동이므로, 이는 이미 설정된 목적과 목표의 달성에 부합하도록 이루어져야 한다.

2) 합법성의 원리

학교의 교육과정 편성과 운영은 국가가 정한 법령의 테두리 안에서 진행된다. 학교는 교육과정과 관련하여 법적인 책무와 권한을 분명히 하고, 이러한 범위 내에서 의사결정 권한을 행사할 수 있다. 하지만 교육 관련법들이 지나치게 학교의 교육과정 편성과 운영권을 제한하고 있기 때문에 관련법의 개정과 함께 현행법의 일관성 있는 해석과 적용이 요구된다.

3) 민주성의 원리

학교 교육과정의 편성은 학교 교육에 관여하는 여러 집단의 폭넓은 참여를 보장하고, 그들이 제시하는 의사(意思)가 공정하게 처리되도록 한다. 또 운영에 있어서는 권한의 이양을 통하여 독선과 전횡을 막는 장치를 필요로 한다. 학교에서는 이를 위하여 교장과 교사가 상호존중하며, 각기 다른 역할을 분담해야 한다. 특히 교장은 교직원들의 광범위한 참여를 유도하고 민주적인 의사소통체제를 구축하며, 교직원들의 책무와 권한을 존중하는 역할을 수행해야 한다.

4) 학습자 존중의 원리

교육과정 운영에 있어 학생의 요구와 필요, 발달수준, 능력, 적성 및 특기, 진로 등을 존중하여야 한다.

5) 전문성의 원리

학교에서 교육과정을 합리적으로 편성하고 효과적으로 운영하기 위해서는 이를 전담하는 연구조직과 실행조직이 구성되어야 한다. 그리고 이러한 작업에 참여하는 모든 교직원은 전문적인 지식과 기술을 지녀야 한다. 학교는 이를 위하여 학교조직을 교육과정 운영중심의 조직으로 재편성하고, 교직원들을 훈련하는 연수 프로그램을 개발하여 지속적으로 시행해야 한다. 특히 직원 개발을 위한 프로그램의 내용은 매우 구체적이며 실습과정을 포함해야 한다.

6) 책무성의 원리

교육과정의 실행에 대한 책임은 학생에게 있는 것이 아니라, 학교 당국 및 학교장과 교사에게 있음을 알고 교육과정을 운영함에 있어서 무거운 책임감을 가져야 한다.

7) 효율성의 원리

교육과정의 운영은 인적·물적 자원을 포함한 내용과 시간 및 노력을 최소한으로 투입하여 최대의 성과를 얻을 수 있도록 노력해야 한다.

8) 효과성의 원리

교육과정의 운영은 어디까지나 소정의 교육목표 달성 정도를 극대화하는 방향으로 이루어져야 한다.

9) 현실성의 원리

학교의 교육과정 운영은 주어진 현실의 바탕 위에서 이루어져야 한다. 교사조직의 특성, 교원들의 전문성, 학생들의 특성, 학교의 물리적 환경, 지역사회 여론과 이용 가능한 자원, 재정 여건, 시간, 관련 법규, 외부기관의 지원과 통제 정도 등의 주어진 여건 등을 고려하여 현실성 있게 이루어져야 한다.

10) 전체성의 원리

학교 교육과정의 편성과 운영은 일부 교과의 각론을 개발하거나 교과들과 교과서의 내용을 재구성하는 것이 아니라, 말 그대로 학교의 전체 교육과정을 대상으로 한다. 그러므로 학교에서 교육과정을 편성·운영할 때는 교육과정의 핵심요소(교육목표, 교육내용, 교과체제, 교육방법, 교육평가, 특별활동 등)를 확인하고, 이 요소들 간의 연관성을 높이는 방향으로 진행되어야 한다. 그리고 이러한 작업이 성공적으로 이루어질 수 있도록 교사, 학생, 학부모, 학교조직, 학교의 물리적 환경 등 제반 요소를 종합적으로 고려하여야 한다.

11) 계열성의 원리

교육과정의 운영은 학교별과 학년별 및 교과별로 선수학습과 후속학습, 초급·중급·고급의 교육내용과 활동이 수직적(종적)으로 연계되도록 이루어져야 한다.

12) 적응성의 원리

교육과정의 운영은 사회변화에 따른 새로운 요구나 상황에 부합하도록 신축성 있게 이루어져야 한다.

13) 안정성의 원리

안정성의 원리는 적응성의 원리와 대응되는 원리로서, 교육과정의 운영이 어느 정도 일관성과 지속성을 유지하여야 한다는 것을 말한다. 교육과정 운영은 사회변화에 따라 달라져야 하지만, 지나친 변화는 오히려 혼란을 야기할 우려가 있으므로 어느 정도 안정성을 유지할 필요가 있다.

14) 자율성의 원리

교육과정의 운영은 학교와 교사가 부당한 외부 간섭에서 벗어나 자율적인 결정과 실천에 의해 이루어져야 한다.

15) 균형성의 원리

교육과정의 운영에 있어 개인과 사회, 필수과목과 선택과목, 일반교육(교양교육)과 전문교육(직업교육), 교과내용의 폭과 깊이, 전통적인 내용과 최신의 현대적인 내용, 학생의 개성과 보편성(공동가치), 학습과 놀이 등이 균형 있게 조화를 이루어야 한다.

6 학교 교육과정 운영체제

1) 운영체제

국가수준과 지역수준의 교육과정이 만들어지고 나면 학교에서는 학교와 학생의 특성을 고려해 학교 교육과정을 만들게 된다. 학교 교육과정을 만들 때는 일정한 조직을 정비하여 학교 교육과정을 편성·운영하게 된다. 학교 교육과정은 '학교 교육과정위원회'를 구성하는 일로부터 출발한다. 학교 교육과정위원회는 학교장, 교감, 부장교사, 일반교사들로 이루어지면서 운영계획을 수립하는 데 전문적 역할을 수행한다. (1) 학교 교육과정위원회는 교육과정의 기본 계획을 수립하고 학교 교육과정 계획서 시안을 마련한다. 이렇게 마련된 교육과정 계획서는 (2) 학교운영위원회의 심의(사립학교는 자문)를 거쳐 최종 확정이 되고, 교장이 이를 대외적으로 공포함으로써 학교 교육과정이 마련된다. 마련된 단위학교의 교육과정은 (3) 개별교사가 교육과정을 운영하면서 교과나 학년협의회와 유기적 협력을 거쳐 최종적 성과에 대한 평가와 질 관리를 행하게 된다. 그리고 (4) 교직원회의는 최종적인 시안을 만들거나 확정된 시안의 적용에서 조정이나 개선하여야 할 부분에 대한 전체적인 의견을 조율하기 위해 일련의 순환적 운영체제를 갖는다. 학교 교육과정 운영체제를 제시하면 그림 6-5와 같다(박창언, 2018).

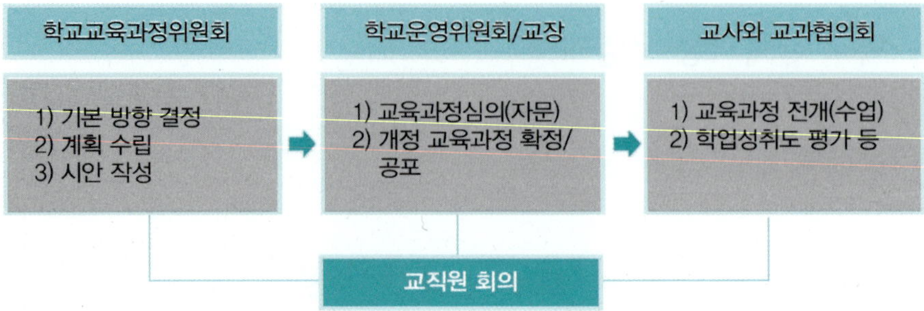

그림 6-5 학교 교육과정 운영체제

2) 역할

학교 교육과정의 운영체계 기본 모형에 따른 각각의 역할을 살펴보면 다음과 같다(김대현·김석우, 2001; 박창언, 2018).

(1) 학교 교육과정위원회

'학교 교육과정위원회'는 학교 교육과정 계획의 수립에서 시안을 만드는 작업에 이르기까지 전문적 역할을 수행한다. 학교 교육과정위원회는 학교의 규모에 따라 구성원이 달라지지만, 일반적으로 교장과 교감, 부장교사, 교사 일부가 참여하는 형태로 이루어진다. 학교 교육과정위원회는 각종 실태의 조사·분석, 편성의 기본 원칙 설정, 수업일수와 수업시수의 확보, 수업의 운영 방식까지 학교 교육과정을 운영하는 데 필요한 기본안을 마련하게 된다. 실태의 조사·분석에서는 국가와 지역수준 교육과정의 분석, 지역의 특수성과 학생, 학부모 및 지역사회의 요구분석, 전년도 교육과정 평가 결과의 분석 등이 이루어진다. 실태 분석의 결과는 학교 교육과정 편성의 기본 방향을 결정하는 자료의 역할을 한다. 기본 방향의 설정에 이어 학교 교육과정의 편성을 하게 된다. 학교 교육과정 편성에서는 수업일수와 수업시수의 확보, 수준별 수업이나 교과 집중

이수제의 운영, 창의적 체험 활동의 편성 등의 요소를 포함해 시안을 작성하게 된다. 시안의 작성까지 교직원 전체 회의에 필요한 사항에 대한 의견을 청취하는 기회도 가지게 된다.

(2) 학교운영위원회

'학교운영위원회'는 법정기구로 「초·중등교육법」과 동법 「시행령」에서 근거가 마련되어 있다, 학교 교육과정과 관련된 사항은 「초·중등교육법」 제32조 제1항 제3호에 '학교 교육과정의 운영 방법'에 대해 심의하는 기능(사립학교는 자문)을 부여하고 있다. 학교 교육과정 운영방법이 무엇인가에 대해 교육과정 해설서에서는 "운영방안, 교과용 도서 및 교육자료 선정, 정규 학습 종료 후 또는 방학 기간에 교육 활동 및 수련 활동에 관한 사항"으로 제시하고 있다. 학교운영위원회의 성격에서 국·공립학교와 사립학교에서 심의와 자문을 하는 것은 법률적 효과가 다르다. 심의의 경우는 학교운영위원회의 심의를 거쳐야 하고, 심의 결과와 다른 처분을 할 수 있다. 반면, 자문기구는 자문을 거치지 않아도 법적으로 문제가 되지 않는 점에서 차이가 있다. 하지만 교육이 공적인 성격을 지니고 있어 국·공·사립을 불문하고 학교운영위원회의 심의나 자문을 대부분 거치고 있다. 학교운영위원회는 그 학교의 교원 대표, 학부모 대표 및 지역사회 인사로 구성하도록 하여 학교 교육과정 심의(자문)에서 민주성과 대표성을 확보함으로써 장래 학교 교육과정 운영의 정당성을 확보하기 위한 조치인 것이다.

(3) 학교장

교육과정 운영에 있어서 학교장은 새로운 교육과정의 취지와 성격을 교사에게 알려서 교육과정 개발자가 의도한 그대로 실천하도록 도와주는 역할을 수행해야 한다. 그런 의미에서 학교장의 역할은 성공적인 교육과정 운영에 영향을 미친다. 학교장이 교육과정에 대한 관심이 없거나 식견이 부족할 경우에 개발된 교육과정은 제대로 실천될 수 없다. 학교장이 교육과정의 의도와 목적을 교사들과 함께 인식하고 적극적으로 돕는다면 교육과정의 성공 가능성은 더 높아질 것이다. 함수곤(2000)은 교장의 임무를 외적 사항으로 학생 관리, 교직원 관리, 교육환경 관리, 교육재정 관리를 들었고, 내적 사항으로는 교육과정 관리를 들었다. 학교 교육과정의 운영을 체계적으로 수행하기 위한 학교장의 역할은 다음과 같다.

① 교육과정을 다룰 연구실을 확보해야 한다.
② 행정 중심에서 교육과정 중심의 학교 운영체제를 확립해야 한다.
③ 학교 교육과정을 통합적으로 운영해야 한다.
④ 학교 교육과정 운영에 직결되는 예산을 지원해야 한다.
⑤ 교내 교육과정 장학과 수업 장학에 중점을 두어야 한다.
⑥ 교육과정 운영 결과는 매 학년도 말에 전 교직원의 참여하에 평가토록 해야 한다.

(4) 교사(교과 혹은 학년협의회)

교사는 수립된 학교 교육과정을 최종적으로 활용하는 주체이다. 교사는 교육과정 활동에서 교육과정의 자주적 편성과 교과서 선택의 자유 그리고 개정 교육과정의 수업 행위를 통한 실천, 전문성 향상을 위한 연수, 학생의 성적평가 등을 행하는 핵심 주체이다. 교육과정 확정이나 교과서의 선택은 여러 절차가 있고, 최종적으로 교장이 공포하게 되어 있지만, 실질적인 중심 역할은 교사가 행하게 된다. 그리고 교사는 혼자의 힘만으로 교육하는 것이 아니라 동일 교과의 다른 교사와 협력하고, 다른 교과의 교사와도 협력을 통해 융합적인 교육을 이루어가며, 직원의 협력을 받아 안정적으로 교육과정을 운영한다. 각 교사의 전문적 역량은 학교 교육과정 운영의 모든 면에 걸쳐 통합되고 교사 집단의 자율로 행사되어야 한다. 교사는 수업 계획과 운영에서 다른 교사와의 협력을 통해 자신의 전문적 역량을 강화하고, 교내 자율 연수만으로 한계에 부딪힐 경우에는 외부의 연수도 행하여야 한다. 교사는 학생의 주체적인 자기 형성을 자극하기 위해 학업성취도 평가와 교육과정에 대한 평가도 수행하여야 한다. 교사는 학습자와 상호작용하는 제일선에 있기 때문에 국가 및 지역 교육과정과 학교 교육과정의 운영을 통해 학교 혁신을 이루는 주된 담당자가 되는 것이다.

그럼에도 불구하고 일부 교사들에게서 개정 교육과정을 수용하는 데 주저하거나 적극적으로 저항하는 경향이 종종 나타난다. 특히 경력이 많은 교사들이 교육과정에 저항하는 이유는 다음과 같다.

① 새 교육과정에 대한 교사들의 불신이다.
② 새 교육과정과 현행 입시제도의 괴리에 대한 부담감이다.
③ 교사들의 성향이 비교적 보수적이다.
④ 새 교육과정을 운영함에 있어 교사들의 업무가 증가한다.
⑤ 초등학교의 학급담임제와 중등학교의 교과별 수업시간표는 교육과정의 효과적 운영을 위한 교사들 간의 협력을 가로막는다.

따라서 교사들의 새 교육과정에 대한 다양한 견해와 부담감을 갖고 있으므로, 이를 완화해줄 교육과정 운영의 다양한 방법이 필요하다. 교육과정 운영의 다양한 방법을 제시하면 다음과 같다.

1 훈련방법

새 교육과정에 대한 현직 연수 워크숍, 일대일 상담 등을 통하여 설명하는 방법이다.

2 모방방법

존경받는 교사가 새 교육과정 운영의 시범을 보이고 이를 모방하는 방법이다.

3 논리적 방법

교육과정을 새롭게 개정하게 된 합리적 근거를 제시하는 방법이다.

4 관료적 방법

교육 당국이 교장의 도움을 받아서 새 교육과정을 운영하도록 영향력을 행사하는 방법이다.

5 연구회·학회 활용방법

연구모임이나 학회모임의 새 교육과정에 대한 지지를 활용하는 방법이다.

3) 문서상의 교육과정 편성·운영 진술 방식

국가수준의 새 교육과정이 현장에서 실행되기 위해서는 교육과정 문서상에 교육과정 실행에 대한 안내를 하게 된다. 여기서는 '2015 개정 초중등학교 교육과정 총론(교육부 고시 제2015-74호, 2015.9.23.)' 중에서 「III. 학교 교육과정 편성·운영」 부분만을 발췌하여 제시하면 **표 6-4**와 같다.

표 6-4 문서상 교육과정 편성·운영 진술 방식

【총론】

I. 교육과정 구성의 방향
II. 학교급별 교육과정 편성 · 운영의 기준
III. 학교 교육과정 편성 · 운영
Ⅳ. 학교 교육과정 지원

Ⅲ. 학교 교육과정 편성·운영

1. 기본사항

가. 학교는 이 교육과정을 바탕으로 학교 실정에 알맞은 학교 교육과정을 편성·운영한다.
나. 학교는 학교 교육과정 편성·운영 계획을 바탕으로 학년(군)별 교육과정 및 교과(목)별 교육과정을 편성할 수 있다.
다. 학교 교육과정은 모든 교원이 전문성을 발휘하여 참여하는 민주적인 절차와 과정을 거쳐 편성한다.
라. 교육과정의 합리적 편성과 효율적 운영을 위해 교원, 교육과정 전문가, 학부모 등이 참여하는 학교 교육과정위원회를 구성하여 운영하며, 이 위원회는 학교장의 교육과정 운영 및 의사결정에 관한 자문의 역할을 담당한다. 단, 특성화 고등학교와 산업수요 맞춤형 고등학교의 경우에는 특수교사가 참여할 것을 권장한다.
마. 학교 교육과정을 편성·운영할 때에는 교원의 조직, 학생의 실태, 학부모의 요구, 지역사회의 실정 및 교육 시설·설비 등 교육 여건과 환경을 충분히 반영하도록 노력한다.
바. 교과와 창의적 체험활동의 내용 배열은 반드시 학습의 순서를 의미하는 것은 아니므로, 지역의 특수성, 계절 및 학교의 실정과 학생의 요구, 교사의 필요에 따라 각 교과목의 학년군별 목표 달성을 위한 지도내용의 순서와 비중, 방법 등을 조정하여 운영할 수 있다.
사. 학교는 교과와 창의적 체험활동의 효율적인 운영을 위하여 지역사회의 인적, 물적 자원을 계획적으로 활용한다.
아. 학교는 학생의 요구, 학교의 실정 및 특색 등을 종합적으로 고려하여 창의적 체험활동의 영역, 활동, 시간 등을 자율적으로 편성·운영할 수 있다.
자. 학교는 창의적 체험활동이 실질적 체험학습이 되도록 지역사회의 유관기관과 연계·협력하여 프로그램을 운영할 수 있다.
차. 학교는 학생과 학부모의 요구를 바탕으로 방과후학교 또는 방학 중 프로그램을 개설할 수 있으며, 학생들의 자발적인 참여를 원칙으로 한다.
카. 학교는 가정 및 지역과 연계하여 학생이 건전한 생활 태도와 행동양식을 가지고 학습에 임할 수 있도록 지도한다.
타. 학교는 동학년 모임, 교과별 모임, 현장 연구, 자체 연수 등을 통해서 교사들의 교육 활동 개선이 이루어지도록 한다.
파. 학교는 학교 교육과정 편성·운영의 적절성과 효과성 등을 자체 평가하여 문제점과 개선점을 추출하고, 다음 학년도의 교육과정 편성·운영에 그 결과를 반영한다.

2. 교수학습

(생략)

3. 평가

(생략)

4. 모든 학생을 위한 교육기회의 제공

(생략)

출처: 교육부(2015).

요점 정리(summary)

- 국가수준의 교육과정은 지역수준의 교육과정과 학교수준의 교육과정과 연계되어 있으며, 교육과정을 결정하는 주체에 따른 분류로서 그 성격 및 역할이 구분된다. 국가수준의 교육과정이란 한 국가의 초·중등교육의 기본설계도이며, 국가의 의도를 담은 문서 내용을 의미한다. 핵심적인 내용은 교육과정 개발 절차와 개정방식이다.
- 지역수준의 교육과정이란 국가수준의 교육과정을 시·도 단위 혹은 시·군·구 단위에서 지역의 특성과 실정, 필요, 요구 등을 반영하여 지침의 형태로 구체화한 것을 의미한다.
- 학교 교육과정은 국가수준이나 지역수준 교육과정에 의거하여 지역의 특성과 학교의 실정, 학생의 실태에 알맞게 편성한 단위학교의 구체적인 교육과정을 의미한다. 핵심내용은 교육과정의 개발 절차와 단위학교 역할의 중요성이다.
- 교육과정 운영과 관련하여 교육 현장에서 어떻게 실천해야 되는지를 여러 전문가에 의해 제시되어 왔다. 그중에서 스나이더(Snyder)와 그 동료가 제안하고 있는 세 가지 관점인 충실도 관점, 상호작용적 관점, 생성 관점이 있음을 알았다.
- 교사는 교육과정 운영의 활용 수준이 0단계(무활용)부터 6단계(갱신)까지 있음을 인식하고, 학교 교육과정을 충실히 운영하는 차원에서 활용 수준을 높여야 한다.
- 교육과정을 성공적으로 운영하기 위해서는 다양한 요인들을 고려할 필요가 있다. 특히 교육과정 운영의 원리는 학교에서 교육과정을 편성·운영할 때 존중되어야 할 행위규범이다. 교육과정 운영의 원리는 합목적성의 원리 외에 14개 원리가 있다.
- 국가수준과 지역수준의 교육과정이 만들어지고 나면 학교에서는 학교와 학생의 특성을 고려해 학교 교육과정을 만들게 된다. 학교 교육과정을 만들 때는 일정한 조직을 정비하여 학교 교육과정을 편성·운영하게 된다. 학교 교육과정 운영체제에는 학교 교육과정위원회, 학교운영위원회, 교장, 개별교사가 포함된다.

주요 용어(key word)

- 국가수준 교육과정
- 지역수준 교육과정
- 학교수준 교육과정
- 주기적 개정
- 전면적 개정
- 일시적 개정
- 편성
- 편제
- 단위학교
- 충실도 관점
- 상호작용적 관점
- 생성 관점
- 현실성의 원리
- 합목적성의 원리
- 전체성의 원리
- 안정성의 원리
- 적응성의 원리
- 균형성의 원리
- 계열성의 원리
- 효율성의 원리
- 효과성의 원리
- 민주성의 원리
- 합법성의 원리
- 학습자 존중의 원리
- 책무성의 원리
- 학교 교육과정위원회
- 학교운영위원회

형성평가 및 연구과제 formation evaluation & research subject

1. 다음 중 국가수준의 교육과정은 교육법 어느 조항에 의거하여 적용되는가?

가. 초·중등교육법 제23조 제1항　나. 초·중등교육법 제23조 제2항
다. 초·중등교육법 제23조 제3항　라. 초·중등교육법 제23조 제4항

2. 국가수준의 교육과정 기준 설정권과 거리가 먼 것은?

가. 전국의 모든 학교에서 같은 수준과 질의 교육 혜택을 보장한다.
나. 단계별 교육내용의 계통성과 일관성을 갖는다.
다. 교육의 객관성과 중립성을 보장할 수 있다.
라. 국민의 기본인성교육을 구현하기 위해서이다.

3. 다음을 읽고 교육과정 어떤 개정방식을 설명한 것인가?

> 교육과정의 개정 대상이 되는 모든 것을 거의 동시에 단기간에 개정한다는 것이다. 예를 들어, 제6차 교육과정의 경우 2년 8개월 소요되었고, 제7차 교육과정의 경우 2년 6개월이 소요되었다.

가. 전면적　나. 주기적
다. 일시적　라. 부분적

4. 지역수준의 교육과정 개발 절차의 순서가 옳게 나열된 것은?

가. 실무위원회 조직 → 기초조사·연구 → 편성·운영 지침 작성 → 편성·운영 지침 심의·확정 → 편성·운영 지침 적용 → 편성·운영 지침 평가
나. 기초조사·연구 → 실무위원회 조직 → 편성·운영 지침 작성 → 편성·운영 지침 심의· 확정 → 편성·운영 지침 적용 → 편성·운영 지침 평가
다. 실무위원회 조직 → 기초조사·연구 → 편성·운영 지침 작성 → 편성·운영 지침 적용 → 편성·운영 지침 심의·확정 → 편성·운영 지침 평가
라. 기초조사·연구 → 실무위원회 조직 → 편성·운영 지침 작성 → 편성·운영 지침 적용 → 편성·운영 지침 심의·확정 → 편성·운영 지침 평가

5. 지역수준의 교육과정 편성·운영 지침 작성에 포함되는 사항이 아닌 것은?

가. 창의적 체험활동 시간 확보와 운영에 관한 사항
나. 교육과정에 표시되지 않은 교과목의 신설과 운영에 관한 사항
다. 실업계 고등학교의 현장 실습에 관한 사항
라. 수준별 교육과정 편성과 운영에 관한 사항

6. 학교수준 교육과정 개발 절차의 11단계인 '학교수준 교육과정 운영' 간에 고려해야 할 사항이 아닌 것은?

가. 타 학교와의 비교 분석　　나. 교육청과의 장학 협의
다. 협력 연구 체제의 구축　　라. 학교장의 교육 감독

7. 학교수준 교육과정 개발 절차에서 전문가의 요구를 가장 많이 반영해야 할 단계는?

가. 학교수준 교육과정 시안 작성
나. 학교수준 교육과정 시안 확정
다. 학교수준 교육과정 편성기준 결정
라. 기초조사 연구

8. 다음 〈보기〉의 내용은 교육과정 운영의 관점 중 무슨 관점에 해당하는가?

보기

1) 본래 계획된 교육과정이 존재하고, 그 교육과정을 교육 현장에서 일치되게 실천하는 것을 말한다.
2) 교사는 외부 전문가가 개발한 교육과정을 수용하고, 이를 잘 활용하기 위해 연수를 제대로 받으면 된다.

가. 충실도 관점　　나. 상호작용적 관점
다. 생성 관점　　라. 형성 관점

9. 다음 〈보기〉의 내용은 교육과정 운영의 활용수준 중 무슨 수준인가?

> **보기**
>
> 1) 이용자는 혁신안에 대해 별도로 성찰할 시간을 가지지도 못한 채 그것의 단기적인 쓰임새에 주로 초점을 맞추는 수준이다.
> 2) 의뢰인의 요구보다는 이용자의 요구에 더 잘 부합할 수 있도록 이용의 변화가 생겨났다.

가. 준비　　나. 통합
다. 갱신　　라. 기계적 활용

10. 현행 교육과정 운영에서 교사의 재량범위에 해당하지 않는 것은?

가. 교육과정 내용 중 일부를 가르치지 않을 수 있다.
나. 필요에 따라서는 뒤에 제시된 교과서의 내용을 먼저 가르쳐도 된다.
다. 학습자의 수준에 따라 다른 종류나 깊이의 학습내용을 제공하여도 좋다.
라. 다른 학년의 내용이나 다른 교과의 내용을 연결지어 함께 다룰 수 있다.

11. 다음 중 교육과정 운영의 원리와 거리가 먼 것은?

가. 합법성의 원리　　나. 균형성의 원리　　다. 일관성의 원리
라. 전문성의 원리　　마. 적응성의 원리

12. 다음 〈보기〉의 내용은 교육과정 운영의 원리 중 무슨 원리에 해당하는가?

> **보기**
>
> 학교 교육과정의 편성은 학교 교육에 관여하는 여러 집단의 폭넓은 참여를 보장하고, 그들이 제시하는 의사(意思)가 공정하게 처리되도록 한다. 또 운영에 있어서는 권한의 이양을 통하여 독선과 전횡을 막는 장치를 필요로 한다.

가. 균형성의 원리　　나. 책무성의 원리
다. 안정성의 원리　　라. 민주성의 원리
마. 학습자 존중의 원리

13. 다음 〈보기〉의 교육과정 운영의 방법은 무엇에 해당하는가?

보기

새 교육과정에 대한 현직 연수 워크숍, 일대일 상담 등을 통하여 설명하는 방법을 적용한다.

가. 모방방법　　나. 논리적 방법　　다. 회의
라. 관료적 방법　　마. 훈련방법

Memo

Chapter
07

요구사정의 절차와 방법

1. 요구사정의 의미와 체제적 교육과정
2. 요구사정의 과정

학습개요

교육과정 개발 절차는 학자에 따라 다양하게 제시되지만, 일반적으로 ① 요구사정, ② 교육목표의 설정, ③ 교육내용의 선정과 조직, ④ 수업설계와 교수-학습방법 선정, ⑤교육과정 평가로 진행된다. 이 장에서는 교육과정 개발의 가장 첫 번째 절차인 요구사정에 대해 살펴보고자 한다. 교육과정 개발에 있어 요구사정은 매우 중요한 절차로 학교구성원 혹은 지역사회가 가지고 있는 요구를 반영하지 않고서는 교육과정 개발 혹은 수업을 운영하기가 쉽지 않다. 이 장에서는 요구사정의 의미와 대상, 요구사정의 체제적 계획과정, 요구사정 과정(사전준비 단계, 목적설정 단계, 현재 실태에 대한 자료 수집 단계)을 살펴본다. 이를 통해 교육 수요자들의 다양한 요구에 대한 우선순위를 결정하고, 이를 반영한 교육목표를 설정할 수 있다. 요구사정은 교육과정 개발의 기본방향을 설정하고, 교육과정의 목적 및 목표 설정, 교육내용 선정 및 조직의 근거를 제공하는 등 교육과정 개발에서 기초가 되는 중요한 활동이다.

학습목표

학습목표 1. 요구사정의 의미에 대하여 설명할 수 있다.

학습목표 2. 요구사정의 과정에 대하여 기술할 수 있다.

학습목표 3. 요구사정을 통해 다양한 요구의 우선순위를 도출할 수 있다.

1 요구사정의 의미와 체제적 교육과정

1) 요구사정의 의미와 대상

교육과정 개발에 있어 요구사정(Need Assessment)은 상황분석(situational analysis)이라는 용어로 쓰이기도 한다. 요구사정은 현재 상태의 수준과 바라고 원하는 이상적인 소망 상태의 수준 사이의 차이(discrepancy)를 조사하고, 비교하여 우선순위를 결정하는 행위를 의미한다.

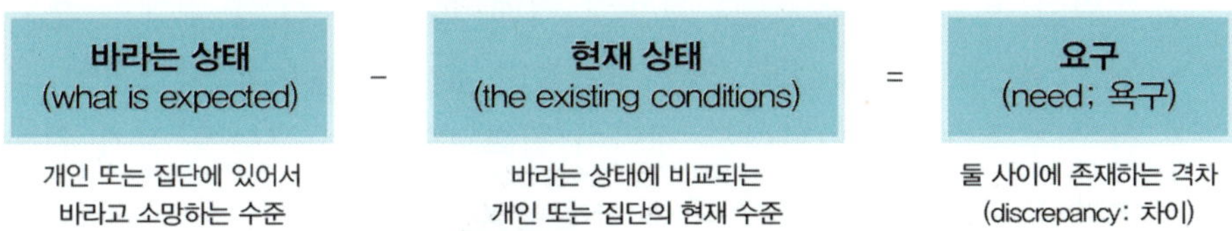

그림 7-1 요구의 의미

교육은 근본적으로 학습자와 사회의 요구(need)에 봉사하기 위해 존재한다. 요구사정은 교육과정 편성, 시행 및 평가 노력의 방향을 제시해 주는 데 목적이 있다고 할 만큼, 요구사정은 교육과정 개발의 출발점이다. 요구사정은 교육의 생산자에게는 교육의 변화와 진행에 있어 도움을 주는 필수적인 절차이며, 학습자에게는 진단과 처방에 도움을 주는 절차이다. 요구사정은 교육과정 개발의 기본방향을 설정하고, 교육과정의 목적 및 목표 설정, 교육내용 선정 및 조직의 근거를 제공하는 등 교육과정 개발에서 기초가 되는 중요한 활동이다.

요구는 성격에 따라 다양하게 구분될 수 있는데, 대표적인 유형으로 규범적 요구, 인지된 요구, 표현된 요구, 상대적 요구 등이 있다.

① 규범적 요구(normative need): 교육전문가(교사)에 의해 규정되는 요구로서 이상이나 목적을 달성하기 위해 따르고 지켜야 하는 것을 의미

한다. 규범적 요구의 강점은 객관적인 목표설정과 수치화가 쉽고 구체적인 변화의 목표를 제공하는 것이다. 그러나 요구기준이 전문가 개인이나 시간에 따라 변화하기 쉽다는 단점이 있다.

② 인지된 요구(perceived need): 개인이 원하는 지각하는 요구를 의미한다. 보통 설문조사를 통해 개인들의 요구를 파악한다. 개인이 인지하는 요구들을 개인에 따라 중요한 것들이 다를 수 있으며 상황에 따라 수시로 변화하고 다양할 수 있다. 특히 개인이 지각한 요구(인지된 요구)와 교육전문가에 의해 규정되는 요구(규범적 요구) 사이 적절한 균형을 유지하는 것이 중요하다.

③ 표현된 요구(expressed need): 필요에 의해 인지된 요구가 실제로 표현된 것을 의미한다. 전문가는 개인들이 요구를 필요로 하는지에 대한 여부를 판단하기보다는 개인이 필요로 하는 요구들을 얻기 위해 얼마나 관심이 있는지에 대해 중점을 둔다. 따라서 필요에 대한 통계치에 근거하여 후속조치를 마련하는 전문가들은 실제로 표현된 요구의 내용과 그것을 원하는 학생들의 규모를 확인하고자 한다.

④ 상대적 요구(comparative need): 다른 사람이나 지역과의 비교를 통해 확인된 요구를 의미한다. 충족해야 할 기준이나 바람직한 수준의 서비스가 필요하다는 관점에서 파악하는 것이 아니라, 특정 대상에게 제공되는 서비스 수준과 유사한 또 다른 대상에게 제공되는 서비스 수준 간의 차이를 측정한다. 즉, 다른 집단이나 학교 또는 지역에서 실행되는 서비스 수준상의 차이를 나타낸다.

이상의 네 가지 요구의 유형 중 규범적 요구와 상대적 요구를 규정하는 주체는 교육전문가(교사) 혹은 사회이고, 인지된 요구와 표현된 요구는 특정 요구를 가진 당사자(학생)이다. 네 가지 유형의 요구를 사정하는 목적과 방법은 다르지만, 서로 상호보완적 관점에서 종합적으로 이해할 필요가 있다.

교육과정 개발에 있어 요구사정을 하는 근본적 이유는 교육과정 개발에 관여하는 사람들(전문가, 교사, 학생, 행정가, 지역사회 등)의 다양한 의견을 얻기 위함이다. 교육과정의 변화 혹은 새로운 교육과정을 개발하기 위해서는 현재의 교육과정에 대한 미비점이나 문제점을 먼저 확인하고 분석하는 절차가 필요한데, 이러한 요구사정은 교육과정 개발과 관련된 모든 활동의 기초라 할 수 있다. 베리(P. J. Berrie, 1976)는 요구사정의 중요성을 다음과 같이 두 가지로 제시하고 있다. 첫째, 교육자, 학생, 지역사회 등 서로 간의 의사소통을 증진할 수 있고, 둘째, 학교의 현재 교육 실태의 구명을 통한 교육의 한계와 성과 간의 간격을 발견할 수 있다는 것이다. 이렇듯 요구사정은 교육과정 개발에 있어 매우 중요하다.

요구사정의 필요성은 다음과 같이 네 가지로 제시해 볼 수 있다. 첫째, 학생들의 요구에 부합하는 교육과정을 개발하는 데 도움을 준다. 둘째, 학생들의 제반 특성의 변화 등에 따라 탄력적으로 대처할 수 있도록 해준다. 셋째, 새로운 교육과정 개발의 필요성을 인식시킴으로써 사회 구성원의 지원을 얻어낼 수 있다. 넷째, 사회로부터 필요성과 정당성을 인정받아 지속적인 지원을 받을 수 있다. 우리는 교육 상황에서 요구사정의 당위적 필연성을 많이 볼 수 있다. 예를 들어, 학생들의 학력저하, 학교폭력의 증가, 교육격차 문제, 교육의 하향평준화, 대학입학 전형의 잦은 변경 등이 있다. 요구사정은 크게는 국가적 차원에서, 시·도 지역별로, 학교군별로, 지역사회 단위로, 개개 학교별로, 학년별로, 개개 학습자별로 그 수준이 얼마든지 다양화될 수 있다. 또한 요구의 유형에 따라서 요구사정은 범위는 달라질 수 있다. 학습자의 신체·생리적 요구, 사회심리학적 요구, 교육적 요구 등 여러 가지 요구 사정이 있다.

교육과정 개발을 위한 요구사정의 대상 및 요소는 매우 다양하게 분류할 수 있으니 이를 그 대상범위에 따라 크게 분류하면 국가 및 지역사회의 상황과 맥락, 학교의 상황과 맥락으로 양분할 수 있다.

① 국가 및 지역사회의 상황과 맥락: 새 교육과정을 개발하기 위해서는 우선 국가 및 지역사회의 상황과 맥락을 파악해야 한다. 교육과정 개발자들은 사전에 국가 및 지역사회의 행정구조를 포함한 제도와 정책 및 규범, 교육체제, 인적·물적 자원, 교육요구, 이익단체 및 시민단체의 요구 등의 요소들을 사정해야 한다.

② 학교의 상황과 맥락: 새 교육과정을 개발할 때, 학교의 제반 상황과 맥락도 확인해 보아야 한다. 교육과정을 포함한 학교 전반의 운영상 현안 및 문제점, 구성원들의 요구, 교사의 전문성과 태도, 학생들의 배경, 경험 및 개인차, 학부모의 기대, 물리적 시설, 설비 및 공간, 학교조직 풍토 등의 요소에 대한 사정이 포함된다.

요구사정의 중점 대상은 세부적으로 나누어 살펴보면, 사람, 프로그램, 그리고 조직의 세 가지로 나눌 수 있다. 사람은 학생, 교사 및 행정가, 학부모와 지역사회 등이 있다. 프로그램은 일반 학습자를 위한 교육과정 및 수업전략 프로그램, 교육관계 종사자들을 위한 현직교육 및 계속교육 프로그램 등으로 나눌 수 있다. 조직은 거버넌스(governance), 행정 등으로 나눌 수 있다.

표 7-1 요구사정의 중점 표적대상

대영역	중영역	소영역	변인 예시
사람	학생	• 개인적 특성 • 태도, 가치, 흥미 • 행동과 지식	• 연령, 종교, 성별 등 • 자아개념, 협동의식 등 • 학교활동 참여도, 인지능력 등
	교사 및 행정가	• 개인적 특성 • 학생, 학교 등에 대한 태도 • 능력과 행동	• 연령, 종교, 학위 등 • 자율성, 학교분위기 등 • 교과지식, 문제해결 능력 등
	학부모와 지역사회	• 개인적 특성 • 학생, 학교 등에 대한 태도 • 목표, 우선순위	• 생활수준, 거주지, 학력 등 • 학교, 교사에 대한 태도 등 • 교육에 대한 열정 등
프로그램	교육과정 및 수업 전략 프로그램	• 계열성과 계속성 • 교수전략과 방법 • 평가	• 교육 내용 등 • ADDIE 모형, 강의식교수법 등 • 형성평가, 상대평가 등
	현직교육 및 계속 교육 프로그램	• 계열성과 계속성 • 교수전략과 방법 • 평가	• 교육 내용 등 • Dick & Carry 모형, 구성주의 교수법 등 • 형성평가, 상대평가 등
조직	거버넌스(governance)	• 정책 • 조직	• 학칙, 규정 등 • 이사진, 부처 및 센터 등
	행정	• 인사 • 시설 • 수업	• 보직, 업무분장, 훈련 등 • 건축, 시설 등 • 수업운영 등

2) 요구사정의 체제적 계획과정

체제적 계획과정이란 실증적 자료들을 바탕으로 계속적인 의사결정을 하는 합리적이고 논리적인 과정이다. 코프먼과 잉글리시(Kaufman & Engligh, 1979)는 체제적 계획과정이란 "포괄적인 문제해결의 도구"라 정의하면서 다음과 같이 체제적 계획과정의 여섯 가지를 제시하였다.

•1단계: 문제의 구명

- 현재의 성취결과와 바람직한 성취결과 간의 차이를 결정하여 우선순위로 배열하고 가장 중요한 요구를 선택한다.

•2단계: 해결요건의 결정과 해결대안의 구명

- 현재 상황에서 바람직한 성취결과로 이동해 나가는 데 필요한 요건을 결정한다. 이때 행동적인 목표 진술이 도구로써 자주 사용된다. 그리고 가능한 해결방법과 수단을 구명하고 각 방법과 수단의 장·단점을 밝힌다.

•3단계: 해결전략의 선정

- 앞 단계를 통해 구명된 선정대안 중 가장 가능성 있는 전략을 선택한다. 이때 체제분석, 비용, 효과분석, 계획-편성-예산체제(PPBS) 등을 활용한다.

•4단계 선정된 방법과 수단의 시행

- 선정된 방법과 수단을 실제로 시행에 옮겨 시도한다.

•5단계: 시행 효과의 결정

- 시행 후 장단점을 살펴본다. 즉 방법과 수단의 효과와 효율을 분석

한다. 일종의 총합적 평가 단계이다.

•6단계 개정
- 앞 단계에서 시행 효과에 문제가 있다면 적절한 개정과 변화를 취한다. 일종의 형성적 평가행위에 해당된다.

체제적 계획과정은 "문제"에서부터 출발하고 있다. 이러한 문제로부터 출발하여 최선의 해결책을 탐색하는 체제적 계획과정은 요구사정의 단계에도 적용될 수 있다. 요구사정의 과정은 크게 ① 교육목적이나 목표의 설정, ② 현재상태에 대한 자료 수집, ③ 교육요구의 우선순위 결정으로 이루어진다. 요구사정의 이 세 가지 단계는 어디에서나 앞서의 문제점으로부터 출발하는 체제적 계획과정이 이루어질 수 있다고 볼 수 있다. 이상, 실제, 그리고 차이에도 문제가 있을 수 있으며 이를 그림으로 나타내면 다음과 같다.

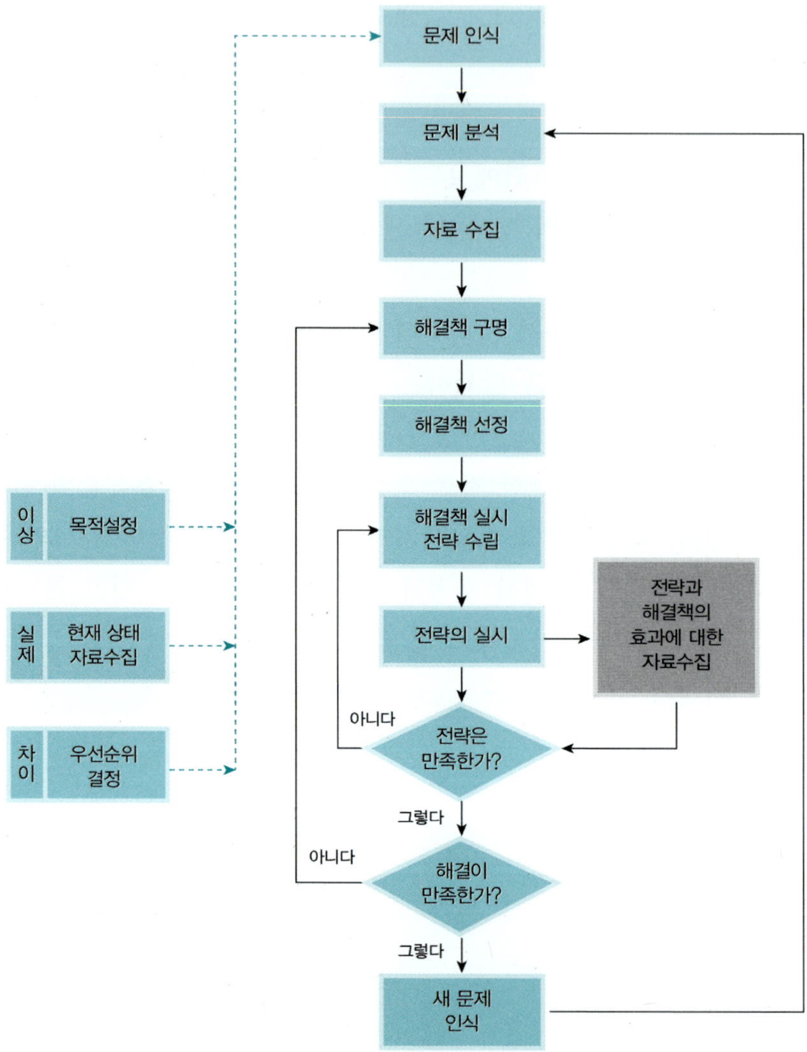

그림 7-2 요구사정과 체제적 계획과정 간의 상호작용 관계

2 요구사정의 과정

일반적으로 요구사정의 과정에는 네 가지 단계가 있다. 첫째는 요구사정을 위한 사전준비 단계, 둘째는 요구사정의 목적의 설정 단계, 셋째는 현재실태에 관한 자료수집 단계, 넷째는 교육적 요구의 우선순위를 결정하는 단계로 이루어진다.

1) 사전준비 단계

요구사정을 위한 사전준비는 효과적인 요구사정을 실행하기 위해 진행된다. 요구사정을 수행하는 필요한 가용한 자원(인적자원, 물적자원 등)을 분석하고, 요구사정을 실제로 시행할 행정기구의 조직, 요구사정의 범위와 대상수준 결정 등이 포함된다.

2) 요구사정 목적의 설정 단계

목적의 구명은 크게 두 가지 접근방법을 통해 도출된다. 하나는 총체적 교육체제에 관한 일반적인 접근을 통한 목적 구명이다. 예를 들면 학교의 총체적 교육 프로그램의 종합적이고 일반적인 목적을 구명하는 것이다. 다른 하나는 특정 프로그램의 한 측면에 대한 중점적인 목적 구명이다. 예를 들면 수학이나 독서 등 특정 요구나 영역에 대한 목적을 구명하는 것이다.

이렇게 목적을 구명한 후에는 다양한 목적들 간에 우선순위를 결정하는 것이 필요하다. 우선순위를 결정할 때 관심도, 중요도, 강조점 등으로 기준을 나누어 볼 수 있다.

우선순위를 결정할 때 다양한 방법을 통해 결정할 수 있으며, 대표적으로 가장 많이 사용되는 것이 평정척도(rating scales)와 서열척도(ordinal scale)

이다. 평정척도는 크게 3단계, 5단계, 7단계의 중요도, 강조성 등으로 나눌 수 있는데, 예를 들면 5단계 척도의 경우 ① 매우 아니다, ② 아니다, ③ 보통이다, ④ 그렇다, ⑤ 매우 그렇다 중 한 가지를 선택하는 방식이다. 각 문항에 따라 독립적인 응답이 가능하다는 장점이 있지만, 목적 간의 식별이 잘 이루어지지 않아 우선순위를 결정하기 어려운 경우가 있다. 다음으로 서열척도는 각 문항에 1번, 2번, 3번, … 중요한 차례대로 순위를 매기는 것이다. 명확하기 우선순위가 식별되기는 하지만, 문항수가 너무 많은 경우에는 활용하기가 어렵다는 단점이 있다.

이성호(2009)는 목적의 우선순위 결정에서 평정척도와 서열척도가 갖고 있는 장점을 반영한 목적 우선순위 반응조사를 다음과 같은 방법으로 제시하였다. 이 방법은 파이 델타 카파(Phi Delta Kappa)에서 개발한 방식에 기초하여 실제 연구나 생활에서 사용할 수 있도록 개발한 것이다. 해당 방법은 몇 번에 걸쳐 반복 평정을 통해 나중에는 서열까지 매길 수 있도록 하는 반응조사 방법이다. 집단조사나 개별조사 모두 가능하다. 몇 개의 ○표에 대한 바람직한 숫자는 “목적 문항수 * 선순위 반응횟수 / 2”의 방식으로 정하는 게 적절하다.

① 다음 용지에는 18개의 목적이 왼쪽에 진술되어 있고, 오른쪽에는 5회에 걸친 반응 칸이 그려져 있다. 그리고 여러분에게는 각각 45번 ○표를 할 수 있는 기회가 주어져 있다.

목적		1회	2회	3회	4회	5회	합계
1							
2							
3							
4							
5							
⋮							
18							

② 우선 18개의 목적을 하나씩 차례대로 천천히 읽으면서 1회 반응 칸에 모두 ○표를 하시오(모든 사람이 반응하도록 시간을 준다). 그러면 이제 여러분에게 주어진 45개의 ○표 중 이미 18개의 ○표를 사용하였고 27개의 ○표가 남는다.
③ 다시 18개의 목적을 읽으면서, 이 18개 목적 가운데, 더 중요하다고 생각하는 목적에만 ○표를 하나씩 2회 반응칸에 더 그려 넣는다.
④ 이런 방식으로 계속 진행하면서 마지막 5회 반응칸에는 1개 이상의 ○표를 사용해야 하기에 너무 아끼거나 남용하면 안 되며, 5회가 끝나면 ○표를 모두 다 소비하여야 한다.
⑤ 각 목적별로 몇 개의 ○표시가 있는지를 합계란에 적고, 그리고 아래 용지에 ○표가 많은 순서대로 다시 그 목적을 기입한다.

○표수	목적	목적의 개수
5개		
4개		
⋮		
1개		

이렇게 목적을 구명하고, 우선순위를 결정한 다음에 마지막으로 우선순위가 결정된 각각의 목적들을 정리, 분석, 종합하는 절차가 필요하다. 예를 들어 각 목적이나 집단에 대한 평균이나 표준편차 등을 구해 통계적 차이를 확인해 볼 수도 있다.

3) 현재 실태에 대한 자료수집

현재 실태에 관한 자료수집을 효율적으로 진행하기 위해서는 다음과 같이 ① 자료수집 계획 설계, ② 자료원 구명, ③ 자료원의 표집집단 구성, ④ 조사도구 선택, ⑤ 자료 수집 및 분석의 다섯 가지 절차를 수행해야 한다.

첫째, 자료수집 계획을 잘 설계해야 한다. 즉 목적에 맞게 자료를 수집하고 분석하는 절차에 대한 해답이 곧 자료수집 계획의 설계이다. 자료수집의 범위를 결정하는 데에는 그 목적의 상대적 중요성, 자료수집의 비용, 자료의 타당성, 자료수집의 가능성, 자료수집이 가져올 영향 등을 고려해야 한다.

둘째, 자료원(資料源)을 구명하는 일이다. 현재의 상태에 대한 평정은 자료원이 폭넓게 확보될 때 타당성을 가진다. 자료원은 요구사정의 표적대상이 되는 사람, 프로그램, 조직의 세 가지 차원에서 도출되어야 한다. 자료원은 크게 사람과 문서로 나누어 생각해볼 수 있다. 요구사정에서 사람으로부터 얻어내는 방식은 많이 활용되고 있지만, 문서적인 자료는 소홀히 되는 경우가 있다. 그러나 학교의 각종 문서기록, 시·도 교육위원회에 제출된 보고서, 통계표 등에서도 현재 상태에 대한 정보를 도출할 수 있다. 자료원은 크게 1차 자료(primary data)와 2차 자료(secondary data)로 나누어 볼 수 있다. 우선 1차 자료는 기존 조사대상에 대해 관찰, 조사 등이 이루어지지 않아 자료가 없는 경우. 조사자가 조사목적을 위해 최초로 자료를 수집하는 것을 말한다. 예시로 실험, 관찰, 의사소통, 면접, 설문지 등이 있다. 다음으로 2차 자료는 해당 조사 목적이 아닌 다른 조사 목적을 위해 수집되고 정리되어 있는 자료로써, 조사 목적에 도움을 줄 수 있는 기존의 모든 자료들을 말함, 예시로 정부기관 자료, 각종 통계자료, 논문 등이 있다. 자료원에 따른 장단점을 2차 자료를 기준으로 설명하면 다음과 같다. 우선 장점은 ① 1차 자료에 비해 수집하는 데 시간이 적게 든다. ② 1차 자료에 비해 수집비용이 상대적으로 적게 든다. ③ 자료가 주기적으로 발간되는 경우 주기적으로 새로운 자료를 얻을 수 있다. 다음으로 단점은 ① 2차 자료는 다른 조사 목적을 가지고 수집된 자료이므로 자료수집 목적, 측정단위 등이 다를 수 있다. ② 생산된 자료가 시간적으로 상당히 오래되었을 경우 사용이 곤란하다. ③ 자료의 신뢰성이나 타당성 여부를 알 수 없는 경우 사용이 곤란하다.

셋째, 자료원의 표집집단 구성이다. 현재 실태 조사에 모든 사람을 대상으로 하는 전수(全數)조사는 현실적으로 쉽지 않다. 그렇기 때문에 모집단 중 대표성을 갖는 일부 사람들을 대상으로 진행하는 표집(標集)조사가 더 많이 사용된다. 때로는 전수조사보다 표집조사가 오히려 더 정확할 때도 있다. 표집조사를 잘 수행하려면 우선 조사대상 모집단에 대한 분명한 규정과 정확한 파악이 필요하다. 다음으로 자료수집에 맞는 적절한 표본크기(sample size)를 정한 후, 표집절차를 택해서 조사대상 표본을 추출하는 작업을 진행한다. 요구사정에서 많이 쓰이는 방법으로는 편의표집, 군별표집, 유층화표집, 계통적 표본추출법 등이 있다.

넷째, 조사도구를 새롭게 개발하거나 이미 제작되어 있는 적절한 도구를 선택하는 일이다. 이때 우선을 목적 성취자료를 무엇으로 할 것인지 결정해야 한다. 요구사정의 세 가지 중점 대상인 사람, 조직, 프로그램에 있어서 구체적으로 어떠한 사람들이, 어떠한 조직이, 어떠한 프로그램이 지표로 사용될 수 있겠는가를 탐색해야 한다.

다섯째, 자료를 수집하고 분석하는 일이다. 자료의 분석을 위해서는 요구사정에 종사하는 모든 사람들이 기본적인 통계처리 소양이 필요하여 최소한 기술통계는 다룰 수 있어야 한다. 통계분석 프로그램으로는 SPSS와 SAS 및 STATISTA 등의 프로그램이 사용된다. 적절한 통계분석과 처리는 자료의 타당성과 신뢰성을 높여줄 수 있다.

현재 상태(실태)에 대한 자료수집의 충분성을 검토하기 위한 일반적인 기준들은 제시하면 다음과 같이 10가지를 나열해 볼 수 있다.

① 자료는 요구사정에 제시되는 교육과정 목적과 관계가 있어야 한다.
② 여러 가지 다양한 자료수집 도구를 사용하여야 한다.
③ 자료수집 도구는 조사대상자에게 적절한 도구이어야 한다.
④ 자료수집은 계획적인 표집이 사용되어야 한다.
⑤ 도구는 분명하고 구체적이며, 객관적이어야 한다.
⑥ 도구의 형태는 자료를 기록하는데 시행의 용이성, 사용의 편리성을 갖추어야 한다.
⑦ 자료수집자는 자료수집에 대한 기본 훈련이 되어 있어야 한다.
⑧ 자료수집은 비용-효과 면에서 합리적이어야 한다.
⑨ 자료수집에서 주관과 편견은 최대한 배제되어야 한다.
⑩ 도구 개발은 주기적으로 타당도를 검증하면서 수정되어야 한다.

4) 교육적 요구의 우선순위 결정

교육과정 목적, 즉 바라고 원하는 이상적인 소망 상태가 설정되고 현재 상태 수준에 대한 자료가 수집되면 이 둘 사이에 차이(discrepancy)를 발견하게 된다. 목적과 현재 상태 간의 차이가 교육적 요구인데, 이러한 교육적 요구는 다양하게 나타날 수 있으므로, 이들 간의 우선순위를 결정하는 활동이 필요하다. 일단 우선순위를 결정하기에 앞서, 교육적 요구, 즉 차이를 분석하는 방법을 먼저 검토할 필요가 있다. 교육적 요구의 우선순위에는 여러 방법이 있는데 여기서는 ① 진술문 형태 활용법, ② 4 간표 작성법, ③ 우선순위 지수 산출법 등이 있다.

(1) 진술문 형태 활용법

바라고 원하는 이상적인 수준과 현재 실태 간의 차이를 확인하는 방법에는 여러 가지 형태가 있다. 교육적 요구의 제시방법으로 현재 가장 널리 사용되는 방법은 동일한 도구에서 기대(소망)수준과 현재수준에 대한 지각을 동시에 확인해 주는 방법이다. 석·박사 학위논문, 다양한 프로그램 내 요구사정을 도출할 때 많이 사용된다. 이 방법은 진술된 문장을 기준으로 한쪽에는 기대수준 혹은 소망수준 척도를 제시하고 다른 한쪽에는 현재수준 혹은 현재상황에 대한 척도를 기술하고 동시에 응답하게 하는 방식이다.

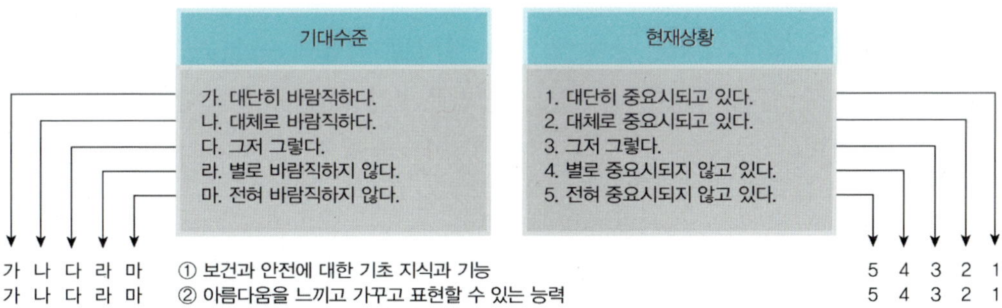

그림 7-3 교육목표 진술문에 관한 요구사정

요구사정에 있어 기대상태와 현재상태의 차이를 분석한 다음, 이에 대한 중요도를 고려하여 우선순위를 도출할 수도 있다. 이는 단순히 기대상태와 현재상태의 차이에 의한 요구사정 방식의 문제점을 보완할 수 있다. 예를 들면 학교 교육의 목적이 교육임에도 불구하고 학생들이 요구가 수업시간이 아닌 놀이시간과 쉬는 시간에만 있다면 잘못된 우선순위가 도출될 수 있다. 이는 학교 교육의 교육적 목적에 타당하지 않은 요소들에 대해서는 가중치 등을 반영한 중요도를 제시하여 바람직한 요구사정을 통한 우선순위가 도출되어야 한다.

항목	현재상태	기대상태	Gap	중요도	NA
수업시간	1②3 4	1 2 3④	2	1 2 3④	8
BOOO	1 2③4	①2 3 4	−2	1②3 4	−4
COOO	1 2③4	1 2③4	0	1 2 3④	0
쉬는 시간	①2 3 4	1 2 3④	3	①2 3 4	3
DOOO	1②3 4	1 2③4	1	1 2 3④	4
EOOO	1②3 4	1 2③4	1	1 2 3④	4
FOOO	1 2③4	1 2 3④	1	1 2③4	3

그림 7-4 중요도를 반영한 우선순위 산출표

(2) 4간표 작성법

교육적 요구사정을 통해 발견한 차이를 어떻게 우선순위를 정할 것인가? 가장 쉽게 활용할 수 있는 방법은 4간표(matrix)의 작성방법이다.

목적의 현재 접근 정도나 소망 정도를 배열 및 교차시켜 네 칸의 목적 영역을 확인하는 것이다. 가로축은 소망상태 정도를 높고 낮음으로 구분하고, 세로축은 현재상태 정도를 높고 낮음으로 구분하여 분류하는 것이다. Ⅱ, Ⅳ칸 목적들은 Ⅰ, Ⅲ칸 목적들보다 바람직하거나 중요하게 생각되는 것들이다. Ⅰ, Ⅱ칸 목적들은 Ⅲ, Ⅳ칸 목적들보다 현재 교육실제에서 훨씬 더 잘 성취되고 있는 목적들이다. 이를 종합하면 네 가지 중에서 가장 시급하고 우선적으로 고려되어야 할 교육적 요구는 Ⅳ칸의 목적들이다. 즉 소망정도는 대단히 높지만, 현재 잘 이루어지지 않는 목적들이기 때문이다.

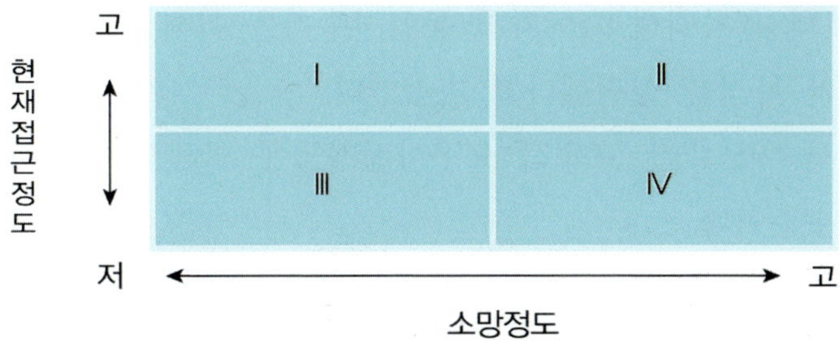

그림 7-5 현재접근정도(성취정도)–소망정도 4간표

다른 4간표로는 가로축에 목적의 '긴급성(urgency)'과 세로축에 목적의 '중요성(importance)'를 교차시켜 우선순위 결정하는 방법도 있다. 1번 칸이 긴급성과 중요성이 모두 높으며, 이는 우선순위가 가장 높다고 할 수 있다. 반대로 4번 칸이 긴급성과 중요성이 모두 낮으며, 이는 우선순위가 가장 낮다고 할 수 있다.

비교기준		긴급성: 낮음	긴급성: 높음
중요성	높음	3	1 (우선순위 가장 높음)
	낮음	4 (우선순위 가장 낮음)	2

그림 7-6 '긴급성(urgency)'과 '중요성(importance)'의 4간표

(3) 우선순위지수 산출법

교육적 요구들에 대한 우선순위지수 산출법이다. 이것은 현재 수행수준과 미래 소망수준을 종합적으로 지수화하여 중요성, 긴급성, 타당성 등을 고려하여 최종 우선순위를 결정하는 방법이다. 구체적인 절차는 다음과 같다.

① "만 5세 유치원생 95%가 교통안전수칙을 이해할 수 있다"라는 안전관리 목적을 설정했다고 가정한다.

② 여기서 "95%"란 교육적 요구사정자들에 의해서 추정된 바람직한 소망수준이다.

③ 그러나 실제 성취수준을 조사해 보니까 80%의 학생들만 교통안전수칙을 이해하고 있다.

④ 그러면 목적성취에서 증대되어야 하는 폭은 15%가 된다.

⑤ 한편, ①의 목적에 대한 중요도를 5단계 척도를 활용하여 조사해 보았더니 중요도 점수는 4.7점이다.

⑥ 이때 목적의 우선순위 지수는 15%(95%~80%) * 4.7점 하여서 0.705가 된다.

⑦ 0.705라는 우선순위 지수는 모든 다른 목적들의 우선순위 지수와 비교해 보니 두 번째로 높았다. 그러면 ①의 목적에 따른 교육적 요구의 우선순위는 2위가 되는 것이다.

⑧ 각 교육적 요구들을 위의 절차대로 반복하여 최종적인 우선순위를 도출한다.

표 7-2 우선순위 지수산출표

목적	추정 소망수준	현재 수행수준	증대 가능범위	중요도 평정점	우선순위 지수	등위
목적 1	95%	80%	15%	4.7	0.705	2
목적 2	90%	60%	30%	4.8	1.440	1

교육적 요구에 대한 우선순위를 결정하는 방법은 위에서 기술된 것 외에도 기타 방법으로 교육적 요구나 교육목적의 '영향도'의 수준과 '긴급도'의 수준을 상호 관련지어 우선순위를 도출할 수도 있다.

영향도

영향도			
3 (낮음)	우선순위3	우선순위4	우선순위5
2 (중간)	우선순위2	우선순위3	우선순위4
1 (높음)	우선순위1	우선순위2	우선순위3
	1 (높음)	2 (중간)	3 (낮음)

긴급도

그림 7-7 '영향도'와 '긴급도'의 상호관련성에 의한 우선순위 산출

요점 정리(summary)

- 교육과정 개발에 있어 요구사정(Need Assessment)은 상황분석(situational analysis)이라는 용어로 쓰이기도 한다. 요구사정은 현재 상태의 수준과 바라고 원하는 이상적인 소망 상태의 수준 사이의 차이(discrepancy)를 조사하고, 비교하여 우선순위를 결정하는 행위를 의미한다.
- 요구사정의 필요성은 다음과 같이 네 가지로 제시해 볼 수 있다. 첫째, 학생들의 요구에 부합하는 교육과정을 개발하는 데 도움을 준다. 둘째, 학생들의 제반 특성의 변화 등에 따라 탄력적으로 대처할 수 있도록 해준다. 셋째, 새로운 교육과정 개발의 필요성을 인식시킴으로써 사회 구성원의 지원을 얻어낼 수 있다. 넷째, 사회로부터 필요성과 정당성을 인정받아 지속적인 지원을 받을 수 있다.
- 일반적으로 요구사정의 과정에는 네 가지 단계가 있다. 첫째, 요구사정을 위한 사전 준비 단계, 둘째, 요구사정의 목적의 설정 단계, 셋째, 현재실태에 관한 자료수집 단계, 넷째, 교육적 요구의 우선순위를 결정하는 단계로 이루어진다.
- 현재 실태에 관한 자료수집을 효율적으로 진행하기 위해서는 다음과 같이 ① 자료수집 계획 설계, ② 자료원 구명, ③ 자료원의 표집집단 구성, ④ 조사도구 선택, ⑤ 자료 수집 및 분석의 다섯 가지 절차를 수행해야 한다.

주요 용어(key word)

- 요구
- 규범적 요구
- 인지된 요구
- 표현된 요구
- 상대적 요구
- 소망수준
- 현재수준
- 요구사정
- 요구사정의 중점 표적대상
- 요구사정 과정
- 1차 자료원
- 2차 자료원
- 교육목표 진술문에 의한 요구사정
- 현재접근정도(성취정도)-소망정도 4간표
- 긴급성'과 '중요성'의 4간표
- 우선순위 지수산출표

형성평가 및 연구과제 formation evaluation & research subject

1. 다음 중 요구의 성격에 따라 구분한 것 중 적합하지 않은 것은?

가. 규범적 요구　　나. 인지된 요구　　다. 표현된 요구
라. 상대적 요구　　마. 변화된 요구

2. 다음은 요구사정의 필요성과 거리가 먼 것은?

가. 학생들의 요구에 부합하는 교육과정을 개발하는 데 도움을 준다.
나. 학생들의 제반 특성의 변화 등에 따라 탄력적으로 대처할 수 있도록 해 준다.
다. 새로운 교육과정 개발의 필요성을 인식시킴으로써 사회 구성원의 지원을 얻어낼 수 있다.
라. 사회로부터 필요성과 정당성을 인정받아 지속적인 지원을 받을 수 있다.
마. 국가 및 지역사회에 대한 요구사정은 꼭 필요한 것은 아니다.

3. 다음의 요구사정에 대한 설명 중 가장 옳지 않은 것은?

가. 교육과정 편성, 시행, 및 평가에 대한 방향을 제시한다.
나. 현재 상태의 수준과 바라는 수준의 이상적인 소망 상태의 수준 사이의 차이를 조사하는 행위이다.
다. 1차 자료는 기존 자료가 없을 경우, 조사자가 조사 목적을 위해 최초로 자료를 수집하는 것을 의미한다.
라. 요구사정 절차는 ① 사전준비 → ② 현재실태 자료수집 → ③ 요구사정 목적 설정 → ④ 교육적 요구의 우선순위 결정 단계로 이루어진다.

Chapter 08

교육목표의 설정과 진술

1. 교육목표의 개념체계
2. 교육목표의 요건 및 기능
3. 교육목표의 진술

학습개요

이 장에서는 교육목표의 설정과 진술에 대하여 세 가지 관점에서 살펴보고자 한다. 첫째, 교육목표의 개념체계이다. 교육목표란 일련의 교육이나 수업을 통하여 학생들에게 나타나게 될 행동특성의 변화를 이끌어낸다. 이러한 교육목표와 유사한 용어로는 '교육이념, 교육목적, 교육결과, 교과목표, 단원목표, 수업목표 등' 여러 가지로 쓰이고 있는데, 이들 개념의 차이점에 대하여도 살펴보고자 한다. 또 교육의 목적, 교육의 일반적 목표, 교육의 구체적 목표의 위계관계도 살펴볼 것이다. 둘째, 교육목표의 요건과 기능이다. 교육목표의 요건에는 포괄성, 적절성, 타당성, 실현 가능성, 구체성, 일관성 등이 있으며, 교육목표의 기능에는 교육 활동 방향 제시 기능, 교육내용 선정 및 조직, 교수-학습지도 및 생활지도 기준 제시 기능, 평가기준 제시 기능, 교육 활동 조정 기능이 있다. 이들에 대한 개념을 정확히 살펴보고자 한다. 셋째, 교육목표의 진술방법이다. 수업목표의 진술방법에는 타일러의 수업목표 진술방법, 메이거의 수업목표 진술방법, 가네와 브릭스의 수업목표 진술방법, 그론룬드의 수업목표 진술방법이 있으며, 이들 진술방법을 구체적으로 살펴볼 것이다. 이 장을 마치고 나면 여러분은 교육목표의 설정과 진술에 대하여 이해하고, 현장에서 적용할 수 있을 것이다.

학습목표

학습목표 1. 교육목표의 개념체계에 대하여 설명할 수 있다.

학습목표 2. 교육목표의 요건 및 기능을 설명할 수 있다.

학습목표 3. 교육목표의 다양한 진술 방식을 적용할 수 있다.

1 교육목표의 개념체계

1) 교육목표의 일반적 개념체계

교육과정이란 교육목적부터 평가계획까지 이르는 일련의 과정으로 전체적 과정에 관한 활동계획으로, 교육과정 설계는 교육목적(교육목표) 설정 → 교육내용(학습내용, 학습경험) 선정 및 조직 → 교수-학습(지도계획 및 수업설계) → 평가 순으로 이루어진다. 교육과정 설계에 있어 교육목적(Goal)과 목표(Objective)는 출발점으로 매우 중요하다. 보통 목적은 교육의 방향 또는 중점을 지극히 일반적, 추상적 그리고 포괄적으로 진술하는 것이다. 목표는 실제로 무엇을 다루어야 하고, 어떠한 것에 우선순위를 두어야 하고, 어떠한 내용을 선정하고 어떠한 학습경험을 강조해야 하는지 등 구체적, 명시적, 행동적으로 기술하는 것이다. 즉 목표는 성취해야 할 목적을 구체적 수준에서 측정 가능하고 관찰 가능하게 진술하는 것을 말한다.

일반적으로 교육목표란 일련의 교육이나 수업을 통하여 학생들에게 나타나게 될 행동 특성의 변화를 일컫는 말이다. '교육목표'라는 용어는 여러 유사 용어들과 함께 사용되는데, '교육이념', '교육목적', '교육결과', '교과목표', '단원목표', '수업목표' 등 여러 가지로 쓰이고 있다. 하지만 이들 용어의 의미는 조금씩 다르다.

지금까지 학자들의 의견을 종합해 볼 때, '교육이념'이 가장 상위의 개념이고 다음으로 교육목적, 교육목표의 순으로 사용하는 게 일반적이다. 같은 목표라는 용어라도 교과목표, 단원목표, 수업목표, 수행목표 순으로 사용된다. 하지만 이 같은 용어들의 사용은 어디까지나 상대적인 개념이지 언제 어디서나 동일하게 사용되는 것은 아니다. 교육의 목적, 교육의 일반적 목표, 교육의 구체적 목표의 위계를 제시하면 그림 8-1과 같다(김대현·김석우, 2001).

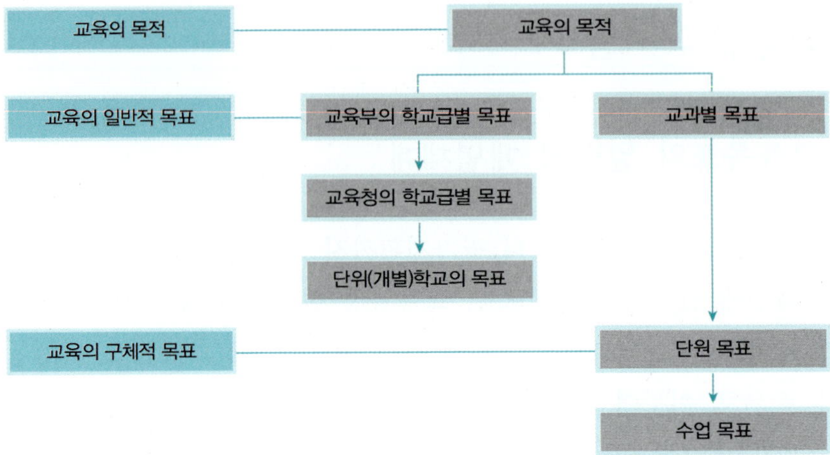

그림 8-1 교육의 목적, 일반적 목표, 구체적 목표의 위계

이와 같이 교육목표의 위계적인 관계를 고려한다면, 교육의 목적은 교육의 일반적 목적을 설정하는 데 그 근거와 기준이 되며, 교육의 일반적 목표는 교육의 구체적인 목표를 설정하는 데 근거와 기준이 된다. 이때 위계상의 상위 목적이 하위목표의 근거와 기준이 된다는 것은 이들 간에는 논리적 일관성이 있어야 하고, 경험적인 관련성이 높아야 함을 의미한다. 교육목적, 교육목표, 세부목표의 위계적 관계를 예시를 들어 제시하면 그림 8-2와 같다.

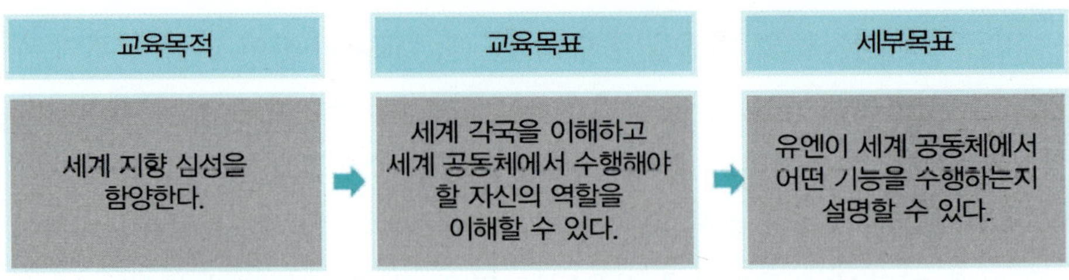

그림 8-2 교육목적, 교육목표, 세부목표의 위계적 관계(예시)

2) 학교수준의 교육목표

학교수준의 교육목표는 주로 학년수준 교육목표, 교과수준 교육목표, 단원수준 교육목표, 시간수준 교육목표로 구분할 수 있다(오만록, 2012).

(1) 학년수준 교육목표

학년수준 교육목표는 학교수준 목표를 토대로 설정되는데, 이는 각 학년별로 학생들의 발달수준과 특성 등을 고려하여 규정되는 목적의식을 말한다. 하지만 학교 현장에서는 이러한 학년별 교육목표를 공식적으로 따로 규정하지 않는 것이 관례이다. 학년수준별 교육목표는 다른 수준의 교육목표들과는 달리, 별도로 명백하게 설정되기보다는 그 하위목표인 교과수준 교육목표 속에 내재해 있다고 보아야 한다.

(2) 교과수준 교육목표

교과수준 교육목표는 각 교과의 특성에 따라 규정되는 목적의식을 지칭하는데, 이는 학교수준의 교육목표 및 학년수준의 교육목표를 토대로 설정되어야 함은 물론이고, 특히 교육부에서 고시한 교육과정에 명시된 교과별 목표가 그 기반이 되어야 한다.

(3) 단원수준 교육목표

단원수준 교육목표는 해당 교과 수준의 목표를 배경으로 하여 단원 내용 및 학습자의 심리적 요구와 필요를 기반으로 설정되는 목적의식을 말한다. 만약 대단원 속에 여러 개의 소단원들이 속해 있다면 대단원의 교육목표는 보다 광범위하게 설정되고, 각 소단원의 교육목표는 대단원의 교육목표 속에서 도출되게 된다.

(4) 시간수준 교육목표

시간수준 교육목표는 특정의 수업 시간을 단위로 설정되는 가장 구체적인 목적의식인바, 단위 시간별 수업목표(학습목표)가 이에 해당한다.

이상의 교육목적(교육목표)들 중에서 학교·학년·교과 단원수준의 교육목표·시간수준의 교육목표를 '교육과정 목표'라고 하는데, 위계상으로 볼 때 위로는 국가수준과 지방수준의 교육목적이 있고, 아래로는 시간수준의 교육목표가 위치하고 있다. 그러므로 교육과정 목표는 그 위에 위치하고 있는 목적의 성질과 아래에 위치하고 있는 목표의 성질이 혼합되어 있다고 볼 수 있다.

2 교육목표의 요건 및 기능

1) 교육목표의 요건

(1) 포괄성

목표는 모든 학습결과를 포함할 수 있을 만큼 충분히 넓어야 한다. 또한 목표가 효과적이기 위해서는 목적과 목표에서 설정한 모든 것을 포괄해야 한다.

(2) 적절성

특정 학년 혹은 학급 수준에 있는 학생에게 목표가 적절해야 한다.

(3) 타당성

교육목표가 타당성을 지니기 위해서는 그 목표가 나타내고자 하는 바를 정확히 반영해야 한다. 즉, 목표는 진술하고자 하는 바를 진술해야 한다.

(4) 실현 가능성

학생의 능력 수준과 자원의 이용 가능성에 비추어 학생에 의해 도달될 수 있어야 한다. 이를 위해 목표를 설정할 때 학생의 능력과 경험 수준, 자료와 시간의 활용 가능성 등을 고려해야 한다.

(5) 구체성

목표가 교사 혹은 학생에 의해 잘못 이해되지 않도록 분명하고 정확히 진술되어야 한다.

(6) 일관성

진술된 목표가 학습경험과 일치되어야 한다. 예를 들어, 학생들의 자아개념을 고양시키고자 하는 의도로 설정한 목표가 지원적이고, 도움이 되는 환경을 강조하는 데 반하여, 또 다른 목표는 엄격한 선다형 검사로 학습경험을 평가할 것을 요구한다면 일관성이 결여된 목표가 된다.

2) 교육목표의 기능

교육목표는 교육 활동을 실천하는 데 있어 나침반의 역할을 하기 때문에 교육의 모든 활동·조직·운영은 이를 성공적으로 달성하는 방향으로 실행되어야 한다. 교육목표가 지니는 기능을 구체적으로 살펴보면 다음과 같다(오만록, 2012: 291).

(1) 교육 활동 방향 제시의 기능이다.

교육목표는 교육 활동이 어떠한 방향으로 나가야 할 것인가를 제시해 주는 역할을 한다. 즉, 교육 활동은 교육목표를 달성하기 위한 과정이므로 교사는 이러한 목표가 제시하는 방향에서 후속적인 교육 활동을 전개해야 한다.

(2) 교육내용 선정 및 조직, 교수-학습지도 및 생활지도 기준 제시의 기능이다.

교육내용을 선정하고 조직하는 데 있어서 그 기준은 어디까지나 교육목표가 된다. 그러므로 교육목표에 어긋난 교육내용을 선정하고 조직할 수는 없다. 또한 교육목표는 적절한 교수-학습지도와 생활지도의 기준을 제공하는 기능을 한다.

(3) 교육평가 기준(준거) 제시의 기능이다.

수업 절차가 끝난 뒤에는 평가를 실시하게 되는데, 이것은 학생들의 종착점 행동(도착점 행동)을 확인하는 것으로 이때의 평가 기준은 이미 설정된 교육목적이 된다. 특히 절대평가 체제에서는 교육목표가 바로 평가의 준거가 된다.

(4) 교육 활동 조정(조절·통제)의 기능이다.

교육의 전 과정을 통하여 교육목표가 그 방향을 제시하므로 여기에 어긋난 교육 활동은 규제됨으로써 전반적인 교육 활동이 효율적으로 실천되도록 유도한다.

3 교육목표의 진술

1) 수업목표 진술의 명세화

(1) 수업목표 명세화의 필요성

수업목표 명세화의 필요성은 다음과 같은 몇 가지 측면에서 고려해 볼 수 있다(홍후조, 2016).

① 수업목표 명세화는 교육과정이 표적하고 있는 바가 무엇인가를 명확하게 해줄 뿐만 아니라 그 기준을 제시한다.

② 수업목표 명세화는 교육을 통해서 변화시켜야 할 인간 행동특성이 어떤 것이어야 하는가에 대한 질적 양태와 수준을 확인시켜 준다.

③ 수업목표 명세화는 각각의 행동특성에 따른 교육내용을 어떻게 가르칠 것이며, 그 행동을 어떻게 변화시킬 것인가 하는 교수-학습 과정상의 여러 가지 방법을 제시해 준다.

④ 수업목표 명세화는 교육성과를 평가하는 데 있어서 분명한 기준을 제시해 준다.

(2) 수업목표 진술의 조건

수업목표의 진술에 있어서는 가능한 한 다음과 같은 조건이 필히 고려되어야 한다(홍성훈·김유미, 1999: 99).

① 학생의 행동 중심으로 진술해야 한다.

② 목표의 진술은 수업 시간이나 학습단원이 끝났을 때 나타날 수 있는 학생의 변화된 행동과 관련지어 진술해야 한다.

③ 학습내용과 기대되는 학생의 행동을 동시에 진술해야 한다.

④ 기대하는 학생의 행동은 누구나 같은 뜻으로 해석할 수 있도록 관찰 가능한 행위동사로 표현해야 한다.

⑤ 종착점 행동의 성취기준을 구체적으로 제시해야 한다.

(3) 수업목표 진술 간의 유의사항

수업목표 진술 시 사용한 행위동사가 여러 가지로 해석될 수 있고, 추상적인 행위동사는 피하는 게 좋다. 표 8-1의 경우 ①의 행위동사는 모두 직접 관찰하기가 힘든 개념들이며 어떠한 행동의 증거를 그런 행동으로 보아야 할지 불분명하므로, 그 행위동사에 관한 다의적 해석이 가능하며 모호하고 추상적인 의미로 해석될 가능성이 크다. 이 같은 수업목표를 메이거(Mager)는 '암시적 수업목표'라고 불렀다. 이와는 반대로 ②의 행위동사는 누구에게나 똑같이 해석될 수 있는 관찰 가능한 동사들이다. 이와 같이 수업목표를 관찰가능하게 명백히 조직화하여 정의된 수업목표를 '명시적 수업목표'라고 하였다. 이와 같이 구체화된 수업목표는 수업과정이나 평가과정을 결정하는 방향을 규제하고 도움을 준다.

표 8-1 암시적 수업목표와 명시적 수업목표

① 암시적 수업목표 (여러 가지로 해석할 수 있는 행위동사들)	② 명시적 수업목표 (해석의 범위가 좁은 행위동사들)
• 안다 • 이해한다 • 인식한다 • 인정한다 • 파악한다 • 즐긴다 • 믿는다 • 신뢰힌다 • 같다	• 작성한다 • 설명한다 • 구분한다 • 해결한다 • 비교한다 • 대조한다 • 열거한다 • 조직힌다 • 그린다 • 읽는다

2) 목표설정의 접근 유형

(1) 인지적 영역의 교육목표 분류체계

1956년에 시카고대학교의 교육심리학자인 블룸(Bloom)은 교육목표(Educational Objectives) 분류체계를 개발하여, 학습과정을 체계화하고 이해하는 데 주요한 도구가 되었다. 블룸은 사고력(Thinking Skills)과 사물을 분류하고 체계화하는 인지적 영역에 초점을 맞춰 블룸의 텍사노미(Bloom's Taxonomy)를 개발하였다. 블룸은 각 사고력에 대한 범주를 명사로 설명하며, 저차원(Lower Order Thinking Skills)에서 고차원(Higher Order Thinking Skills)으로 진행하는 위계적 순서로 배열하였다.

2000년대, 블룸의 제자인 로린 앤더슨(Lorin Anderson)이 데이비드 크래스월(David Krathwohl)과 함께 블룸의 텍사노미(Bloom's Taxonomy)를 개정한 텍사노미(Bloom's Revised Taxonomy)를 발표하였다. 여기에서 중요하게 짚어야 할 점은 사고력의 범주를 명사형 대신에 동사형으로 명명하였고 일부 영역은 다른 용어로 표현하고 있으며, 분류체계 내에서 창조하기를 평가하기보다 높은 인지적 영역으로 간주하고, 순서를 재배열하였다. 다음과 같이 6단계로 분류할 수 있다.

1 기억하기(Remembering)

'기억하기'는 이전에 학습한 자료들을 재생해 내는 능력이다. 이것은 구체적인 사실에서부터 완전한 이론에 이르는 폭넓은 정보나 자료의 단순 재생 의미를 포함하며, 요구되는 모든 자료들이 적절한 정보로 회상되는 것을 말한다. 기억은 인지적 영역에서 학습 결과의 가장 하위수준을 나타낸다.

2 이해하기(Understanding)

'이해하기'는 자료의 의미를 파악하는 능력이다. 이것은 자료를 한 형태에서 다른 형태로 바꾸는 번역, 자료를 설명하거나 요약하는 해석 그리고 미래의 경향을 추정(결과나 영향을 예측)하는 추론으로 설명된다. 이러한 학습 결과는 자료를 단순히 기억하는 수준을 넘어선 단계이고, 앎의 최하위 수준으로 나타낸다.

3 응용하기(Applying)

'응용하기'는 학습한 자료를 새롭고 구체적인 장면에서 사용할 수 있는 능력이다. 이것은 규칙이나 방법, 개념, 원리, 법칙, 이론 등 같은 것들을 응용하는 것을 포함한다. 이 부문에서의 학습 결과는 이해보다 더 높은 수준의 것을 요구한다.

4 분석하기(Analysing)

'분석하기'는 조직의 구조를 이해할 수 있도록 어떤 자료를 구성요소로 분할하는 능력이다. 이것은 부분의 확인, 부분 간의 관계 확인, 관련되는 조직원리의 인식을 포함한다. 학습 결과는 자료의 내용과 구조적 형태 모두를 알아야 하기 때문에 이해와 적용보다 더 높은 지적 수준을 나타낸다.

5 평가하기(Evaluating)

'평가하기'는 주어진 목적에 대한 자료(진술, 소설, 시, 연구보고서 등)의 가치를 판단하는 능력과 관계되는 것이다. 판단은 정해진 기준을 기초로 한다. 정해진 기준은 내적 기준(또는 조직)과 외적 기준(또는 목적)이 있을 수 있다. 따라서 학생들은 정해진 기준이나 주어진 자료를 판단하는 것이라고 할 수 있다. 이 부문에서의 학습 결과는 다른 부문의 모든 요소들을 포함하고, 확실하게 정해진 기준을 근거로 하기 때문에 지적영역 수준에서 최고 수준이다.

6 창조하기(Creating)

'창조하기'는 부분들을 한데 모아 새로운 형태의 전체를 만드는 능력이다. 이것은 독특한 의사전달 수단(글이나 말)이나, 운용계획(연구의 절차), 추상적인 관계의 도출(정보를 규명하기 위한 도식)을 포함한다. 이 부문에서의 학습 결과는 새로운 형태나 구조를 형성하는 데 있어서 창의적인 활동이나 행동을 강조한다.

표 8-2 블룸의 개정된 텍사노미(Bloom's Revised Taxonomy)

학습 행동	일반적인 수업목표	구체적인 행위동사
기억하기 (Remembering)	• 일반적인 용어를 안다. • 특수한 사실을 안다. • 방법과 절차를 안다. • 기본적인 개념을 안다. • 원리를 안다.	인지하기, 열거하기, 묘사하기, 알아보기, 검색하기, 이름 붙이기, 배치하기, 찾기
이해하기 (Understanding)	• 사실과 원리를 설명한다. • 언어적 자료와 도표, 그래프를 해석한다. • 자료 속에 내포된 개념을 추정한다. • 언어로 된 자료를 수학적 공식으로 바꾼다. • 방법과 절차를 증명한다.	해석하기, 요약하기, 추론하기, 주석하기, 분류하기, 비교하기, 설명하기, 예시하기
응용하기 (Applying)	• 원리를 새로운 장면에 적용한다. • 이론을 구체적 상황에 적용한다. • 수학적 문제들을 해결한다. • 도표나 그래프를 구성한다. • 절차의 바른 사용을 설명한다.	시행하기, 수행하기, 사용하기, 실행하기
분석하기 (Analysing)	• 사실과 추론을 구별한다. • 증명 속에서 논리적 오류를 인식한다. • 자료의 관련성을 평가한다. • 진술되지 않은 가정을 인식한다. • 작품의 유기적인 구조를 분석한다.	비교하기, 구조화하기(Organising), 해체하기(Deconstructing), 속성 파악하기(Attributing), 개요화하기(Outlining), 찾기(Finding), 체계화하기(Structuring), 통합하기(Integrating)

학습 행동	일반적인 수업목표	구체적인 행위동사
평가하기 (Evaluating)	• 자료에 의해서 지지되는 결론에 대한 정당성을 판단한다. • 쓰인 자료의 일관성을 판단한다. • 내적 기준으로 작품의 가치를 판단한다. • 외적 기준으로 작품의 가치를 판단한다.	확인하기(Checking), 가설화하기(Hypothesising), 비평하기(Critiquing), 실험하기(Experimenting), 판단하기(Judging), 시험하기(Testing), 탐색하기(Detecting), 관찰하기(Monitoring)
창조하기 (Creating)	• 시나 수필을 창작한다. • 실험계획을 세운다. • 멋진 제목을 붙이거나 말한다. • 문제해결을 위해 다른 영역에서 학습한 자료를 모은다. • 대상을 분류하기 위해 새로운 구상을 형성한다.	설계하기(Designing), 구성하기(Constructing), 계획하기(Planning), 제작하기(Producing), 발명하기(Inventing), 창안하기(Devising), 만들기(Making)

(2) 정의적 영역의 교육목표 분류체계

크래스월, 블룸, 마시아(Krathwohl, Bloom, Masia, 1964)의 정의적 영역(Affective Domain)은 학습자의 태도, 감정, 가치관, 도덕성 및 감정적인 반응을 다루는 교육목표 영역의 한 분류이다. 이 영역은 학습자들이 학습 내용에 대한 태도 변화나 가치 형성을 경험하도록 돕는 데 중점을 둔다. 정의적 영역은 다섯 가지 수준으로 나뉘며, 지적 영역의 경우처럼 위계적으로 분류되어 있다. 위계적인 분류의 준거는 내면화의 수준이 사용되고 있으며, 점진적으로 복잡한 태도 변화와 가치 수용 과정을 설명한다. 예컨대 조직화는 자극에 대한 감수화 그것에 대한 반응, 그리고 그것을 가치화시키는 행동에 기초하여 이루어질 수 있다. 이 정의적 영역은 단순한 태도 변화부터 시작하여, 점점 깊고 일관된 행동과 가치 형성으로 이어진다. 이 분류는 학습자를 교육할 때 정서적이고 가치 중심적인 측면을 강조하는 데 유용하며, 다음과 같이 5단계로 분류할 수 있다.

1 감수(Receiving)

감수는 특수현상이나 자극(교실의 활동, 교과, 음악 등)에 주의를 기울이는 학생의 의지를 의미한다. 교수자의 입장에서는 학생의 주의집중을 시도하고, 유지하며, 지향 방향을 지시하는 것과 관계된다. 이러한 학습 결과는 학습자 쪽에서 볼 때 어떤 것을 단순히 인식하는 것으로부터 학습자의 선택적 집중에 이르기까지이다. 감수는 정의적 영역에서 학습 결과의 가장 하위수준을 말한다.

2 반응(Responding)

반응은 학생의 입장에서 능동적인 참여를 의미한다. 이 수준의 학생은 특정 현상에 대해 주의를 기울이는 것뿐만 아니라 다양한 방식으로 대응하는 것이다. 이러한 학습 결과는 묵종반응(제시된 자료를 읽는 것), 자발적 반응의 만족(기쁘게, 즐겁게 읽는 것)을 강조한다. 이 범주의 상위수준은 흥미나 관심에 근거하여 분류된 수업목표들을 포함하며 특정 활동 탐색 강조와 즐김의 정도를 포함한다.

3 가치화(Valuing)

가치화는 학생이 특정 대상이나 현상, 행동에 부여하는 비중이나 가치와 관련 있다. 이러한 가치의 부여는 가치의 단순한 수용(집단기능을 개선하려는 욕구)에서 보다 복잡한 위임의 수준(집단의 효과적인 기능을 위한 책임을 맡기는 것)의 정도까지이다. 가치화는 구체화된 일련의 가치 내면화를 근거로 한다. 하지만 이러한 가치 단서들은 학생의 외현적 행동으로 표현한다. 이러한 학습 결과는 분명하게 확인할 수 있게 해주는 충분한 일관성과 안정성이 있는 행동과 관련되어 있다. 태도와 감상이라는 명칭으로 분류되는 수업목표들이 이 범주에 들어갈 수 있다.

4 조직화(Organizing)

조직화는 다른 가치들을 한데 모으고 그것들 간의 갈등을 해결하는 것 그리고 내부적으로 일관성 있는 가치체계를 구성하기 시작하는 것과 관련이 있다. 그것들은 비교와 관련짓기, 가치 종합하기가 관련된다. 학습의 결과는 가치의 개념화(인간관계의 개선을 위해 각자의 책임을 인식하는 것)와 가치체제의 조직화(경제적 안정과 사회봉사의 욕구를 충족시키는 직업적인 계획을 개발하는 것)와 관련이 있다. 인생 철학의 개발과 관련이 있는 수업목표들이 이 범주에 들어갈 수 있다.

5 인격화(characterization by a value)

정의적 영역의 이 단계는 각 개인이 자신의 행동을 오랫동안 통제하여 온 가치체계를 가지고 있기 때문에 이러한 행동은 충분하고, 일관성 있고, 예측할 수 있는 행동이다. 이 수준의 학습 결과는 광범위한 활동 범위를 포함하지만 중요한 점은 학생의 행동이 전형적이거나 개성적이라는 사실이다. 수업목표는 학생의 일반적 적응(개인적, 사회적, 감정적)의 형태들과 관련짓는 것이 이 수준에 적당하다고 할 수 있다.

표 8-3 정의적 영역의 수업목표

학습 행동	일반적인 수업목표	구체적인 행위동사
감수	• 학습의 중요성에 대하여 인식시킨다. • 주의 깊게 듣게 한다. • 사회적 문제들에 대한 민감성을 갖게 한다. • 종족과 문화의 차이를 느끼게 한다. • 수업활동에 가까워지게 한다.	요구한다 선택한다 제시한다 포착한다 묘사한다 뒤따른다 찾아낸다 지시한다 사용한다 말한다
반응	• 학교 규칙을 준수한다. • 학급토론에 참석한다. • 지정된 숙제를 완수한다. • 특별한 과업에 지원한다.	따라 한다 대답한다 지원한다 논의한다 수행하다 명명하다 연습한다 제공한다 보고한다 참석한다

학습 행동	일반적인 수업목표	구체적인 행위동사
가치화	• 민주적인 과정에 믿음을 갖게 한다. • 좋은 문학, 미술, 음악을 감상하게 한다. • 일상생활에서 과학의 역할을 인정한다. • 문제해결의 태도를 갖게 한다. • 사회개선을 위해 헌신하게 한다.	완수한다 묘사한다 형성한다 가입한다 주장한다 제안한다 독해한다 보고한다 공유한다 결합한다
조직화	• 문제해결의 과정에서 체제 설계의 역할을 인식하게 한다. • 자신의 행동에 책임을 느끼게 한다. • 자신의 한계를 이해 및 수용하게 한다. • 재능과 흥미, 신념의 조화 속에서 인생 설계를 하게 한다.	고수한다 개조한다 정열한다 비교한다 방어한다 규명한다 수정한다 준비한다 조직한다 종합한다 설명한다 관계짓는다
인격화	• 안전의식을 갖게 한다. • 집단활동에 협조하게 한다. • 자신의 근면성과 정직성을 증명하게 한다. • 좋은 건강 습관을 유지하게 한다.	활동한다 구별한다 보여준다 작용한다 경청한다 수정한다 질문한다 교정한다 안내한다 해결한다 활용한다 증명한다

(3) 심리운동적 영역의 교육목표 분류체계

크래스월, 블룸, 마시아(Krathwohl, Bloom, Masia, 1964)의 정의적 영역(Affective Domain)은 심프슨(E. J. Simpson, 1966)의 심리운동적 영역(Psychomotor Domain)은 학습자가 신체적 동작과 조작 기술을 습득하고 이를 활용하는 능력을 개발하는 데 중점을 둔다. 이 체계는 운동 기술과 신체적 활동을 통해 학습자가 점차 복잡한 능력을 발달시키는 과정을 다룬다. 이를 통해 교육자는 학생들이 신체적 능력을 효과적으로 개발할 수 있도록 설계된 학습 활동을 제공할 수 있다. 정리하면 심리운동적 영역은 운동 기술의 학습과 발전을 체계적으로 이해하고 가르치는 데 도움을 주며, 다음과 같이 7단계로 분류할 수 있다.

1 지각(Perception)

첫 단계는 동작을 유발하는 단서를 얻기 위한 감각기관의 사용과 관련이 있다. 이 범주의 범위는 자극 감지(자극을 인식하는 것)에서부터 단서의 선택(과업과 관련된 단서를 선택하기) 그리고 전환(단서지각을 수행 활동에 관련시키는 것)까지를 의미한다.

2 태세(set)

태세는 특정 동작을 취하기 위한 준비이다. 이 범주는 정신적 자세(행동하기 위한 정신적 준비), 육체적 자세(행동하기 위한 육체적 준비), 감정적 자세(행동하고자 하는 의지)를 포함한다. 단서의 지각은 이 단계의 중요한 선행조건을 제공한다.

3 유도된 반응(Guided Response)

유도된 반응은 복잡한 기능을 학습하는 초기 단계와 관계가 있다. 이것은 모방(교사가 보여 주는 행동을 반복하기) 그리고 시행착오(적절한 반응이 무엇인지를 알기 위하여 여러 방법으로 반응을 하는 것)를 포함한다. 수행의 적절성은 교사에 의해 판단되거나 적절한 일련의 기준에 의해 판단된다.

4 기계화된 반응(Mechanism)

기계화는 학습반응이 습관화되고 동작이 안정되면서 민첩하게 수행될 수 있는 행동 수행과 관련이 있다. 이 단계의 학습 결과는 다양한 형태의 운동기능 수행과 관련이 있다.

5 복합 외현 반응(Complex Overt Response)

복합 외현 반응은 복합적인 운동 형태를 포함하는 운동행위의 능숙한 수행기능과 관계된다. 숙달은 빠르고, 매끄럽고, 정확한 수행으로 표시되며 최소의 힘이 요구된다. 이 수준은 불확실한 것에 대한 과단성(주저함 없는 수행)과 능숙한 수행(동작은 쉽게 그리고 멋있는 근육으로 조절되는 것)을 포함한다. 학습 결과는 고도로 조화된 운동 활동을 포함한다.

6 적응(Adaptation)

적응은 개인이 특별한 요구에 맞추거나 문제 상황에 직면할 때 동작을 수정할 수 있도록 잘 개발된 기능과 관련이 있다.

7 창안(Origination)

창안은 특정한 상황이나 특정 문제에 적합한 새로운 동작 형태를 창조하는 것을 말한다. 이 수준에서 학습 결과는 고도로 개발된 기술에 기초한 창의성을 강조한다.

표 8-4 심동적 영역의 수업목표

학습 행동	일반적인 수업목표	구체적인 행위동사
지각	• 기계의 소리로 기능부전을 인식한다. • 음악을 독특한 춤 스텝에 관련 지운다. • 음식의 맛을 조리와 관련 지운다.	설명한다 선택한다 발견한다 구별한다 식별한다 확인한다 분리한다 진술한다
태세	• 가구의 광택을 내는 일련의 순서를 안다. • 형태에 대한 요구를 효과적으로 나타낸다. • 공을 치기 위한 몸의 적당한 위치 또는 마음가짐을 보여 준다.	시작한다 보여준다 설명한다 움직인다 계속하다 반응하다 응대한다 출발한다
유도된 반응	• 골프를 휘두르는 시범을 보인다. • 심폐소생 실습에 대하여 시범을 보여 준다. • 식사를 준비하기 위하여 최적의 절차를 결정한다.	종합한다 구성한다 분해한다 나타낸다 연마한다 매달린다 혼합한다 조직한다 묘사한다 수리한다
기계화된 반응	• 알기 쉽고 매끄럽게 글을 쓴다. • 실험장비를 작동한다. • 빔프로젝터를 조작한다.	유도된 반응 행동과 동일
복합 외현 반응	• 톱을 능숙하게 조작한다. • 수영에서 바른 자세를 보여 준다. • 자동차 운전을 능숙하게 하는 것을 보여 준다. • 바이올린을 능숙하게 연주한다.	유도된 반응 행동과 동일

학습 행동	일반적인 수업목표	구체적인 행위동사
적응	• 테니스를 할 때 상대방의 스타일에 대처한다. • 거친 물결에 맞추어 수영법을 변경한다.	적용한다 바꾼다 재배열한다 재정열한다 수영한다 재조직한다 변경한다
창안	• 춤 동작을 창작한다. • 작곡한다. • 새로운 의상을 설계한다.	정돈한다 조합한다 구성한다 만든다 창작한다 설계한다 창안한다

3) 수업목표의 진술

(1) 타일러의 수업목표 진술방법

타일러(Tyler)는 수업목표의 이원분류의 방식을 제시하였다. 바람직하고 실현 가능한 수업목표가 되기 위하여 ① 학습내용 또는 재료, ② 학습자의 기대되는 행동으로 진술되어야 함을 강조하였다. 일반적으로 교육목적(교육목표, 학습목표)은 <내용> 차원과 <행동> 차원을 함께 포함시켜 진술되어야 하는데, 이를 교육목적의 '이원분류'라고 한다. 내용만으로 교육목표를 진술하면 그러한 내용으로 학생들이 무엇을 해야 하는지를 나타내지 못하며, 행동만으로 교육목표를 진술하면 그러한 행동이 어떤 내용이나 생활면에 통용되는 것인가를 나타내지 못하기 때문에 만족스러운 수업목표 진술이 되기 어렵다고 하였다. 이 두 가지 구성요소(내용+행동)가 포함된 수업목표의 예시를 제시하면 표 8-5와 같다.

표 8-5 타일러의 수업목표 진술방법

① 내용	② 행동
단리법을 이용하여 이자를	계산할 수 있다.
피타고라스의 정리를	증명할 수 있다.
삼각형의 합을	계산할 수 있다.
훈민정음이 만들어진 까닭을	설명할 수 있다.

(2) 메이거의 수업목표 진술방법

메이거(Mager, 1962)는 수업목표의 조작적 접근방식을 제시하였다. 학습자가 성취하게 될 행동이 무엇인가를 분명하게 구명하며, 행동은 가능한 한 세분된 단위로 나누어 구체적인 행동으로 분류해야 한다고 하였다. 종착행동(terminal behavior)은 근본적으로 행위동사(action verb)를 활용하여 진술해야 한다. 즉, 안다(know), 이해한다(understand) 등과 같이 뜻이 모호한 암시적 행위동사보다는 쓴다(write), 구명한다(identify) 등을 사용해야 한다는 것이다. 수업목표 진술은 가르치는 사람이 무엇을 다루느냐보다 학습자가 무엇을 할 수 있느냐는 측면에서 진술되어야 한다.

바람직하고 실현가능한 수업목표가 되기 위하여 ① 도착점 행동이 일어나는 상황 또는 조건을 제시하고, ② 행동의 성공 여부를 판단 가능한 도달기준(준거)을 설정하며, ③ 수업을 통해서 나타날 도착점 행위동사로 진술되어야 함을 강조하였다. 이 세 가지 구성요소(상황 또는 조건+도달준거+도착점 행위동사)가 포함된 수업목표의 예시를 제시하면 표 8-6과 같다.

표 8-6 메이거의 수업목표 진술방법

① 상황 또는 조건 (Condition)	② 도달기준(준거) (Degree)	③ 도착점 행동(행위동사) (Terminal Behavior)
어떠한 상황에서 학생들이 그러한 행동을 나타내 보이게 될 것인가?	그러한 행동을 학습 성공으로 받아들일 수 있는 기준은 무엇인가?	학생들이 학습하였음을 나타내 보이기 위해서 무엇을 할 것인가?
색종이 10장이 주어졌을 때	최소한 5개 이상의 종이비행기를	접을 수 있다.
10개의 2차 방정식 문제가 주었을 때	30분 내에 7문제 이상을	정확하게 풀 수 있다.

(3) 가네와 브릭스의 수업목표 진술방법

가네와 브릭스(Gagné & Briggs)는 바람직하고 실현 가능한 수업목표가 되기 위하여 ① 필요한 조건과 상황이 제시되고, ② 도구나 제약을 포함하며, ③ 행위동사를 이용하여, ④ 무엇을 해내야 하는지 그 대상을 밝히고, ⑤ 학생에게 요구되는 학습능력이 무엇인가를 정확히 밝히는 방법으로 진술되어야 함을 강조하였다. 이 다섯 가지 구성요소(상황+도구·제약+행위+대상+학습능력)가 포함된 수업목표의 예시를 제시하면 표 8-7과 같다.

표 8-7 가네와 브릭스의 수업목표 진술방법

① 상황	② 도구·제약	③ 행위	④ 대상	⑤ 학습능력
배터리, 소켓, 전구, 전선 등을 제시했을 때	배터리와 소켓에 전선을 연결하여	전구에 불이 들어오는가를 확인해 봄으로써	전기회로를	만들 수 있다.
주사기와 바늘을 그린 그림이 주어지면 학습자는	5분 이내에	그림에 명칭을 붙임으로써	피스톤의 원통 손잡이 중심 각 부분 등 주사기의 구성요소를	확인할 수 있다.

(4) 그론룬드의 수업목표 진술방법

그론룬드(Gronlund)는 수업목표를 일반적 수업목표와 명세적 수업목표로 구분한다. 먼저 ① 일반적 수업목표를 진술한 다음 그것을 기초로, ② 명세적 수업목표를 진술해야 함을 강조하였다. 수업목표 진술을 간단하게 진술하기 위하여 주어를 생략하고, '할 수 있다'는 동사를 '하기'와 같이 명사형으로 줄여서 표현할 것을 권장하였다. 이 두 가지 구성요소(일반 목표+명세적 목표)가 포함된 수업목표의 예시를 제시하면 표 8-8과 같다.

표 8-8 그론룬드의 수업목표 진술방법

① 일반 목표	② 명세적 목표
단원에 속해 있는 용어들의 의미를 안다.	1.1 용어의 정의를 쓴다. 1.2 용어의 동의어를 찾아낸다. 1.3 용어의 반의어를 찾아낸다. 1.4 개념의 묘사에 용어를 맞춘다.

4) 행동적 수업목표 진술의 문제점

행동적 목표 진술에 대한 사고는 이미 1920년대 보비트(J. F. Bobbitt)부터 있어 왔으며, 20세기 중반까지는 손다이크(E. L. Thorndike), 왓슨(J. B. Watson), 스키너(B. F. Skinner) 등의 이론적 바탕 위에 싹터왔으며, 타일러(R. W. Tyler, 1950)에 이르러 발아하였다. 행동적 목표 진술의 발전은 특히, 산업체와 군대의 영향을 크게 받았다. 수업목표 진술에 있어 교사가 무엇을 하는가에 대한 진술과 구체적 행동이 결여된 제목이나 주요 개념을 열거하는 일반화된 진술을 비판하였고, 행동적 목표 진술은 보다 분명하고(clear) 정밀하고(precise) 나아가 구체적인(specific) 성향을 강화시키는 것에 초점을 두었다.

행동적 목표는 구체적인 행위동사들을 통하여 교수자와 학습자 간의 유의미한 교수-학습의 효과와 분명한 의사소통이 이루어진다. 또한 학습자 스스로 무엇을 해야 하는가를 일깨워 줌으로써 교수-학습의 효능성을 높일 수 있다. 메이스(Mace, 1935)의 연구에 따르면 한 집단에는 매일 성취수준을 분명히 정하여 학습시키고, 나머지 한 집단은 그냥 최선만 다하라고 했을 경우, 전자의 집단 학습자들이 더 우수한 성적을 발휘하였다.

행동적 수업목표 진술방법은 학습의 성과를 높이는 데 기여하는 점은 부인할 수 없지만, 몇 가지 관점에서 우려하는 목소리도 있다(홍후조, 2016).

① 가르친다고 하는 역동적이고 복잡한 과정은 수많은 성과를 낳을 수 있기 때문에 가르치는 일이 시작되기 전에 목표를 행동적인 용어로 상세화하기는 어렵다는 점이다.

② 수업목표의 상세화 이론은 가르치는 교과목의 성격이나 특수성을 충분히 반영하지 못한다는 점이다.

③ 교육성과를 측정하고 평가하는 기준으로서의 수업목표 상세화 이론은 결과를 쉽게 측정하고 평가할 수 없는 영역의 교과나 수업목표를 소홀히 할 우려가 있다는 점이다.

아이스너(Eisner)는 행동적 목표 설정의 문제점을 보완하기 위해 다음과 같이 수업목표 설정방법을 제시하였다. 첫째, 문제해결목표 설정 후 문제해결 활동을 진행하는 것이다. 즉, 학생 스스로 문제를 해결할 수 있는 활동을 하는 것이며, 그 해결의 기준이 사전에 설정하지 않고(비명시적 기술), 다양한 해결책을 인정하는 것이다. 예를 들면, 몸이 불편한 친구를 돕기 위한 방법을 찾아낼 수 있다는 목표를 설정하는 것이다. 둘째, 표현적 활동 후 표현적 목표(결과)를 제시하는 것이다. 표현적 활동은 결과(목표)보다 선행하며, 사전에 설정된 목표 없이 활동하는 것이다. 구성주의 관점에서 지식은 전수되는 것이 아니라 학습자 특성에 의해 다양한 관점에서 구성될 수 있다. 예를 들면, 물체를 만져보고 느낌을 이야기하거나, 영화를 본 후 느낌 표현하는 것이다.

행동적 목표 설정에 대한 대안으로는 첫째, 목표 설정은 여러 가지 맥락에서 충분히 검토하여 많은 사람들이 합의하는 목표로 진술되어야 한다. 둘째, 목표 설정은 교수-학습활동 이전에 사전 계획으로 설정되어야 하되, 교수-학습활동 과정에서 생성되는 새로운 목표들을 수용할 수 있을 만큼 융통적이고 주기적으로 재검토될 수 있어야 한다. 셋째, 목표 설정은 외현적, 내면적 두 가치 측면 모두의 행동 변화를 충분히 고려해야 하며, 양적 수준과 질적 수준을 모두 포용해야 한다. 넷째, 목표 설정은 다양성을 근간으로 하여, 학습자 개개인의 능력과 수준에 맞아야 하고, 현재와 미래의 삶에서 가치 있는 필수적인 것으로 진술되어야 한다. 다섯째, 목표 설정은 수업 그 자체는 물론 학습자의 학업성취 평가에 절대적인 기준이 아니라 변할 수 있음을 고려해야 한다.

요점 정리(summary)

- 교육목표란 일련의 교육이나 수업을 통하여 학생들에게 나타나게 될 행동특성의 변화를 일컫는 말이다. '교육목표'와 유사 용어로는 '교육이념, 교육목적, 교육결과, 교과목표, 단원목표, 수업목표' 등이 있다. 교육의 목적, 교육의 일반적 목표, 교육의 구체적 목표의 위계관계는 다음과 같다.

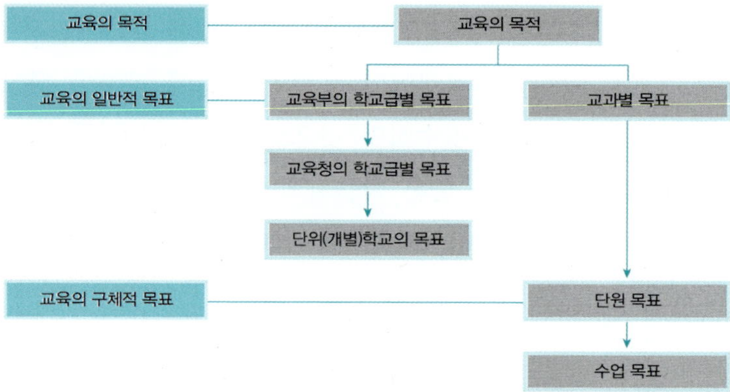

- 교육목표의 요건에는 포괄성, 적절성, 타당성, 실현 가능성, 구체성, 일관성 등이 있으며, 교육목표의 기능에는 교육 활동 방향 제시의 기능, 교육내용 선정 및 조직, 교수-학습지도 및 생활지도 기준 제시 기능, 평가기준 제시의 기능, 교육 활동 조정의 기능이 있다.
- 목표설정의 접근 유형은 인지적 영역, 정의적 영역, 심리운동적 영역의 교육목표 분류체계로 구분된다.
- 수업목표의 진술방법에는 크게 네 가지로 구분되며, 타일러, 메이거, 가네와 브릭스, 그론룬드의 수업목표 진술방법 등이 있다.

주요 용어(key word)

- 교육목표
- 교육의 일반적 목표
- 교육의 구체적 목표
- 암시적 목표
- 명시적 목표
- 포괄성
- 적절성
- 실현 가능성
- 구체성
- 일관성
- 목표설정의 접근 유형
- 타일러(Tyler)
- 메이거(Mager)
- 가네와 브릭스(Gagné & Briggs)

형성평가 및 연구과제 formation evaluation & research subject

1. 다음 중 교육목표의 요건과 거리가 먼 것은?

가. 포괄성 나. 적절성 다. 타당성
라. 실현 가능성 마. 객관성

2. 다음은 교육목표의 기능을 설명하고 있다. 교육목표의 기능과 거리가 먼 것은?

가. 교육 활동 방향 제시의 기능 나. 교육내용 선정 및 조직의 기능
다. 교육평가 기준 제시의 기능 라. 교육 활동 조정의 기능
마. 교육과정 운영 제시의 기능

3. 다음은 수업목표 진술의 조건과 거리가 먼 것은?

가. 학생의 행동 중심으로 진술해야 한다.
나. 학습단원 종료 시 학생의 변화된 행동을 제시해야 한다.
다. 종착점 행동의 성취기준이 구체적으로 제시되어야 한다.
라. 학습내용의 습득을 구체적으로 제시해야 한다.
마. 관찰 가능한 행위동사로 진술해야 한다.

4. 성취 행동의 관점에서 볼 때 가장 적절하게 진술된 수업목표는? (02년 초등 임용고시)

가. 수질 오염 방지 대책에 대해 토론한다.
나. 비례대표제의 장점과 단점을 열거할 수 있다.
다. '오빠 생각' 노래를 피아노 반주에 맞춰 연습한다.
라. 광합성 작용의 절차를 실험을 통해 파악하게 한다.

5. 다음 〈보기〉의 내용 중 타일러(Tyler)가 제시한 행동적 수업목표 진술의 3가지 특징은? (01년 초등 임용고시)

> **보기**
>
> 1) 수업목표 진술은 학습자의 행동으로 진술하여야 한다.
> 2) 행동과 함께 내용도 진술되어야 한다.
> 3) 기대되는 학습자 행동은 충분히 세분화하여야 한다.
> 4) 학습자의 도착점 행동과 그 상황도 제시하여야 한다.

가. 1), 2), 3) 나. 1), 2), 4)
다. 1), 3), 4) 라. 2), 3), 4)

6. 수업목표를 진술할 때에는 조건, 도달기준, 행동의 종류가 명시되도록 하는 것이 바람직하다. 다음 중 이런 요소를 모두 충족시킨 진술은?

가. 지층과 화석의 형성과정을 알 수 있다.
나. 운동장의 200미터 트랙을 빨리 달릴 수 있다.
다. 환경오염의 직접적인 원인 세 가지를 알 수 있다.
라. 독일통일 당시의 역사적 사실을 나열할 수 있다.
마. 나눗셈 문제 30개가 제시되면 40분 동안 25문제 이상을 풀 수 있다.

7. 교육과정 개발의 일반적 절차에 따를 때, 교육목표를 진술한 다음 단계에서 해야 할 일은? (00년 초등 임용고시)

가. 수업자료의 제작 나. 평가계획의 수립
다. 교육내용의 선정 라. 수업방법의 설계
마. 교육내용의 조직

8. 다음 중 명세적 수업목표의 행위동사가 아닌 것은?

가. 인정한다. 나. 설명한다.
다. 비교한다. 라. 구분한다.

9. 명세적 수업목표 진술방법의 장·단점을 제시해 보시오.

10. 교육목적, 교육목표, 세부목표의 위계적 관계에 대하여 예시를 들어 설명해 보시오.

Chapter 09

교육내용의 선정과 조직

1. 교육내용의 선정
2. 교육내용의 조직
3. 교육과정 설계의 접근방식

학습개요

이 장에서는 교육내용의 선정과 조직에 대하여 세 가지 측면에서 살펴보고자 한다. 첫째, 교육내용 선정의 원리에는 타당성의 원리, 중요성의 원리, 학습가능성의 원리, 유용성의 원리, 만족의 원리, 흥미의 원리, 사회발전 기여의 원리, 동경험 다목표의 원리, 동목표 다경험의 원리, 내용 균형성의 원리 등이 있는데, 이들의 정확한 개념을 살펴볼 것이다. 둘째, 교육내용 조직의 원리에는 수직적 조직(계속성의 원리, 계열성의 원리), 수평적 조직(범위의 원리, 통합성의 원리), 수직·수평적 원리(연계성의 원리, 균형성의 원리)가 있는데, 이들에 대한 개념을 정확히 살펴볼 것이다. 셋째, 교육과정 구성요소는 다양한 방식으로 조직하는 것이 가능하다. 이러한 교육과정 설계의 접근방식에는 분과형, 상관형, 융합형, 광역형, 교과중핵형 등을 고려할 수 있는데, 이들 개념에 대하여 살펴보고자 한다. 이 장을 마치고 나면, 여러분은 교육내용 선정·조직에 대하여 실무 적용이 가능할 것이다.

학습목표

학습목표 1. 교육내용의 선정의 원리를 설명할 수 있다.

학습목표 2. 교육내용의 조직의 원리를 설명할 수 있다.

학습목표 3. 교육과정 설계의 접근방식을 적용할 수 있다.

1 교육내용의 선정

1) 교육내용 선정의 의미

교육목표가 설정되면 이를 달성하기 위한 내용과 활동을 선정하고 조직해야 하는데, 이때 교육목표는 단원목표 이상을 말한다. 교육내용은 교육목표의 영향을 받는다. 교육목표와 일관성 있는 내용이 선정되어야 하며, 교육목표 설정 시 반영된 요인들이 내용 선정에서도 마찬가지로 고려되어야 한다. 전통적으로 교육내용 선정과 관련하여 가장 논란이 되어 온 것은 지식 중심으로 구성할 것인가 아니면 경험중심으로 구성할 것인가 하는 점이었다. 그리하여 지식과 경험 가운데 무게 중심이 어느 쪽에 놓여 있는가에 따라 교육내용은 변화가 있었다. 그동안 학교 현장에서 교육내용을 선정하는 데 많은 고민이 있음을 시사하는 대목이다.

좋은 교육내용을 선정하기 위해서는 교육내용의 분류 개념을 이해할 필요가 있을 것이다. 교육내용의 의미는 크게 세 가지로 분류한다. 첫째, 교육내용을 지식, 기능, 가치 등 그 속에 포함되는 요소로 규정하는 관점이다. 교육내용은 지식 영역(사실, 설명, 원리, 정의 등), 기능 및 과정 영역(읽기, 쓰기, 셈하기, 비판적 생각하기, 의사소통하기, 의사결정하기 등), 가치 영역(선악, 참과 거짓, 아름다움과 추함 등)으로 구성된다. 둘째, 교과와 교과 속에 담긴 단원이나 과의 이름들과 같이 요소를 담고 있는 그릇으로 보는 관점이다. 교과는 인류가 오랜 역사를 통해 쌓아 올린 경험 가운데 가치로운 것을 조직한 지식체계이다. 셋째, 국가수준 문서에 제시된 교육내용과 교사가 선정하는 도구적 수업내용으로 구분하는 것이다.

앞에서 살펴본 것처럼 교육내용의 선정은 기본적으로 교육내용의 의미 세 가지 기준과 교사의 경험 부분이 녹아 들어가 학생들에게 가장 필요로 하는 양질의 교육내용이 선정되어야 할 것이다.

2) 교육내용 선정의 기준

어떤 교육내용을 선정해야 하는가는 매우 어렵고 복잡한 사고를 요구한다. 어떤 교육과정 개발자는 교육철학자를 비롯한 이론가들이 제시하고 있는 내용을 선정할 수도 있을 것이며, 교육과정 개발자들 간의 토론과 협의를 통하여 선정할 수도 있을 것이다. 하지만 어느 경우이든지 간에 교육내용을 선정할 때 적용되는 일반적인 기준(원칙)이 있다. 이 같은 교육내용 선정 기준(원리)으로는 다음과 같다(강봉규·박성혜, 2010; 권낙원 외, 2011: 346~348; 손충기, 2006: 175~182).

(1) 타당성의 원리

이 원리는 좋은 학습내용을 교육목표에 비추어 타당성이 있어야 한다는 것이다. 교육목표가 제시해 주는 바로 그 행동을 할 수 있는 기회가 마련되는 학습내용이 가장 좋다는 것이다. 이 원칙은 '기회의 원리'라고도 하는데, 어떤 교육목표를 달성하기 위해서는 그 목표가 의미하는 행동을 학생이 실제로 해 볼 수 있는 기회를 제공해 줄 수 있는 경험이 선정되어야 한다는 원리이기 때문이다. 어떤 교육목표를 달성하기 위한 학습경험의 계획에서 그 목표가 가리키는 행동을 실제로 해 볼 수 있는 기회를 보장하지 않는다면 목표 달성을 이루기는 어려울 것이다.

(2) 중요성의 원리

이 원리는 어느 내용이 어느 분야의 지식에 정통하기 위하여 중요하다고 생각되면 곧 교육내용으로 결정하는 것이다. 교육내용 또는 교재가 지식의 조직 분야에 있어서 중요한 것인가 아닌가를 분별하여 가장 중요하다고 판단되는 것을 선정하는 것인데, 이것은 더욱 전문화되고 특수화될 지식의 정통을 위해서 가장 기본적이라고 생각되는 내용이 곧 교육내용으로 결정되어야 한다는 기준이다.

(3) 학습 가능성의 원리

이 원리는 학생의 준비성과 관련되는 것으로 학생의 능력, 발달수준, 경험 등에 비추어 노력하면 학생이 충분히 학습해 낼 수 있는 것인가를 말해주는 기준이다. 아무리 좋은 교육내용이라 하더라도 학생이 학습해 낼 수 없는 것이라면 교육내용으로서 의의를 지닐 수 없다. 물론 학습해 내기 위한 시간이 충분하고 많은 인력이 투입되며, 적절한 환경만 조성할 수 있다면 어떤 내용이라도 학습해 내는 것이 가능할 것이나 현실은 많은 제약 속에서 교육 활동이 전개될 수밖에 없다. 이 원리를 비추어 쉬운 내용을 선정해야 한다는 것으로 이해하는 것 또한 부적절하다. 교육내용은 현재의 능력과 발달수준 혹은 경험에 비추어 보아 어느 정도 도전감을 불러일으킬 수 있도록 적정 수준의 난점을 지녀야 한다. 현재의 수준에 비추어 지나치게 쉬운 내용을 선정하게 되면 학습에서의 무기력감을 기르게 되며, 지나치게 어려운 것일 경우 좌절감과 부정적인 학습 자아개념을 형성하게 될 가능성이 크다.

(4) 유용성의 원리

이 원리는 현재의 방대한 지식 가운데서 현대생활에 가장 유용성이 많은 것을 교육내용으로 선정해야 한다는 것이다. 선정된 학습내용이 학생에게 어떤 유용성이 있는가를 결정하는 것으로 현대사회가 가지고 있는 많은 지식 중에서 현대인으로서 실생활에 가장 쓸모가 많은 내용을 선정하는 원리이다. 유용성이란 흔히 사용의 빈도로 해석하고 생활에서 가장 많이 사용되는 지식, 기능, 가치 등을 교육내용으로 삼으려는 생각이다. 하지만 이 유용성에서 주의해야 할 점은 현대생활에서만의 유용성이 아니라 '이상적인 삶의 영위'에 유용하게 이바지할 수 있는 유용성이 고려되어야 한다.

(5) 만족의 원리

이 원리는 교육내용이 학생들의 만족도를 높일 수 있어야 한다는 것이다. 예를 들어, 독서에 대한 흥미를 기르려고 하는 학습경험에서 학생은 광범위한 독서를 스스로 할 수 있는 기회를 가져야 할 뿐만 아니라, 그러한 독서 활동에서 만족감을 느낄 수 있어야 학습경험의 효과가 높아질 수 있다. 그러므로 학습경험을 계획하는 교사에게는 학생들의 필요와 흥미뿐만 아니라 인간의 만족감에 대한 기본적인 이해가 요구된다.

(6) 흥미의 원리

이 원리는 교육내용이 학생의 문제, 관심, 흥미, 욕구, 호기심을 기준으로 선정되어야 한다는 것이다. 아무리 좋은 내용이라도 학생이 교육내용에 관심이 없고, 호기심 등이 없다면 좋은 교육내용이라고 단정지어 말할 수 없다.

(7) 사회발전 기여의 원리

이 원리는 교육내용이 민주사회의 성장과 발전에 공헌하도록 하는가, 개인이 자기충족적(self-sufficient)인 사회 구성원으로 공헌하도록 도와주는가, 개인 간의 가치와 권위, 민주적 과정, 개인의 기본권, 문화적 편향을 줄이는 내용, 시민사회 단체 활동의 역할, 정치와 경제의 사회화 등과 같은 민주사회가 요구하는 가치실현의 방향으로 교육내용이 구성되는지 등에 대한 응답이다.

(8) 동(同)경험 다(多)목표(다성과)의 원리

이 원리는 잘 구성된 교육내용은 바로 하나의 내용이나 경험으로 여러 목표를 달성할 수 있도록 내용이나 경험을 선정했는가를 말한다. 예를 들어, 비판적 사고능력 향상, 학교 활동에의 적극적 참여 등 여러 가지 교육목표를 달성하기 위하여 '모의 법정' 활동을 실시하는 경우가 그 예이다. 학생이 암기해야 할 내용에 비하여 직접 과제를 해결하고, 토론하고, 발표하는 내용이나 경험, 풍부한 내용, 다양한 학습활동을 필요로 하는 내용, 독립적인 사고를 촉진할 수 있는 내용 등을 선정할 경우에 이 원리를 잘 적용하는 것이다.

(9) 동(同)목표 다(多)경험의 원리

이 원리는 교육내용을 선정함에 있어 하나의 교육목표를 달성하는 경우에라도 목표 달성을 위한 내용과 경험은 다양하게 선정되는 것이 바람직하다는 것이다. 예를 들어, 오염의 폐해를 인식하도록 하는 교육목표가 설정되었다고 가정할 때 이러한 목표 달성을 위한 교육내용은 오염실태 보고서, 사진 자료, 비디오, 현장 견학 등 다양한 내용과 경험을 선정할 수 있는 것이다. 이 원리는 교사, 교육과정 개발자에게 동일한 교육목표 아래 두 교사, 두 학교, 두 지역이 서로 다른 학습경험을 선정할 수 있는 이론적 근거를 제시해 주며, 학교의 여건이나 학습자의 필요와 요구 등에 알맞은 교육내용을 선정하면서 의도하는 교육목표를 달성할 수 있다는 가능성을 시사해 주고 있다. 그러므로 교육과정 개발자는 어떤 교육목표를 달성하기 위한 교육내용의 선정에는 상당히 넓은 범위와 가능성이 있다는 점을 인식할 필요가 있을 것이다.

(10) 내용 균형성의 원리

이 원리는 두 가지 균형을 의미한다. 하나는 내용의 폭과 깊이를 고려하는 것이며, 다른 하나는 어느 하나의 집단, 어느 하나의 시간대, 어느 하나의 사회나 개인·지역사회·국가·세계에 관련된 내용 등이 한쪽으로 편향되지 않아야 함을 말한다. 교육내용은 내용에 따라서 넓은 범위에 걸쳐 가르쳐야 할 것이 있는가 하면, 어떤 내용은 깊이 있게 다루지 않으면 교육내용으로서의 가치가 상실되는 것이 있다. 넓은 범위로 가르쳐야 할 내용을 선정하게 되면 다른 내용의 깊이의 문제가 발생하고, 깊이 있게 가르쳐야 할 내용을 선정하게 되면 다른 내용의 넓이 문제가 발생할 수 있다. 그러므로 교육과정 개발자가 균형을 이루도록 노력해야 한다. 이러한 문제는 초등학교, 중학교, 고등학교 중에서도 일반계 고등학교 혹은 실업계 고등학교 등의 구분에 따라서 서로 다른 구성비를 지니게 된다. 일반적으로 저학년의 경우는 깊이보다 넓이를 강조하게 되고, 고학년일수록 넓이보다 깊이를 지향할 것이다. 또 교육내용은 지식과 태도 육성의 균형, 학생의 필요나 사회의 필요, 학문적 필요 등 어느 하나에 치우침 없이 균형을 이루어야 하며, 현재뿐만 아니라 미래에 관련한 혹은 미래 준비에 필요한 내용의 균형, 문화의 특수성과 보편성 간의 균형도 필요하다. 다양성을 추구하는 다문화주의 사회에서는 어느 한쪽에 치우친 내용 선정은 적절할 수 없다.

2 교육내용의 조직

1) 교육내용 조직의 의미

교육내용 조직의 의미는 교육내용을 조직할 때나 조직된 교육내용의 양호도를 점검하는 것은 교육내용 조직에서 중복, 편중, 비약, 후퇴(낙차), 누락, 혼란(뒤죽박죽) 등과 같은 현상(하자, 瑕疵)을 제거하여 교육내용의 일관성과 통일성을 달성하고, 교육 활동의 노력과 시간의 낭비를 막기 위한 활동을 말한다. 교육내용 조직의 양호도 기준은 어떤 교과 영역의 교육내용을 제대로 조직하기 위한 또는 교육내용이 제대로 조직되었는가를 점검하기 위함이다. 교육내용 조직이 학습자, 사회, 교과의 세 가지 요소와 여러 관련 요소들을 상호 연결지어 높은 내적 일관성(internal consistency)을 갖추었는가를 점검할 때 적용하는 기준이며, 이는 교육내용 조직의 장·단점을 밝히는 기준이기도 하다.

2) 교육내용 조직의 구분

교육내용 조직의 기준을 살펴보기 전에 세 가지의 교육내용 조직인 수직적 조직, 수평적 조직 그리고 수직·수평적 조직을 구분하여 표 9-1과 같이 제시한다.

표 9-1 수직적 조직과 수평적 조직의 구분

구 분	수직적 조직	수평적 조직	수직·수평적 조직
기준(원리)	① 계속성(continuity)의 원리 ② 계열성(sequence)의 원리	③ 범위(scope)의 원리 ④ 통합성(integration)의 원리	⑤ 연계성(articulation)의 원리 ⑥ 균형성(balance)의 원리

3) 교육내용 조직의 기준

교육내용 조직의 기준(원리)은 앞서 살펴본 바와 같이 계속성의 원리, 계열성의 원리, 범위의 원리, 통합성의 원리, 연계성의 원리, 균형성의 원리가 있다. 이들을 간략히 살펴보면 다음과 같다(권낙원 외, 2011; 김진규, 2015; 박창언, 2017; 한혜정·조덕주, 2016).

(1) 계속성의 원리

계속성(continuity)의 원리는 과정 내용의 수직적 조직에 관한 문제로서 반복의 원리라고 할 수 있다. 교육내용 조직에 있어서 중요한 개념, 원리, 사실 등의 학습을 어느 정도 계속해서 반복 학습을 할 수 있도록 하기 위한 것이다. 즉, 이 원리는 학습심리 면에서 지각의 법칙이 근거가 되는 것으로 학생이 학습한 내용을 망각되지 않을 정도까지 학습되게 하기 위해서는 학습 목표와 직결된 지식이나 과정 또는 행동 양식이 어느 기간 동안 계속 반복 학습이 되도록 조직해야 한다는 것이다. 예를 들어, 사회교과에서 사회 교과 자료를 읽는 기술을 개발하는 것이 중요한 교육목표라면, 이러한 기술에 대한 연습의 기회가 반복적이고 계속적으로 제공되도록 교육과정이 조직되어야 한다는 의미이다.

(2) 계열성의 원리

계열성(sequence)의 원리는 교육과정 내용의 수직적 조직의 문제로서 계속성을 포함하면서도 그것을 넘어서는 것이다. 즉, 계열성은 교육과정의 중요한 기술이나 개념이 계속해서 반복 학습될 수 있도록 조직해야 하지만, 그와 더불어 해당 기술이나 개념의 폭과 깊이가 더해질 수 있도록 조직해야 한다는 것을 의미한다. 예를 들어, 사회 교과 교육과정에서 사회 교과를 읽는 기술을 반복적으로 제시한다면, 점점 더 복잡한 자료를 제공해서 자료를 읽는 기술이 점점 더 깊이 있게 되도록 해야 한다는 것이다. 다시 말해 계열성은 경험의 중복이 아니라 동일한 경험이 연속적으로 점점 더 높은 수준의 경험으로 확대되고 깊어지는 것을 말한다. 교육내용 조직의 계열성을 전형적으로 잘 나타내주는 것은 우리나라 초등학교 수학 교육과정의 조직이다. 그 예를 제시하면 **표 9-2**와 같다.

■ 표 9-2 초등학교 수학 측정 영역 내용 체계

	학년					
	1	2	3	4	5	6
측정	• 양의 비교 • 시각 읽기	• 시각과 시간 • 길이 • 측정값 나타내기	• 시간 • 길이 • 들이 • 무게	• 각도 • 평면도의 둘레 • 직사각형과 정사각형의 넓이 • 어림하기 (반올림, 버림) • 수의 범위 (이상, 이하, 초과, 미만)	• 평면도형의 넓이 • 무게와 넓이의 여러 가지 단위	• 원주율과 원의 넓이 • 겉넓이와 부피 • 원기둥의 겉넓이와 부피

전통적으로 교육내용을 조직할 때 계열을 보장하기 위해서는 다음과 같은 원리를 적용하여 조직하는 것이 바람직하다.

① 단순한 것에서 복잡한 것으로 학습하는 원리
② 전체로부터 부분으로 학습하는 원리
③ 연대순 배열의 학습 원리
④ 구체적 경험에서 추상적 개념의 순서로 학습하는 원리
⑤ 친숙한 것에서 생소한 것으로 학습하는 원리
⑥ 선행 필수를 이해하는 학습의 원리
⑦ 나선형으로 학습하는 원리

(3) 범위의 원리

범위(scope)의 원리는 교육과정 내용의 수평적 조직의 문제로서, 교육과정에서 다루어 줄 내용의 폭(breath)과 깊이(depth)를 말한다. 우리나라는 국가 교육과정에서는 교육 현장에서 배울 교과를 중심으로 내용의 범위를 정해주고, 지역 교육과정에서도 초등학교 일부 사회과 단원에서 범위를 결정한다. 학교 교육과정에서는 창의적 체험활동에서 정할 수 있다. 교

육과정 실천은 교사에 의해 이루어지기 때문에 교사에 의해 어느 정도 조정이 되는 과정을 거친다. 예를 들어, 국가 교육과정 총론에 제시된 교육과정 편제에 나타난 시간 배당표이다. 2015 개정 교육과정의 중학교 국어를 보면 1~3학년간 442시간, 수학은 374시간 등으로 규정하고 있다. 형식적으로 보면 교육 현장에서 무슨 내용을 얼마만큼 깊이로 가르칠 것인지를 결정해 주고 있다. 실제 해당 교과에 담길 내용으로 지식과 기능 및 가치를 어떻게 선정할 것인가를 결정해 준다. 궁극적으로 범위는 학습자를 대상으로 무엇을 어느 정도까지 가르칠 만한 가치가 있다고 생각하는지 결정하는 것이다.

(4) 통합성의 원리

통합성(integration)의 원리는 수평적 조직과 관련된 것으로, 교육내용 조직을 학습자로 하여금 사물을 통합적 관점에서 보게 하고, 학습 내용과 행동을 통합시키도록 하는 것을 말한다. 예를 들어, 타일러(Tyler)는 수학의 계산 능력을 학습한 경우에 사회과 공부나 과학과 공부 그리고 물건을 구입할 때 어떻게 활용될 수 있는지를 고려하는 것으로 설명한다. 그리하여 단순히 교과 공부로 끝나는 것이 아니라, 학생의 일상생활에서 활용할 수 있는 기능이 되어야 함을 주장한다. 한 교과의 개념이 다른 분야의 일과 어떻게 관련되고, 학생의 기능과 태도에 어떻게 반영되느냐를 보는 것이다. 우리나라는 제4차 교육과정에서 초등학교 저학년에서 통합교육과정의 개념을 도입하였다. 국가 교육과정 총론의 시간 배당에서 "교과 활동 시간은 교과 간의 연관성과 학생의 발달 단계를 고려하여 1, 2학년은 교과 간의 통합을, 3학년 이상은 분과를 원칙으로 배당한 바 있다. 중학교의 생물, 화학, 물리 등을 과학 교과로 묶는 것도 통합성의 원리에 기초한다.

(5) 연계성의 원리

연계성(articulation)의 원리는 연관성이라고도 하며, 교육과정의 여러 가지 측면에 대한 수직·수평적 상호 관련성을 의미한다. 먼저 '수직적 연계성'은 교육과정 내용이 나중에 나타나는 주제나 코스와 관계를 맺는 것이다. 예를 들어, 수학의 대수 개념이 기하학 코스에 있는 주요 개념과 관련되도록 개론적인 기초대수나 9학년 대수를 설계하는 것이다. 연계성을 수직적으로 보게 되면 한 학년에서 다른 학년 수준으로 내용을 계열화하는 것을 말하게 된다. 다음으로 '수평적 연계성'은 상관성과 유사한 개념을 갖는다. 교육과정 내용의 한 부분을 그와 유사하거나 논리적 관계를 가진 다른 내용과 관련지으려는 것이다. 수학적 사고와 과학적 사고를 수평적으로 연계시키고자 하는 것과 같다. 수평적 연계성은 교육과정 통합과 관련된 것에 많은 강조를 두고 있다. 연계성은 대부분 분과적으로 되어 있는 현실에서 신경을 제대로 쓰지 않거나 협동적으로 교육과정을 개발하고자 하는 노력이 부족해 쉽게 이루어지지 않고 있다.

(6) 균형성의 원리

균형성(balance)의 원리는 특정한 교육과정 내용이 우세한 비중이 주어져 교육과정 내용에서의 왜곡 현상이 일어나지 않도록 하는 것이다. 교육과정과 수업 및 학습에 대한 특정한 관점을 토대로 교육과정 내용이 조직되면 다른 부분이 제외되어 학습자를 위한 교육과정 내용이 합리적으로 결정되지 않게 되는 것이다. 균형성은 교육과정 설계의 모든 측면과 관련해 균형을 이루어야 한다는 것이지만, 현실적으로 쉽지 않은 일이다. 교육과정에 종사하는 전공자와 현장 교사는 교육과정의 균형을 위해 지속적인 점검과 조정의 노력을 기울여야 한다.

3 교육과정 설계의 접근방식

교육과정의 설계는 다양한 방식으로 조직할 수 있다. 여기서는 분과형, 상관형, 융합형, 광역형, 교과중핵형 설계로 제한하여 그 의미를 살펴보고자 한다.

1) 분과형 설계

분과형(分課型) 설계는 모든 교과가 서로 분리되어 상호 연관성을 지니지 않도록 편성한 것이다. 국어, 수학, 영어, 사회, 화학, 생물 등이 독립적인 내용 체계를 이루며 설계한 것이 그 예이다.

2) 상관형 설계

상관형(相關型) 설계는 일반적으로 형식은 분과형을 취하지만, 관련 교과의 내용들이 서로 관련성을 갖고 교수-학습할 수 있도록 편성한 것을 말한다. 국어와 사회, 수학과 물리, 도덕과 사회 등의 교과를 독립적으로 편성하되, 어떤 내용(국어의 문학작품과 역사의 작품이 쓰인 시대적 배경)은 교과 간에 서로 관련지어 교수-학습이 가능하도록 설계한 것이다.

3) 융합형 설계

융합형(融合型) 설계는 상관형에서 광역형으로 이행하는 과정에서 시도되는 일종의 과도기적인 교육내용 구성을 말한다. 교육내용상의 서로 결합이나 통합할 수 있는 것들을 하나의 교과로 편성하는 것이다. 예를 들어, 식물학과 동물학을 결합시켜 '생물학'으로 편성하거나, 생물과 화학을 결합시켜 '생화학'으로 편성하는 것을 말한다.

4) 광역형 설계

광역형(廣域型) 설계는 융합형에 비해 결합시키는 관련 교과목들의 범주가 더 넓어지는 것을 말한다. 예를 들어, 과학(생물, 화학, 물리, 지구과학 등 결합)이나 일반사회(정치, 사회, 경제, 문화 등 결합) 등의 교과가 여기에 해당한다.

5) 교과중핵형 설계

교과중핵형(教科中核型) 설계는 과목들을 그대로 유지하면서 중핵적인 교과, 가장 중심적인 내용을 다루고 있는 교과를 중심부에 두고, 다른 교과들을 동심원적으로 편성하는 것을 말한다. 사회과가 중심에 놓이게 되면 '사회과 중핵교육과정'이 되며, 과학이 중심이 되는 경우 '과학과 중핵교육과정'이 된다.

요점 정리(summary)

- 교육내용 선정의 원리에는 타당성의 원리, 중요성의 원리, 학습가능성의 원리, 유용성의 원리, 만족의 원리, 흥미의 원리, 사회발전 기여의 원리, 동경험 다목표의 원리, 동목표 다경험의 원리, 내용 균형성의 원리 등이 있다.
- 교육내용 조직의 원리는 수직적 조직(계속성의 원리, 계열성의 원리), 수평적 조직(범위의 원리, 통합성의 원리), 수직·수평적 원리(연계성의 원리, 균형성의 원리)로 구분된다.
- 교육과정 구성요소는 다양한 방식으로 조직하는 것이 가능하다. 교육과정 설계의 접근방식에는 분과형, 상관형, 융합형, 광역형, 교과중핵형 등이 있다.

주요 용어(key word)

- 타당성의 원리
- 중요성의 원리
- 학습 가능성의 원리
- 유용성의 원리
- 만족의 워리
- 흥미의 원리
- 사회발전 기여의 원리
- 동경험 다목표의 원리
- 동목표 다경험의 원리
- 내용 균형성의 원리
- 계속성의 원리
- 계열성의 원리
- 범위의 원리
- 통합성의 원리
- 연계성의 원리
- 균형성의 원리
- 분과형 설계
- 융합형 설계
- 광역형 설계
- 교과중핵형 설계

형성평가 및 연구과제 formation evaluation & research subject

1. 다음 중 학습경험의 선정 원칙 중 "독서에 대한 폭넓은 흥미의 함양을 지향하는 목표가 있다면 다양한 분야의 책을 읽어볼 수 있는 경험을 제공해야 한다"는 원칙은?

가. 기회의 원칙 나. 만족의 원칙 다. 흥미의 원칙
라. 유용성의 원칙 마. 타당성의 원칙

2. 학년 간 교육내용의 반복성을 강조하는 교육과정의 조직원리는? (06년 유치원/초등 임용고시)

가. 통합성의 원리 나. 균형성의 원리 다. 계속성의 원리
라. 계열성의 원리 마. 범위의 원리

3. 다음은 동물에 관한 학년별 교육내용을 배열한 것이다. 여기에 적용된 내용조직의 원리는? (06년 중등 임용고시)

1학년 : 동물
2학년 : 포유류, 조류, 양서류, 어류
3학년 : 개의 소화기관, 참새의 사계절, 뱀의 겨울잠, 연어의 한살이

가. 계속성, 통합성 나. 계열성, 계속성
다. 계열성, 균형성 라. 통합성, 균형성

4. 교육과정이 교육내용을 단순하고 구체적인 것으로부터 점차 복잡하고 추상적으로 조직하는 원리는? (01년 중등 임용고시)

가. 계열성의 원리 나. 계속성의 원리
다. 통합성의 원리 라. 균형성의 원리

5. 다음 〈보기〉에 제시된 교육상황과 관련 있는 원칙들을 알맞게 결합시킨 것은?

> **보기**
>
> 1) 인체의 기본 소화기관의 이름과 기능을 초등학교와 중학교에서 반복하여 가르친다.
> 2) 고려 왕조 설립 과정에 대하여 초등학교에서는 진행된 사실만을, 중학교에서는 사실과 역사적 의미를 함께 가르친다.

가. 1) 계속성의 원리, 2) 계열성의 원리
나. 1) 계속성의 원리, 2) 통합성의 원리
다. 1) 범위의 원리, 2) 계열성의 원리
라. 1) 범위의 원리, 2) 통합성의 원리

6. 교육내용을 조직하면서 동일한 내용 요인을 반복하여 제시하되, 그 의미를 확대·심화시켜 가는 원리는?

가. 균형성의 원리　　나. 연계성의 원리
다. 계속성의 원리　　라. 계열성의 원리

7. 교육내용 조직의 횡적 원리(scope)와 가장 관련이 있는 것은? (01년 초등 임용고시)

가. 발달과업　　나. 구안학습법
다. 학문의 구조　　라. 학습자 흥미

8. 그림은 학교 교육과정의 내용조직에 관한 특정한 관점을 제시한 것이다. 이 그림이 나타내는 것은? (05년 초등 임용고시)

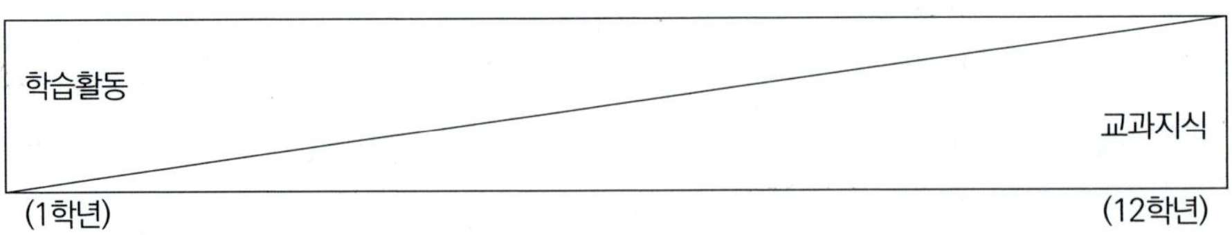

가. 저학년일수록 분과적 접근이 강조된다.
나. 저학년일수록 추상적 과제의 학습이 강조된다.
다. 고학년으로 갈수록 활동 주제 중심의 학습이 강조된다.
라. 고학년으로 갈수록 지식 획득 중심의 학습이 강조된다.

9. 학생의 흥미나 요구를 중심으로 하여 교육내용을 통합하되, 통합 이전 교과의 구분이 완전히 사라진 채 조직되는 통합 유형은? (04년 중등 임용고시)

가. 광역형 나. 중핵형
다. 분과형 라. 상관형

10. 역사, 지리, 경제, 정치 등의 내용을 '사회'로 통합하듯이, 여러 교과목들 중에서 서로 유사하고 관련성이 큰 과목들을 한데 묶음으로써 교육내용과 활동을 재조직하는 통합 유형은?

가. 중핵형 나. 광역형 다. 분과형
라. 상관형 마. 융합형

11. 중요하고 기초적인 교육내용과 실용적 가치가 큰 교육내용 중 하나를 선정해야 한다면, 어떤 것을 선정해야 하는가? 그렇게 판단한 이유는 무엇인가?

12. 교육내용과 학습경험을 통합한다는 것은 구체적으로 무슨 의미인가?

Chapter 10

수업설계와 교수-학습방법 선정

학습개요

이 장에서는 수업설계와 교수-학습방법 선정에 대하여 세 가지 관점에서 살펴보고자 한다. 첫째, 수업설계는 수업을 어떻게 전개할 것인가를 다루는 전문적인 활동으로서 특정한 학습내용과 특정 대상 학생들을 위하여 어떠한 교수방법을 언제 사용할 것인가를 살펴보고자 한다. 예를 들면, 학습목표를 명확히 설정하여 수업내용, 방법, 평가 등에 이르는 수업체제의 전 과정을 유기적으로 상호 관련시켜 조직화하여 수업활동이 체계적이고 합리적으로 실행될 수 있도록 제반 활동을 수립하는 방법을 이해하는 것이다. 둘째, 수업설계는 일반적으로 장기계획과 단기계획으로 구분하는데, 장기계획의 연간계획(학교 및 학급), 월간계획(학교 및 학급), 단원계획(학급)을 살펴보고, 단기계획의 주안, 일안, 시안에 대하여 개념적 정립을 하고자 한다. 셋째, 교수-학습방법의 선정은 조직된 학습내용을 가지고 실제 학생과 의사소통을 통해 정보를 주고받는 과정을 갖는다는 점에서 중요하다. 따라서 교수-학습방법의 선정기준과 고려사항, 교수-학습방법의 분류방법 등을 살펴볼 것이다. 이 장을 마치고 나면 여러분은 수업설계와 교수-학습방법 선정에 대한 기초 지식을 습득할 수 있을 것이다.

학습목표

학습목표 1. 수업설계의 절차와 방법을 설명할 수 있다.

학습목표 2. 교육내용에 적합한 교수-학습방법을 선정할 수 있다.

1 수업설계

1) 수업설계의 의미

수업설계(instruction design)는 교육내용의 선정 및 조직이 완료되고 이를 토대로 지도계획을 수립한 다음에는 수업 전개에 대한 청사진을 작성해야 한다. 즉, 선정·조직된 교육내용을 전개하는 데 적용할 수업모형을 확정하고 구체적으로 활용할 교수방법 및 매체를 선정하는 등의 계획을 세워야 하는데, 이것이 바로 좁은 의미의 수업설계이다. 좀 더 구체적으로 언급하면, 수업설계란 수업을 어떻게 전개할 것인가를 다루는 전문적인 활동으로서 특정한 학습내용과 특정 대상 학생들을 위하여 어떠한 교수방법을 언제 사용할 것인가를 처방해 주는 청사진이라고 볼 수 있다. 예를 들면, 학습 목표를 명확히 설정하여 수업내용, 방법, 평가 등에 이르는 수업체제의 전 과정을 유기적으로 상호 관련시켜 조직화하여 수업활동이 체계적이고 합리적으로 실행될 수 있도록 제반 활동을 수립하는 것이다. 이러한 수업설계는 충분하고 세밀한 계획 후의 수업이 더 효과적일 것이라는 기본 가정에 근거하고 있는데, 이는 무한한 정보와 지식의 홍수 속에서 가치 있고 효과적인 교육과정을 선정하고, 학습자의 개인차를 고려하여 수업내용과 수업매체, 수업방법을 선별하는 수업의 개별화 원칙에 충실해야 하므로 필요하다. 또한 수업설계는 수업에서의 오류와 실패를 최소화시키기 위해 필요하다(오만록, 2012).

2) 수업설계 시 고려사항

일반적으로 좋은 수업설계를 위한 고려사항은 다음과 같다(김희수, 2009).

① 수업목표나 내용에 알맞은 수업방법은 무엇인지 분석하고 선택해야 한다.

② 수업의 대상자들을 분석하고 이들에 적합한 수업방법을 계획해야 한다.
③ 수업은 여러 가지 학습활동이 포함되므로 학습활동에 관한 수업설계가 이루어져야 한다. 예를 들어, 동기유발, 수행유도, 질의응답, 모니터링 등 다양한 형태의 활동들을 충분히 고려해야 한다.
④ 수업설계는 교수자 자신의 자질, 능력, 선호하는 수업방법 등을 고려하여 이루어져야 한다. 예를 들어, 좋은 첨단 시설과 장비가 있더라도 수업자가 실제 사용할 수 없다면 이는 무용지물과 다름없고 수업에 접목될 수 없기 때문이다.
⑤ 수업과 관련한 현실적인 제 여건이 고려되어야 한다. 여기에는 허용된 수업 시간의 양, 학습활동을 할 공간과 장소, 교수-학습 자료, 시설, 예산, 안전, 이동의 문제, 학부모의 동참이나 허락 등 다양한 요소들이 고려되어야 한다.

이와 같이 좋은 수업설계를 위하여 수업목표, 수업방법, 매체선정 등이 이루어지고, 이를 활용할 수 있는 교수자의 능력, 학생의 동기유발과 모니터링 계획, 수업과 관련된 제 요소의 접목 등이 중요하다. 교수자는 이 점을 간과해서는 안 된다.

3) 수업설계의 유형

수업설계는 일반적으로 장기계획과 단기계획으로 구분한다. 첫째, 장기계획은 수업의 연간계획(학교 및 학급), 월간계획(학교 및 학급), 단원계획(학급)을 포함한다. 전반적인 학교활동, 생활지도, 행사교육과 일과·평가·진도 등에 관한 세부적인 계획이 배경을 이루는 계획 설계이다. 둘째, 단기계획에는 주안, 일안, 시안으로 분류되며, 주안은 모든 장기계획을 바탕으로 1주일을 단위로 구체적인 수업계획을 수립하는 것이다. 일안은 당일 수업지도계획이며, 시안은 매 시간별 학습내용에 따라 효과적인 학습지도를 하기 위한 계획이다. 시안은 다시 약안과 세안으로 구분한다. 세안은 매우 세밀하고 구체적으로 작성하는 것을 말하며, 약안은 간략하고 개괄적으로 작성하는 것을 말한다. 이를 그림으로 제시하면 그림 10-1과 같다.

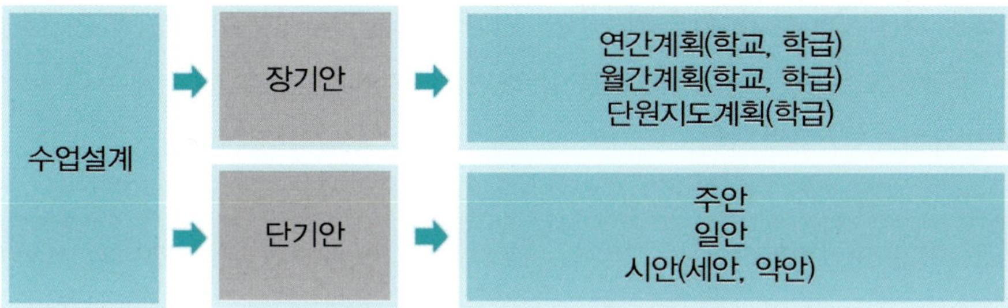

그림 10-1 수업설계의 수준별 유형

한편 수업설계를 단원 전개계획과 차시별 계획으로 구분하기도 한다. 우선 단원 전개계획은 교과목별로 정해진 각 단원을 어떠한 방법으로 가르칠 것인가에 대한 총체적이며 개략적인 계획으로 볼 수 있다. 다음으로 차시별 계획은 단원의 계획에서 매 수업시간별로 한 시간 수업을 어떻게 시작해서 어떠한 활동을 시키고 매듭지을 것인가에 대한 보다 치밀한 계획이다. 단원 전개계획은 단원의 설계 또는 단원지도계획이라고 하며, 차시별 계획은 시안, 단시안, 교수-학습과정안 등으로 부르기도 한다. 이 같은 수업설계를 함에 있어 유의할 사항은 다음과 같다.

① 수업설계는 지도목적에 적합한 계획이어야 한다.

② 수업설계는 과학적으로 계획되고 작성되어야 한다.

③ 수업설계는 역동성이 있어야 한다.

(1) 장기 수업설계

장기 수업설계는 학교 교육계획 중에서 1년간의 학교 경영안, 학교별 운영계획, 학급별 운영계획 등을 비롯하여 한 학생이 학교에 입학하여 졸업할 때까지의 지도계획안을 망라한다. 그리고 연간계획안을 기초로 월별안, 수 주일을 요하는 대단원 교수-학습과정안 등이 이에 해당한다.

1 연간계획

교과의 학습, 특별 활동의 지도, 기타 학교에서 이루어지는 모든 내용을 총괄적으로 개괄한 계획안을 말하며, 여기에는 학교 연간계획과 학급 연간계획으로 구분된다.

① 학교 연간계획

1년간 학교에서 이루어지는 교무행정, 일반 학사행정에 속하는 학교행사, 학교환경 구성, 총 수업일수, 연간 수업 주수(週數), 휴업일 등을 포함한 일람표를 말한다.

② 학급 연간계획

학교의 연간계획을 기초로 한 각 교과별 내용, 시간수, 특별활동 및 생활지도에 대한 연간계획을 의미한다. 여기서 한 가지 유의할 점은 학교의 연간계획과 학급별 연간계획이 상호 연결되어 하나의 연간계획으로 발현되어야 한다는 점이다.

2 월간계획

학교 연간계획을 기초로 월별 상세한 계획을 세운 것을 말한다. 학교 전체의 월간계획과 학년별·학급별 월간계획을 의미한다.

3 단원지도계획

각 교과의 단원별 내용을 살펴보면 한 단원이 1주일 학습량이기도 하고, 어떤 단원은 1개월을 초과해야 하는 학습량이기도 하다. 따라서 학습단원에 따른 각 교과별 단원지도계획을 연간 또는 월별계획으로 작성해두어야 한다. 즉, 학년 초에 학기별 또는 연간별 단원지도의 전체 계획을 작성함을 의미한다.

(2) 단기 수업설계

단기 수업설계는 1주일 동안의 학습지도계획을 의미하며, 주안(週案), 일안(日案) 그리고 1시간 분량의 지도계획서인 시안(時案) 등으로 분류한다.

1 주안

연간계획에 근거를 두고 월간계획이 세워지면 월간계획에 근거하여 주(週) 계획이 설정되는데, 이것을 주안이라고 한다. 주안에는 일주일 동안의 수업계획과 일반 학사행정 측면의 주 계획이 있다. 일반적으로 주안이라 하며, 대개 학습지도에 관한 일주일 계획을 의미한다.

2 일안

일안은 주간계획인 주안에 근거를 두고 작성한다. 대부분 하루의 일과표에 의해서 매 시간별 지도할 학습내용, 학습활동, 준비물 등을 요약하여 밝혀두는 것을 말한다. 여기에서도 일반 학사행정이나 생활지도의 특별한 계획이 포함되나, 일반적으로 일안은 하루 동안의 교과학습 지도계획을 의미한다.

3 시안

교과 학습계획과 그에 따른 생활지도안까지 매 시간별 구체적인 지도계획이 바로 시안이다. 시안은 매 시간마다의 학습내용에 따라 효과적인 지도방법을 사용하기 위한 계획으로 학습자의 학습활동에 가장 직접적인 영향을 미치는 학습계획이라 할 수 있다. 이른바 교수–학습과정안이 이 시안에 해당된다.

4) 수업 단계와 주요 활동

수업활동은 일반적으로 도입, 전개, 정리라는 3단계로 이루어진다. 하지만 헤르바르트(Herbart)는 예비, 제시, 비교, 총괄, 응용의 5단계로 나누었고, 킬패트릭(Kilpatrick)은 목적, 계획, 수행, 평가의 4단계로 구분하였으며, 가네와 브릭스(Gagné & Briggs)는 주의집중하기, 목표고지하기, 선행학습 자극하기, 자극자료 제시하기, 학습안내하기, 수행유도하기, 피드백 제공하기, 성취평가하기, 파지 및 전이 촉진하기의 9단계로 구분하기도 하였다. 어떤 수업활동이 옳다고는 할 수 없으나, 최근에는 가네와 브릭스의 학습지도안이 보다 구체적으로 진술할 수 있다는 점에서 관심을 받고 있으나, 일반적으로 도입, 전개, 정리의 3단계 수업활동이 지배적으로 사용된다. 학습지도의 단계별 주요 활동을 제시하면 표 10-1과 같다.

표 10-1 학습지도의 단계별 주요 활동

지도 단계		주요 활동
일반적	가네와 브릭스	
도입	1. 주의집중하기 2. 수업목표 고지하기 3. 선행학습 재생하기	• 학습자 동기유발하기 • 목표인지하기 • 선행학습 관련짓기
전개	4. 자극자료 제시하기 5. 학습안내 제공하기 6. 수행유도하기 7. 피드백 제공하기	• 학습자료 제시하기 • 학습내용 제시하기 • 학습자의 참여 유도하기 • 다양한 수업기법 적용하기 • 시간과 자원관리하기
정리	8. 수행측정하기 9. 파지·전이 촉진하기	• 요약 및 정리하기(성취도평가 포함) • 일반화하기 • 보충 및 예고하기

(1) 도입 단계

도입 단계는 본시 수업이 시작되는 단계로 비교적 짧은 시간에 이루어진다. 수업상황에 따라 약간 차이는 있지만 50분 기준으로 할 때 대략 5~10분 정도가 적절하다. 이 시기에는 무엇보다도 학생의 주의를 집중시키고 동기를 유발하는 것이 가장 중요하다. 그리고 학생에게 본시 수업에서 달성해야 할 목표를 명확하게 제시해 주고 선수학습과 관련짓기 위한 활동이 필요하다.

1 학습자 동기유발하기

수업은 교수자가 일방적으로 교육내용을 전달하는 것은 아니다. 그러므로 학생들의 수업에 대한 관심을 촉발하고 흥미를 높이는 것은 학업성취도를 향상시킨다는 차원에서 중요하다. 실제 교수자들은 학생의 동기유발 전략에 많은 시간을 할애할 필요가 있다. 학습자의 학습동기 유발방법을 제시하면 다음과 같다(변영계 외, 1996).

① 학생에게 주어진 수업목표를 달성했을 때 그들이 할 수 있게 되는 것이 무엇인지 설명한다. 학생들은 수업의 도입 단계에서 자신이 그 수업을 성공적으로 참여했을 때 무엇을 할 수 있게 되는가를 분명히 알아야만 성취동기가 발생한다.

② 학습과제와 관련이 있는 예화나 경험담을 들려주어 학생의 관심을 유도하는 방법이다. 학습과제와 관련된 현장의 사례 혹은 역사적 예화, 일상생활의 경험 등을 들려줌으로써 학생이 습득해야 할 학습과제에 자연스럽게 연결해준다.

③ 학습과제를 설명하거나 표현해주는 시청각 자료들을 사용하여 주의를 집중시키는 방법이다. 학습해야 할 문제 사태를 담고 있는 사진, 필름, 테이프, 멀티미디어나 인터넷 자료 등을 보여 줌으로써 학습자의 호기심을 자극하고 시선을 모은다.

2 학습목표 제시하기

학습목표는 학생이 수업이 종료되었을 때 무엇을 할 수 있게 될 것인가를 태도로 나타내 보이도록 명세적으로 기술하여야 한다. 그리고 이 학습목표는 적정하게 선정되어야 학습효과가 높아진다. 예를 들어, 학습목표가 너무 많아지면 학습과제에 대한 깊이가 없어지고 주요 핵심을 파악하기 어려워진다. 반면, 학습목표가 너무 적으면 수업이 단조롭고 다양한 지식을 얻는 데 제한이 된다. 일반적으로 매 시간별 학습목표는 3~5개 정도가 적당하다고 한다. 이 학습목표는 객관적으로 관찰 가능하고 측정할 수 있는 행동적 용어로 기술된 행동적 학습목표로 설정되어야 한다. 또한 이 학습목표는 본시 학습에서 가장 먼저 학생에게 제시되고, 수업을 마치면 달성되었는지 필히 평가해야 한다. 이런 측면에서 가네와 브릭스(Gagné & Briggs)의 수업사태는 의미가 있다.

3 선행학습과 관련짓기

어떤 새로운 학습이 일어나기 전에 본시 수업에서 또 하나의 사태를 마련해야 한다. 그것은 본시 수업에서 다룰 학습과제와 관련이 있는 과거의 학습 경험들을 회상시키거나 재생시켜 주는 일이다. 그것은 이전에 배운 항목들의 인출을 자극하는 것이다. 이전에 학습한 여러 가지 능력이 학생의 작업기억에서 손쉽게 활용될 수 있도록 해주어야 한다. 이전에 학습한 내용의 인출은 곧 본시 학습에서 이루어질 학습과제를 해결하고 이해하는 데 많은 도움을 주게 된다. 따라서 교사는 도입 단계에서 필히 선행학습을 재생 자극하는 데 관심을 가져야 한다.

(2) 전개 단계

전개 단계는 실제 학습을 안내하는 중심 활동에 해당한다. 실제 수업시간의 60~70% 정도를 이 단계에서 사용한다. 특히 학생의 적극적인 수업 참여를 위한 수행유도는 완전학습이나 개별화 학습 그리고 팀 학습을 하는 데 매우 중요한 단계이다. 전개에서는 학습과제의 내용을 학생들에게 제시할 뿐만 아니라 다양한 수업방법을 적용하여 수업목표 달성을 위해 최적의 교수-학습활동이 전개된다.

1 학습자료 제시하기

자료 제시는 학습해야 할 내용에 따라 혹은 학습대상에 따라 달라져야 한다. 만일 언어정보를 습득하려면 그 자극은 인쇄된 교재이거나 청각적인 메시지일 수도 있다. 지적기능을 가르치려면 프레젠테이션이나 시범을 통해서도 가능하다. 이처럼 자료 제시는 학습목표를 달성하는 데 도움이 되는 다양한 프로그램이나 매체들을 포함한다. 여기에는 앞서 언급한 것처럼 인쇄자료, 시청각자료, 컴퓨터 보조수업자료 등 여러 가지가 있다. 과거에는 매체 자체가 수업을 보조하는 역할을 하였으나, 최근에는 정보 통신의 발달로 수업을 주도하는 주체로 바뀌어 가고 있다. 다만 학습자료의 계열성을 고려하지 않은 수업전개는 자칫하면 산만하게 만들고 때로는 역효과를 초래한다는 점도 고려하여야 한다.

2 학습내용 제시하기

학습내용을 학생에게 제시하기 위해서 교사가 생각해야 할 일은 어떤 순서로 제시할 것인가의 문제이며, 학습방법의 적용 문제이다. 학습내용을 제공하는 것은 교사가 학생에게 정답을 가르쳐 주는 것이 아니라, 오히려 하위 개념이나 법칙을 적절하게 결합시켜 새로운 법칙들을 발견하도록 유도하는 사고방식을 의미한다. 예를 들어, 문제해결학습을 시도한다면 하위법칙들이 결합되는 계열에 단서를 주는 언어적 진술로 안내되어야 한다. 새로 배운 수학 법칙을 응용문제에 적용할 경우 우수한 학생에게는 교사가 최소한의 안내를 하거나 안내를 전혀 하지 않은 채로 발견학습을 하는 것이 바람직할 것이다. 반면, 학습능력이 부족한 학생에게는 학습을 안내할 때 "답은 직접 말하지 않고" 구체적인 단서를 주는 게 바람직하다. 여기에서는 학습안내와 관련하여 몇 가지의 고려사항이 있다.

① 학습방법은 학생들의 선행학습 수준, 개인차, 학습환경 등을 충분히 고려하여 학생이 수업에 참여할 수 있는 교수방법이 적용되어야 한다. 이는 학습내용이 학생을 고려하여 조직하고 계열화하고 진행해야 한다는 의미이다. 따라서 언어 선택, 학습방식, 학습량의 깊이와 폭 등에 관심을 가져야 한다.

② 학습과제의 분석표를 기초로 하여 가장 기초적인 학습과제부터 시작하여 점진적으로 수준 있는 학습과제에 이르기까지 순차적으로 제시해야 한다.

③ 주어진 학습목표를 성취하기 위하여 학습해야 할 내용과 예증을 선정하여 계획하는 일이다. 학습자들이 학습내용을 보다 쉽게 이해하도록 하기 위해서 가르칠 개념이나 원리에 해당하는 예시를 적당한 시기에 제시해 주어야 한다.

3 학습자의 참여 유도하기

의도하는 학습이 일어나고 있는지를 학생 자신이나 교사 또는 타인들이 확인하는 것은 중요하다. 일반적으로 교사는 학생에게 앞서의 학습지침 제공을 통하여 그들이 배워서 습득한 것을 실제로 해 보이도록 요구한다. 이렇게 함으로써 교사는 학생들이 학습목표의 성취에 좀 더 접근할 수 있도록 유도하며, 참여를 독려할 수 있다. 수행방식은 학습내용의 난이도와 학습자의 수준, 학습환경, 상황 등에 따라 다양한 방법이 적용될 수 있다.

① 학생의 생각과 의견을 상호 교환하는 방식으로 토론의 기회를 충분히 마련하여야 한다.

② 학생에게 완전학습 측면에서 학습과제를 부과하는 것이다. 단순 지적 영역뿐 아니라 기술 또는 태도 영역까지도 생각해 볼 수 있다. 이러한 과제 제시는 학습자들 간에 서로를 가르칠 수 있고, 동료학

습을 유도할 수 있다는 관점에서 학습자의 적극적인 참여가 기대된다. 직소(Jigsaw) 모형을 통한 수업 참여는 그 좋은 예라 할 수 있다.

③ 학생이 수업 시간에 노트 정리를 함으로써 주요 학습내용에 주의집중을 하게 되며, 이는 학습을 강화시키는 역할을 한다.

④ 학생이 스스로 학습한 내용을 구두로 발표하고, 대답할 기회를 많이 부여함으로써 수업으로의 적극적인 참여를 이끌어낼 수 있다.

4 다양한 수업기법 적용하기

설정된 수업목표를 효과적으로 달성하기 위해선 다양한 수업기법이 요구된다. 똑같은 학습내용인데도 어떤 교수자는 학생들이 이해하기 쉽게 교수하는 반면, 어떤 교수자는 그렇지 못한 경우를 종종 경험한다. 물론 학습내용의 성격에 따라서는 학생들에게 전달하기가 쉽지 않은 경우도 있으나, 대부분의 학습내용은 적절한 수업기법과 설명력이 있으면 효과적인 전달이 가능하다. 이런 측면에서 교수자는 학생들이 수업목표를 달성할 수 있도록 학습 문제해결 간에 수업기법을 구체화하고 다양화하여 적용할 필요성이 있다. 가르칠 수업목표, 수업상황, 수업자료의 특성, 학습자의 특성에 따라서 다양한 기법을 사용하는 것이 바람직하다.

5 시간과 자원관리하기

앞서 언급하였듯이 전개 단계는 총 수업시간의 약 60~70%(많게는 80%)를 차지한다는 측면에서 시간과 자원관리의 중요성을 인식할 수 있다. 따라서 몇 개의 하위단계 혹은 활동으로 구분하여 시간과 자원을 관리하는 것이 효율적인 수업 전개를 위해 필요하다. 뿐만 아니라 학습 안내와 수행유도는 적절한 시간적 배분이 뒤따라야 하며, 이는 크게 탐색, 해석, 응용 단계로 이루어질 수 있다. 또한 수행유도는 학습안내 중간에도 이루어질 수도 있으며, 수업 시간 내에 여러 번 반복되기도 한다.

(3) 정리 단계

정리 단계는 학습한 내용을 요약·정리하고 강화시키는 학습지도의 마지막 단계이다. 이 단계는 학습목표를 달성했는지 여부를 판단하고, 그에 따른 후속 학습대책을 세우는 결정적인 역할을 하기 때문에 더욱 중요하다. 특히 이 단계에서는 목표 달성 여부를 판단하는 수행측정이 이루어져야 한다. 수행측정은 학생이 학습내용을 얼마만큼 이해했는가를 가늠하는 것이기에 차시 수업 준비에도 적잖은 영향을 미치며, 자칫 학생이 이해를 못 한 상태라면 누적된 결손학습이 발생될 가능성이 있다. 하지만 불행하게도 많은 교사들이 시간관리를 잘못하여 정리 단계를 제대로 활용하지 못하는 경우가 있다. 교사들은 수업이 종결되는 시점에서 학습내용을 정리하고 요약할 수 있는 기회를 부여해야 한다.

1 요약과 종합하기

학습내용을 살펴보면서 중요한 사항들은 요약하고 종합해 주어야 한다. 또한 수행 측정을 통해 학습목표에 어느 정도 달성했는지를 판단하여 차시 수업 준비가 이루어져야 하며, 필요시 보충학습이 이루어지도록 관심을 가져야 한다. 요약 및 종합은 가급적 프레젠테이션화해서 정리하는 게 효과적일 수 있다. 수업 종료 시점에서는 시간이 부족할 수 있고 학생들의 집중력이 떨어질 수 있기 때문이다. 또한 수행측정도 가급적이면 시청각화하여 학생들이 사전에 대답을 생각하고 대답할 수 있도록 한다. 그렇게 함으로써 측정에 대한 불안을 감소시켜 주고 학습내용을 차분히 정리할 수 있게 하는 효과를 가져올 수 있다.

2 보충 및 차시 예고하기

제한된 수업 시간 동안에 충분히 다루지 못했던 학습내용이나 학생이 더 알고 싶어하는 주제에 관한 보충자료나 참고도서들을 언급해서 학생의 지적 요구를 충족시켜 주어야 한다. 또한 수업 시간에 깊이 있게 다루지 못한 학습 부분을 학생 스스로 보완하고 심화시키도록 도와주어야 한다. 차시 학습할 내용이나 주제를 본시 수업에서 배운 것과 관련지어 제시하여, 학습의 계열성을 유지시켜 줄 뿐만 아니라 차시 수업에 대한 학생의 준비와 기대효과도 유도할 수 있을 것이다.

3 일반화하기

일반화하기란 학생이 학습한 내용을 주변의 생활 문제에 적용해서 그 문제를 해결해 봄으로써 학습의 전이를 가져오고 생활화하는 것을 말한다. 이는 연습의 효과와도 밀접한 관련이 있어 상호작용하는 가운데서 일반화의 수준을 높일 수 있다. 일반화를 위한 방법을 제시하면 다음과 같다(변영계 외, 1996).

① 단순 암기나 단편적인 학습보다는 학습 요소나 내용들의 관계를 이해하고, 이에 관련된 문제 사태를 해결할 수 있도록 학습하게 한다.
② 학습한 내용을 실제 생활에 적용해 보는 기회를 반복적으로 제공한다.
③ 학습 직후에 학습한 주요 내용을 요약·정리하게 한다.

2 교수-학습방법 선정

교수-학습방법의 선정은 조직된 학습내용을 가지고 실제 학생과 의사소통을 통해 정보를 주고받는 과정을 갖는다는 점에서 중요하다. 종래의 교사중심 교육에서는 교수방법 혹은 교수법이라 하였으며, 최근 학생중심의 교육에서는 학습방법 또는 학습법이라고 하고 있다. 하지만 교수-학습은 상호 보완적 관계이기에 이를 통합한 교수-학습방법이라야 타당할 것이다. 이처럼 중요한 부분을 차지하는 교수-학습방법과 관련하여 선정기준이나 고려사항 그리고 교수-학습방법의 분류를 살펴보는 것은 의미가 있을 것이다.

1) 교수-학습방법의 선정기준

교수-학습방법의 선정기준은 다양하나, 여기에서는 하이만(Hyman)의 교수-학습방법 선정기준을 제시한다(임창재, 1994).

① 교수-학습방법은 교사의 능력과 교과목에 대한 지식 그리고 흥미에 적합해야 한다.

② 교수-학습방법은 학생의 능력에 적합해야 한다. 학생 자신이 능력을 발휘할 수 있게 하는 교수-학습방법이 효과적인 방법이다.

③ 교수-학습방법은 의도하고 있는 교수형태에 지식, 기술 또는 가치 등을 반영해야 한다. 교사가 학생에게 쓰기를 가르친다면 교사는 학생에게 글을 쓸 수 있는 기회를 제공해야 한다.

④ 교수-학습방법은 수업상황 중 시간과 장소를 고려해야 한다. 예를 들면, 학생이 100명 넘는 상황에서 원탁식 토의방법을 사용한다는 것은 바람직하지 못한 방법이다.

⑤ 교수-학습방법은 학생의 흥미, 경험에 적합해야 한다. 수업이 어느 한 가지 방법으로 일관된다면 학생은 쉽게 싫증을 느낄 수 있다. 따라서 학생의 흥미나 경험을 고려한 여러 가지 수업방법을 다양하게 활용할 필요가 있다.

⑥ 교수-학습방법은 학생과 교과목과의 관계에 적합해야 한다. 만일 교육심리학 입문을 가르친다면 교사는 기본적인 용어나 능력을 잘 가르칠 수 있는 방법을 선택해야 한다.

⑦ 교수-학습방법은 학생의 학습양식과 교사의 교수양식에 일치된 것이어야 한다.

⑧ 교수-학습방법은 현재의 교과에 적합해야 한다.

2) 교수-학습방법 선정 시 고려사항

일반적으로 교수-학습방법을 선정할 때 고려사항은 다음과 같다(서정후·최미희, 2004).

① 교육목표에 제시된 행동특성을 성취할 수 있는 조건이나 상황에 근접할 수 있는 방법을 선정한다.
② 실제 교육환경에서 요구되는 행동유형과 가장 유사한 방법으로 학생이 행동하도록 교수-학습방법을 선정한다.
③ 가용한 시간 내 다양한 반응을 경험할 수 있는 지도방법을 선정한다. 학습목표와 주어진 가용한 단위 시간을 고려하여 효과적인 교수-학습방법을 선정하는 것이 바람직하다.

3) 교수-학습방법의 분류

교수-학습방법은 교수-학습에 영향을 미치는 각종 요인을 고려하여 분류한다. 다음의 표 10-2는 교수-학습방법 분류의 한 가지 예시이다(김희수, 2009).

표 10-2 요인에 따른 교수-학습방법 분류

요인 \ 방법	강의	개인 교수	시범	집단 토의	시뮬레이션	프로그램 학습	세미나	프로젝트	연수	사례 연구
정보이전	+	+				+				
문제해결 촉진		+		+			+	+		+
기술훈련	−		+		+			+	+	
태도 변화				+			+	+		+
피드백 획득	−	+	+	+	+	+			+	
교사 통제	+	+	+			+		−		
학생활동	−	+	+	+	+	+	+	+	+	
학급 규모	+	+	+			+			−	
개인차						+				
준비의 용이성	+	+		−		−	−	−	−	−
강의 시간	+	+		−			−	−	−	
이용 가능한 자원	+	+		+			+	−	−	

참고: + 장점, − 한계점

요점 정리(summary)

- 수업설계란 수업을 어떻게 전개할 것인가를 다루는 전문적인 활동으로서 특정한 학습내용과 특정 대상 학생들을 위하여 어떠한 교수방법을 언제 사용할 것인가를 처방해 주는 청사진이라고 볼 수 있다. 예를 들면, 학습목표를 명확히 설정하여 수업내용, 방법, 평가 등에 이르는 수업체제의 전 과정을 유기적으로 상호 관련시키고 조직화해서 수업활동이 체계적이고 합리적으로 진행될 수 있도록 계획하는 것이다.
- 수업설계는 일반적으로 장기계획과 단기계획으로 구분한다. 첫째, 장기계획은 수업의 연간계획(학교 및 학급), 월간계획(학교 및 학급), 단원계획(학급)을 포함한다. 전반적인 학교 활동, 생활지도, 행사교육과 일과·평가·진도 등에 관한 세부적인 계획이 배경을 이루는 예정 설계이다. 둘째, 단기계획에는 주안, 일안, 시안으로 분류되며, 주안은 모든 장기계획을 바탕으로 1주일을 단위로 구체적인 수업계획을 수립하는 것이다.
- 교수-학습방법의 선정은 조직된 학습내용을 가지고 실제 학생과 의사소통을 통해 정보를 주고받는 과정을 갖는다는 점에서 중요하다. 종래의 교사중심의 교육에서는 교수방법 혹은 교수법이라 하며, 최근 학생중심의 교육에서는 학습방법 또는 학습법이라고 한다.

주요 용어(key word)

- 수업설계
- 장기 수업설계
- 단기 수업설계
- 헤르바르트(Herbart)
- 킬패트릭(Kilpatrick)
- 가네와 브릭스(Gagné & Briggs)
- 하이만(Hyman)

형성평가 및 연구과제 formation evaluation & research subject

1. 다음 중 수업설계 시 고려사항이 아닌 것은?

가. 수업대상자에게 적합한 수업방법을 설계해야 한다.
나. 학습활동에 대한 수업설계가 이루어져야 한다.
다. 교수자만의 선호하는 수업방법을 설계해야 한다.
라. 수업목표나 내용에 적합한 수업방법을 설계해야 한다.

2. 다음 중 수업설계의 유형 중에서 장기 수업설계의 유형이 아닌 것은?

가. 연간계획 나. 단원지도계획
다. 학습지도계획 라. 월간계획

3. 다음 중 수업설계의 유의사항이 아닌 것은?

가. 수업설계는 역동적이어야 한다.
나. 수업설계는 과학적으로 계획되어야 한다.
다. 수업설계는 지도목적에 적합한 계획이어야 한다.
라. 수업설계는 처방적이어야 한다.

4. 다음 중 일반적 학습지도 단계 중 '전개' 단계에 해당되는 가네와 브릭스(Gagné & Briggs)의 지도 단계는 무엇인가?

가. 선행학습 재생하기 나. 수업목표 고지하기
다. 수행유도하기 라. 파지 및 전이 촉진하기

5. 다음 중 교수-학습방법 선정기준에 해당하지 않는 것은?

가. 학생의 능력에 적합해야 한다.
나. 수업상황 중 시간과 장소를 고려해야 한다.
다. 현재의 교과목에 적합해야 한다.
라. 학생의 자기주도학습능력 향상에 적합해야 한다.

6. 바람직한 교수–학습방법 선정은 왜 필요한지 그 이유를 설명해 보시오.

7. 가네와 브릭스(Gagné & Briggs)의 수업 절차 9단계를 적용하여 본 교재의 2장을 중심으로 교수–학습과정안을 작성해 보시오.

Memo

Part 03

교육과정 평가

Chapter 11

교육과정 평가의 이해

1. 교육과정 평가의 의미와 목적
2. 교육과정 평가의 준비
3. 교육과정 평가모형

학습개요

이 장에서는 교육과정의 평가와 관련하여 세 가지 관점에 대하여 살펴볼 것이다. 첫째, 교육과정 평가란 흔히 교육목표의 달성 정도나 교육과정의 효율성을 판단하기 위하여, 학습자의 행동 변화 및 학습과정에 관한 제반 정보를 수집·이용함으로써 교육적 의사결정을 내리는 데 도움을 주거나 의사결정을 내리는 과정을 의미한다고 하는데, 그 의미에 대하여 고찰해 보고자 한다. 둘째, 교육과정 평가목적에는 교육과정 개발에 대한 평가목적, 교육과정 운영에 대한 평가목적, 교육과정 성과에 대한 평가목적이 있고, 평가 준비에는 요구분석 확인, 목표 확인, 실행 확인이 있다. 이들에 대한 정확한 개념을 살펴보고자 한다. 셋째, 학교 교육과정과 관련성이 높은 평가모형으로는 타일러(Tyler)와 하몬드(Hammond)를 중심으로 하는 목표중심 평가모형, 스크리븐(Scriven)과 스테이크(Stake)를 중심으로 한 판단중심 평가모형, 스터플빔(Stufflebeam)과 알킨(Alkin)을 중심으로 한 의사결정 평가모형이 있는데, 이들의 특징, 장·단점 등을 살펴볼 것이다. 이 장을 마치고 나면 여러분은 교육과정의 평가에 대한 의미와, 목적 그리고 평가모형에 대하여 전반적으로 이해할 수 있을 것이다.

학습목표

학습목표 1. 교육과정 평가의 목적을 설명할 수 있다.

학습목표 2. 교육과정 평가의 준비사항을 검토할 수 있다.

학습목표 3. 교육과정의 세 가지 관점의 평가모형 특징, 장·단점을 구분할 수 있다.

1 교육과정 평가의 의미와 목적

교육과정 평가란 흔히 교육목표의 달성 정도나 교육과정의 효율성을 판단하기 위하여, 학습자의 행동 변화 및 학습과정에 관한 제반 정보를 수집·이용함으로써 교육적 의사결정을 내리는 데 도움을 주거나 의사결정을 내리는 과정을 의미한다. 이 같은 의사결정과 관련한 일련의 활동은 교육과정에 대한 교육적 가치를 평가하는 중요한 의미를 갖는다. 좀 더 세부적으로 교육과정 평가의 의미를 살펴보면 다음과 같다(김희수, 2007).

① 교육목표 달성 여부나 그 수준을 판단하고 결정하는 일
② 교육과정에 관한 의사결정에 도움이 되는 정보를 제공하는 일
③ 특정 교육과정의 장점이나 가치를 판단하고 결정하는 일
④ 특정 교육과정의 성격과 특징을 기술하고 확인하는 일
⑤ 특정 교육과정의 효과와 영향을 체계적으로 평가 또는 총평(assessment)하는 일

위의 교육과정 의미에서처럼 교육과정의 교육적 가치평가를 하기 위해서는, 우선 교육하고자 하는 교육목적이 설정되어야 하며, 무엇(what)을 왜(why) 교육해야 하는지를 결정해야 한다. 교육은 목적 없이 수행될 수 없으며 목적의 구분 없이 수행될 수도 없다. 교육은 그것을 필요로 하는 교육대상의 필요와 목적에 부응해야 하고, 개인적 목표 달성 욕구와 조직의 목표 달성에도 필요한 것이어야 한다. 이러한 목표 달성을 위해서 요구분석과 교육사태의 평가에 관심을 가져야 한다. 또 교육 대상자나 교육사태를 진단하는 평가(diagnosis evaluation)도 실시해야 한다. 그리고 목표 설정 후 목표 달성을 위해서 진행 중인 교육과정을 개선하거나 혁신하기 위하여 지속적인 설계평가(design evaluation)나 과정평가(process evaluation)를 한다거나 형성평가(formative evaluation)를 실시해야 한다. 더 나아가 교육과정을

전체적으로 평가하는 총합평가(summative evaluation)도 실시해야 한다. 이처럼 교육평가는 교육 방향을 설정하고 점검하는 기능과 목적을 동시에 갖는다. 큰 틀에서 교육과정의 평가목적은 크게 세 가지로 구분할 수 있다(박현주, 2005).

1) 교육과정 개발에 대한 평가목적

이는 새로 개발된 교육과정을 평가하기 위한 목적으로 실시하는 경우를 말한다, 특히 국가수준의 교육과정 개발센터에서 교육과정을 개발하는 경우에 새롭게 개발한 교육과정을 정당화 또는 타당화할 필요가 있거나, 교육과정 장점과 특성을 파악하거나 또는 문제점이나 보완점을 미리 파악하여 교육과정을 보급하거나 일반화하기 전에 개선할 필요가 있을 경우 이러한 평가를 실시한다.

2) 교육과정 운영에 대한 평가목적

이는 학교 현장에 실제로 적용하여 운영되는 교육과정에 중점을 두고서, 그 효율화를 기하거나 개선하기 위한 목적으로 이루어지는 평가를 지칭한다. 또한 교육과정이 의도한 대로 운영·실시되고 있는가를 모니터링하거나, 운영 담당자가 충실하게 그것을 운영하고 있는가를 파악함으로써 교육과정의 질 관리를 기하는 동시에, 담당자의 책무성을 제고시키기 위한 목적으로 평가를 실시하는 경우 등이 이에 해당한다.

3) 교육과정 성과에 대한 평가목적

종래의 교육과정 평가는 거의 전적으로 교육과정의 목적달성만을 확인하는 데 중점을 두었으나, 최근의 교육과정 평가에서는 그 성과를 다각도로 확인하는 데 많은 관심을 갖는다. 특히 근래에는 교육과정이 의도하지 않고 예상하지 않았던 결과도 동시에 평가의 대상으로 삼는 경향이 나타나고 있다.

2 교육과정 평가의 준비

교육과정 평가는 평가의 규모에 따라 개인평가·조직평가로 구분한다. 평가의 형태에 따라서는 요구분석, 학습자 사전분석, 교수설계, 교육과정 평가, 조직구성원 평가, 비용-효용 평가 등 다양하게 진행할 수 있다. 또 평가를 주관하는 주체에 따라 내부 평가(internal evaluation)와 외부 평가(external evaluation)로 구분한다. 이처럼 평가는 규모, 형태, 주관하는 주체에 따라 평가는 다양하게 이루어진다. 이 같은 평가를 효과적이고 효율적으로 진행하기 위해선 다음과 같은 준비가 따른다.

1) 요구분석 확인

평가 전 요구분석은 평가의 전반에 걸쳐 진행한다. 바람직한 평가는 평가를 해야 할 목표, 즉 평가의 목표가 명확해야 하기 때문이다. 불분명한 목표설정은 평가의 의미와 가치 기준을 하락하는 요인이 될 뿐만 아니라, 올바른 평가를 시행하는 데 혼란과 혼돈을 초래할 수 있다. 따라서 이러한 목표가 합리적이고 조직적으로 수행되기 위해서 요구분석에서는 다음과 같은 사항이 확인되어야 한다.

(1) 요구분석에 포함해야 할 사항

① 학생의 과업수행 수준(지식 및 기능)

② 학교의 지향 방향
③ 학생의 동기 수준
④ 학교의 구조와 의사소통 관계
⑤ 교육과정의 준비 정도(교수요목, 교재 및 교구, 교육 장소, 강사 수준 등)
⑥ 운영자와 학교 구성원 간의 관계성
⑦ 자원 현황(인적·물적 자원 등)
⑧ 총합평가 결과

(2) 요구분석 시 유의해야 할 사항

① 객관성과 공정성 유지
② 충분한 자료 출처(data sources) 활용
③ 지식과 기능의 정확한 판단
④ 개인과 조직의 두 가지 측면 고려
⑤ 개인 및 조직의 내·외적 환경요인 고려
⑥ 평가자의 지나친 교육과정 개입

2) 목표 확인

교육과정의 평가목적은 분명하고 교육목표에 기여하여야 한다. 교육목표를 수행하는 과정과 절차 그리고 결과에 대한 실제 평가의 목표가 상이하다면 이는 방향 설정이 잘못된 것이다. 교육과정의 정확한 효과성을 측정하기 위해서는 교육목표가 명확해야 한다. 이런 교육목표와 교육과정과의 관계는 상호 관련성이 있어야 한다. 그래야만 교육목표에 대한 정확한 평가를 할 수 있기 때문이다. 바람직한 교육목표의 조건과 확인해야 할 사항들은 다음과 같다.

(1) 올바른 목표의 조건

① 학생이 학업을 할 때 어떤 상태에서 진행해야 하는지 조건을 포함해야 한다.

② 학생이 수행해야 할 학업이 무엇인지 인지할 수 있도록 해야 한다.

③ 학생이 수행할 과업이 어느 정도의 단계에 도달하면 학습성과를 달성하였는지를 측정 가능하여야 한다.

(2) 확인해야 할 사항

① 요구분석이 교육목표에 잘 반영되었는지 여부

② 교육목표와 교육과정 편성이 교육목표와 연계되었는지 여부

③ 자원들의 활용성 여부(인적, 물적, 시간 등)

④ 교육과정 평가방법의 적절성 여부

⑤ 교육과정 평가의 타당성 여부

⑥ 평가의 교육적 가치 여부

⑦ 평가의 체계가 정상적으로 작동 가능한지 여부

⑧ 교육과정을 통한 학생의 변화 가능성 여부

3) 실행 확인

실제 교육과정을 평가하는 단계로 실행과정으로 본다. 교육과정의 실제 평가 간 확인해야 할 사항은 다음과 같다.

(1) 확인해야 할 사항

① 교수자와 학생의 교수-학습 준비상태

② 수업내용의 타당성

③ 평가방법 및 평가행동의 적합성

④ 교육과정 개발 및 운영계획의 적절성
⑤ 교육과정 평가 및 운영체계의 적절성
⑥ 교육목표와 교육과정의 연계성
⑦ 교육과정 운영을 통한 성과
⑧ 기타 요소

3 교육과정 평가모형

교육과정은 넓은 의미에서 프로그램의 일종으로 이를 평가하기 위해서는 프로그램 평가모형을 적용할 수 있다. 평가모형을 현장에서 적용하기 위해서는 개념적 이해가 전제되어야 할 것이다. 이에 따라 여기서는 학교 교육과정과 관련성이 가장 높은 평가모형 세 가지 관점만 제한하여 살펴보고자 한다. 첫째, 타일러(Tyler)와 하몬드(Hammond)를 중심으로 하는 '목표중심 평가모형'이다. 둘째, 스크리븐(Scriven)과 스테이크(Stake)를 중심으로 한 '판단중심 평가모형'이다. 셋째, 스터플빔(Stufflebeam)과 알킨(Alkin)을 중심으로 한 '의사결정 평가모형'이다.

1) 목표중심 평가모형

목표중심(objective-oriented) 평가모형은 교육과정 또는 프로그램의 목표가 어느 정도 달성되있는지를 평가한다. 즉, 교육과정, 수업 또는 행정적 조치 및 경영과 관리를 통해 교육목표나 교육을 위한 행정적·제도적 목표가 달성된 정도를 사정하는 평가모형이다. 따라서 학생들의 성취도를 평가하든, 행동발달 상황을 평가하든, 교사의 수업을 평가하든, 교육시설을 평가하든지 간에 미리 설정해 놓은 목표를 평가의 기준으로 평가하는 모형이다. 목표중심 평가모형의 대표적인 학자는 타일러(Tyler)와 하몬드(Hammond)가 있다.

(1) 타일러의 목표성취지향 평가모형

타일러(Tyler)는 교육은 의도적인 활동으로 보고 평가도 목표가 있어야 한다고 강조하였다. 즉, 목표는 어느 정도 달성되었는지를 평가해야 하므로, 목표는 반드시 확인 가능하도록 구체적인 진술이 필요하다고 하였다. 이에 타일러는 명세적으로 진술한 행동목표를 준거로 교육 성과를 평가한다고 하여 이 평가모형을 '행동목표모형(Behavior Objective Model: BOM)이라고도 하였다. 타일러의 평가모형은 원래 학업성취도를 평가하기 위하여 제안된 평가모형이었으나, 지금은 교육과정을 평가할 때도 사용하고 목표관리기법(Management By Objective: MBO)이 교육행정에 도입되면서 학교경영 및 학교관리 평가에도 활용하고 있다. 타일러 평가모형의 5단계 평가 절차를 제시하면 다음과 같다(김희수, 2007).

① 목표설정: 일반 교육목표 설정
② 목표명시: 일반 교육목표를 기준으로 명세화된 행동목표로 전환
③ 도구제작: 평가방법과 평가도구를 선정 혹은 개발
④ 자료수집: 평가도구를 사용하여 정보를 수집
⑤ 가치판단: 수집한 정보를 기준으로 목표의 달성 정도를 판단

(2) 하몬드의 평가과정모형

하몬드(Hammond)의 평가과정모형은 교육의 평가과정을 체계적으로 구조화시키고 교육 활동에 대하여 공정하고 정확한 평가가 이루어지도록 설계하였다. 그는 평가과정을 체계적으로 구조화시킨다면 교육이 일시적인 유행이나 외부압력에 시달리지 않고 항상성을 유지하며 정확한 평가가 이루어질 것으로 보았다. 이에 교육이 하나의 과정이듯이 평가 활동

도 하나의 과정이라는 전제하에 구조적으로 체계화시킨 평가과정모형(model for evaluation as a process: MEP)을 제시하였다. 예를 들면, 3차원의 입방체(수업, 기관, 행동)의 평가모형을 구안하여 개념화한 것이다. 평가모형은 ① 프로그램 내용을 지칭하는 '행동(behavior) 영역'으로 인지적, 정의적, 심동적 요인을 두었고, ② '수업(instruction) 영역'으로 조직, 내용, 방법, 시설, 비용의 요인을 두었으며, ③ '기관(institution) 영역'으로 학생(학습자), 교수자, 관리자, 교육전문가, 학부모, 지역사회 요인을 두었다. 하몬드의 평가과정모형을 그림으로 제시하면 그림 11-1과 같다.

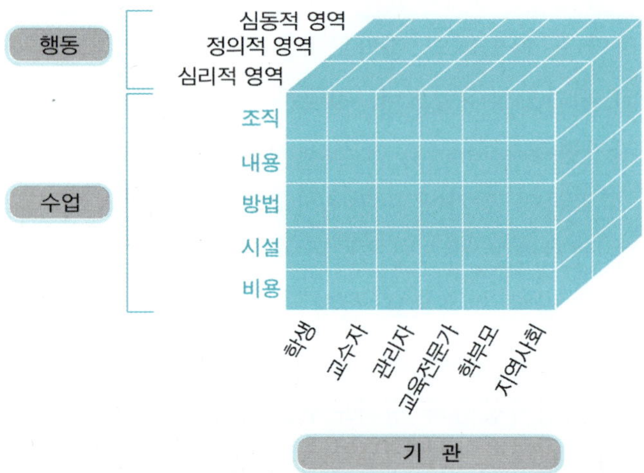

그림 11-1 하몬드(Hammond)의 평가과정모형

이 모형은 단순히 학업성취도만을 준거로 프로그램의 효과를 측정하지 않고, 평가 구조에서 제시된 수업, 행동, 기관 차원들이 서로 교차함으로써 생기는 상호작용 효과도 미리 설정하여 놓은 목표를 준거로 평가한다는 점에서 특징이 있다. 또 다른 평가들이 지나치게 거시적이고 추상화된 경향이 있지만, 이 모형은 교육청이나 학교 등과 같이 프로그램을 실제로 운영하는 집행기관에서 활용하기 쉽도록 되어 있는 특징이 있다. 하지만 하몬드의 모형은 교육 성과를 체계적이고 명확하게 평가할 수 있는 장점이 있는 반면, 평가할 변인이 너무 많아서 평가 결과를 수량화하기가 어렵고, 시간과 인력이 많이 요구되는 단점이 있다. 하몬드의 평가과정모형의 평가 절차를 제시하면 다음과 같다.

1 변인설정 단계

세 차원(수업, 행동, 기관) 및 각 하위 변인에서 교육과정과 직접 관련 있는 것을 설정하고, 그들 간의 상호작용도 밝혀서 평가목표를 진술한다.

2 방법결정 단계

평가하고자 하는 변인에 대하여 가장 잘 측정할 수 있는 방법을 결정한 후 평가도구를 제작한다.

3 결과분석 단계

평가도구를 통해 자료를 수집·분석하여 세 차원 또는 변인별로 목표 달성 정도를 확인한다.

4 결과보고 단계

교육과정 운영과 관련된 이해 당사자들이 이해하고 활용하기 쉽도록 평가 결과를 정리하여 보고한다.

2) 판단중심 평가모형

판단모형(judgement-oriented)은 어떤 경험이나 개념 또는 과정의 가치를 판단함에 있어서 전문가에게 의존해야 한다는 것이다. 따라서 평가 그 자체는 전문가의 판단 결과에 의해서 해석된다. 이러한 입장을 고수한 대표적인 학자는 스크리븐(Scriven)과 스테이크(Stake)이다.

(1) 스크리븐의 탈목표 평가모형

스크리븐(Scriven)은 목표중심 평가모형의 문제점을 보완·개선하려는 평가모형으로, ① 프로그램이 의도한 효과(내재적 준거) 외에도, ② 주변 효과까지를 포함하여 실제로 그 효과를 평가해야 한다는 관점(외재적 준거)에서 탈목적 평가모형(goal free evaluation)이라고 명명하였다. 기존의 목표기준평가(goal based evaluation)는 목표를 준거로 하여 의도한 일차적 성과만을 확인하고 이차적 또는 잠재적 부수 효과에는 관심이 없었다. 이런 결과로 인해 실제 성과를 제대로 판단할 수 없다는 비판을 받아왔다. 예를 들면, 어떤 프로그램은 실제 목표를 달성했음에도 불구하고 주변의 부정적인 요인 때문에 지속적인 적용이 곤란한 경우도 있으며, 반대로 목표 달성에는 실패하였지만 주변의 긍정적인 요인으로 인해 승수 효과를 수반하는 프로그램도 있다는 것이다. 이런 점에서 평가의 불합치를 가급적 제거하고 평가의 신뢰도를 높이기 위해서는 전문가의 역할이 더욱 중요하게 되었다. 평가란 주어진 목표에 근거해 성취 정도를 확인하는 '관리적인' 활동이라기보다는 전문가가 전문가적인 안목과 식견으로 가치판단을 하는 '전문적이고 복잡한' 활동이라는 것이다. 하지만 이 모형은 전문가의 판단에 있어서 타당성을 어떻게 확보해야 할 것이냐에 대한 문제를 자세히 다루지 않았다는 점에서 비판을 받고 있다(권낙원 외, 2011). 이 프로그램의 긍정적인 측면과 부정적인 측면은 다음과 같다.

1 긍정적인 측면

① 내재적 준거(교육목적 달성도)와 외재적 준거(이차적 또는 부수적 효과, 목표 이외의 교육 효과) 양자에 의한 가치판단을 제안함으로써 평가에서의 가치판단 범위를 확장시켰다.

② 형성평가의 개념을 도입함으로써 결과와 더불어 수업계열, 수업과정을 개선하려는 노력을 강조하였다.

③ 탈목표평가와 목표의거평가의 차이를 제안하였으며, 이들에 대비하여 의사결정의 가치판단에 초점을 두었다.

2 부정적인 측면

① 다양한 개념상의 구분(탈목표평가, 수요자 중심평가 등)을 철학적인 측면에서 제안하고 있으나 교육평가의 실제에 적용하기가 쉽지 않다.

(2) 스테이크의 종합실상 평가모형

스테이크(Stake)의 종합실상 평가모형은 교사들이 수업방식을 이해하고 수업 이론의 발전에 기여하기 위해서는 전체적인 평가 국면(full countenance of evaluation)을 정확하게 검토하는 것이 중요하다고 강조하였다. 모든 평가는 기술(description)과 판단(judgement)의 과정을 거쳐야 한다는 것이다. 다시 말해 충분하게 관찰해서 기술하고, 이를 바탕으로 정확하게 판단하는 것이 절대적으로 필요하다는 것이다. 스테이크는 판단이 제시되지 않은 평가는 평가가 아니고, 평가자는 어떤 형태로든 프로그램의 질에 관한 판단을 제시해야 할 책임이 있다는 것이다. 스테이크는 종합실상 평가모형에서 관찰 및 수집해야 할 정보를 다음과 같이 제시하였으며(김대현 외, 1999), 그림으로 제시하면 그림 11-2와 같다.

1 선행요건(antecedent) : 수업 전 조건

교육과정 실행 전의 학습자 특성, 교육과정, 교육시설, 교육환경 등

2 실행요인(transaction) : 수업 과정

교수자와 학습자 간, 학습자 간의 상호작용과 질의, 설명, 토론, 과제, 시험 등 교육과정 실행과정에서 작용하는 제 변인

3 성과요인(outcomes) : 수업 성과

교육과정에 의해 나타난 학습자의 학업성취도, 흥미, 동기, 태도 등의 변화를 포함하여 교육과정 실행을 통해 교수자, 조직(집단), 관리자, 지역사회에 미치는 영향

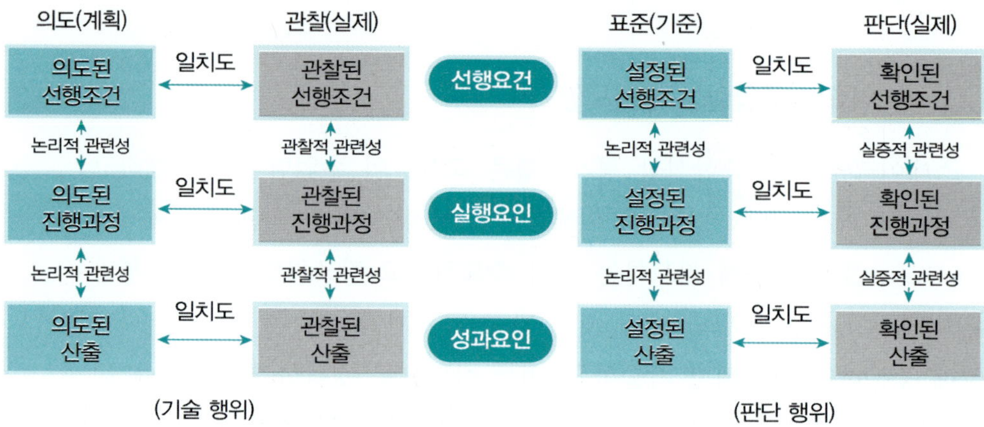

그림 11-2 스테이크(Stake)의 종합실상 평가모형

그림 11-2처럼 스테이크는 먼저, 수집된 기술자료를 선행요건, 실행요인, 성과요인별로 프로그램 목표에서의 의도와 운영에서 관찰된 것을 분리하여 3(선행요건, 실행요인, 성과요인) × 2(의도, 관찰) 행렬표에 분류·정리하였다. 다음으로 프로그램의 질 판단을 위해서 표준을 정한 후, 그 준거를 기초로 기술적 자료를 분석·정리한 결과의 가치와 중요성을 판단하였다. 판단 자료는 3(선행요건, 실행요인, 성과요인) × 2(표준, 판단) 행렬표에 분석·정리하였다.

3) 의사결정 중심 평가모형

의사결정 중심(decision-oriented) 평가모형은 교육평가를 교육과 관련된 의사결정자에게 활용 가능한 정보를 제공함으로써 의사결정을 촉진시키는 행위로 규정한다. 따라서 평가자가 목표의 달성 정도를 결정하고 판단하지만, 그보다 중요한 역할은 의사결정자의 의사결정을 돕는 것이다. 다시 말해서 평가자는 교육 현상의 가치에 대해서 개인적인 평가를 하지 않고 가치를 결정할 사람에게 정보를 수집하여 전달해주는 관점이다. 이와 같은 의사결정모형의 대표적인 제안자는 스터플빔(Stufflebeam)과 알킨(Alkin)이다.

(1) 스터플빔의 CIPP 평가모형

스터플빔(Stufflebeam)은 교육평가가 교육행정 관리자들이 올바른 의사결정을 내릴 수 있도록 필요한 정보를 제공해 주고, 그 결정이 갖는 장·단점을 파악할 수 있도록 해주어야 한다고 강조하였다. 이런 측면에서 교육평가의 일차적인 기능은 교육목표의 달성 정도를 확인하는 것이 아니고, 교육에 관한 의사결정을 촉진하고 도와주는 관리적 기능이라고 할 수 있다. 스터플빔은 평가란 의사결정의 대안을 판단하는 데 필요한 적절한 정보를 획득, 기술, 제공하는 과정으로 하는 것이 아니라, 의사결정자에게 필요한 충분한 정보와 자료를 제공해 주는 정보관리자의 역할을 한다고 보았다. 이 입장에서 스터플빔은 CIPP 평가모형을 제안하였다. CIPP 평가모형은 네 가지 평가 유형이 결합된 모형이다. C는 ① 상황평가(context evaluation), I는 ② 투입평가(input evaluation), P는 ③ 과정평가(process evaluation), P는 ④ 산출평가(product evaluation)를 의미한다.

1 상황평가(또는 맥락평가)

교육목표를 결정하는 합리적 기초나 이유를 제공해 준다. 교육상황에서 상황평가는 무엇이 문제인가, 무엇이 충족되어야 할 필요가 있는가를 밝혀서 장차의 프로그램에서 관심이 되어야 할 일반목표와 특별목표를 확인하는 일을 한다. 상황평가의 결과는 이미 설정 및 운영되고 있는 목표와 새로운 목표 간의 우선순위를 검토하여 조정하고 바람직한 변화를 결정하는 기초 자료로 활용된다. 상황평가에 사용되는 주요 방법은 체제분석과 조사, 문헌 연구, 진단검사, 면접 등이 있다.

2 투입평가

투입평가는 의사결정을 구조화하기 위한 평가이다. 설정된 목표와 사정된 요구를 성취하기 위해 필요한 수단을 구체화는 의사결정이다. 다시 말해 평가에 사용되는 인간자원, 목표 달성 전략, 전략 실행을 위한 설계 등의 활용방법을 결정하는 데 필요한 정보를 수집하여 제공한다.

3 과정평가

과정평가는 프로그램의 설계대로 실천하기 위한 실행의 의사결정이다. 다시 말해 의사결정을 실행하는 데 도움을 주는 평가이다. 프로그램의 실행과정에서 프로그램의 운영방법과 절차를 수정하고 보완하는 데 정보를 수집하고 제공하여 프로그램의 운영 상황을 검토하는 것이다. 과정평가의 주요 방법은 관찰, 토의, 설문조사 등이 있다.

4 산출평가

산출평가는 의사결정을 순환시키는 데 도움을 주기 위한 평가이다. 즉, 프로그램이 종료된 후 프로그램의 효과를 측정하는 평가로 그 효과를 종합적으로 확인하여 프로그램의 질과 사용자의 요구에 비추어 프로그램의 성과를 정확하게 판단하는 것이다.

(2) 알킨의 CSE 평가모형

알킨(Alkin)은 UCLA대학의 CSE(center for the study of evaluation)의 소장으로 재직 중에 평가모형을 만들었기 때문에 CSE 평가모형 혹은 UCLA 평가모형이라고 부른다. CSE 평가모형에서는 의사결정자가 다양한 방안 중에서 하나의 방책을 선택할 수 있도록 의사결정 영역에 필요한 정보를 선택, 수집, 분석하여 의사결정권자에게 보고하는 과정이라고 말한다.

이러한 CSE 평가모형의 평가 절차는 [1] 체제 사정평가(systems assessment evaluation), [2] 프로그램 계획평가(program planning implementation), [3] 프로그램 실행평가(program implementation), [4] 프로그램 개선평가(program improvement evaluation), [5] 프로그램 승인평가(program certification evaluation)로 구분한다.

[1] 체제 사정평가

특정한 상황에 부합하거나 필요한 교육목표를 선정하기 위해 교육목표의 폭과 깊이를 결정하는 데 요구되는 정보를 수집하는 과정이다. 체제 사정에서 정보를 수집하고 보고하는 방법에는 조사, 면담, 관찰, 토의 등이 있다.

[2] 프로그램 계획평가

체제 사정평가를 충족시킬 수 있는 다양한 방안 중에서 가장 효율적인 방안을 선택하도록 필요한 정보를 수집하는 과정이다. 프로그램 계획평가는 내·외적 평가 방법이 있다.

① 내적 평가: 프로그램의 목표 달성을 위해 재생 또는 복사할 수 있는 부분의 범위를 검토하고, 프로그램의 유형, 구성, 실용성, 비용 등을 평가한다.

② 외적 평가: 유사한 장면에서 프로그램을 실행했을 때 실행 효과, 즉 일반화의 범위를 설정한다.

3 프로그램 실행평가

프로그램 실행평가는 프로그램이 실제로 계획된 대로 실천되고 있는가에 관심을 가지고 프로그램의 개선을 위한 의사결정에 도움이 되는 정보를 제공한다. 프로그램 실행평가에서는 체제 사정평가에서처럼 면담, 관찰, 토의, 조사 등의 방법이 사용된다.

4 프로그램 개선평가

프로그램 개선평가에서는 프로그램 실행과정에 직접 개입하여 문제점과 증상을 파악하여 이를 수정·보완하는 등의 적극적인 역할을 수행한다. 프로그램의 개선평가에는 개선과 변화 후에 효과를 규명하는 실험법 또는 현장 연구 형태의 방법을 사용한다.

5 프로그램 승인평가

프로그램 승인평가과정에서는 의사결정자에게 프로그램의 질과 가치를 포함한 효과성 등 전반적인 결과를 종합적으로 제시함으로써 프로그램의 채택 여부를 결정하도록 도움을 주는 평가이다. 다시 말해서 프로그램 종료 후 프로그램에 대한 장·단점을 사실적으로 파악·분석하여 의사결정자에게 제공하는 것이다. 프로그램 승인평가의 자료에는 일반적으로 신뢰성, 타당성, 효율성, 일반화의 원리가 적용된다.

요점 정리(summary)

- 교육과정 평가란 흔히 교육목표의 달성 정도나 교육과정의 효율성을 판단하기 위하여, 학습자의 행동 변화 및 학습과정에 관한 제반 정보를 수집·이용함으로써 교육적 의사결정을 내리는 데 도움을 주거나 의사결정을 내리는 과정이다.
- 교육과정 평가목적에는 교육과정 개발에 대한 평가목적, 교육과정 운영에 대한 평가목적, 교육과정 성과에 대한 평가목적이 있고, 평가 준비에는 요구분석 확인, 목표 확인, 실행 확인이 있다.
- 학교 교육과정과 관련성이 높은 평가모형으로는 타일러(Tyler)와 하몬드(Hammond)를 중심으로 하는 목표중심 평가모형과 스크리븐(Scriven)과 스테이크(Stake)를 중심으로 한 판단중심 평가모형 그리고 스터플빔(Stufflebeam)과 알킨(Alkin)을 중심으로 한 의사결정 평가모형이 있다.

주요 용어(key word)

- 타일러(Tyler)
- 하몬드(Hammond)
- 스크리븐(Scriven)
- 스테이크(Stake)
- 스터플빔(Stufflebeam)
- 알킨(Alkin)
- 목표중심 평가모형
- 판단중심 평가모형
- 의사결정중심 평가모형

형성평가 및 연구과제 formation evaluation & research subject

1. 교육과정 평가를 올바르게 수행하기 위하여 교육목표를 행동적인 용어로 명백하게 진술하기를 요구하는 평가모형은?

가. 의사결정중심 평가모형　　나. 판단중심 평가모형
다. 목표중심 평가모형　　라. 관리자중심 평가모형

2. 다음은 교육과정 평가모형 중 어떤 모형의 특징에 대하여 설명한 것인가?

> 형성평가의 개념을 도입함으로써 결과와 더불어 수업계열, 수업과정을 증진시키기 위한 노력을 강조하였다.

가. 의사결정중심 평가모형　　나. 판단중심 평가모형
다. 목표중심 평가모형　　라. 관리자중심 평가모형

3. 교육과정 평가모형 중 CIPP모형으로 불리는 모형은?

가. 판단중심 평가모형　　나. 의사결정중심 평가모형
다. 목표중심 평가모형　　라. 관리자중심 평가모형

4. 다음 중 스터플빔(Stufflebeam)의 CIPP모형에서 맨 처음 실시해야 할 평가는?

가. 상황평가　　나. 과정평가　　다. 산출평가
라. 투입평가　　마. 시행평가

5. 탈목표평가로 불리는 교육평가모형은?

가. 목표중심 평가모형　　나. 판단중심 평가모형
다. 의사결정중심 평가모형　　라. 관리자중심 평가모형

6. 스크리븐(Scriven)의 판단중심 평가모형에 대한 설명으로 적절하지 않은 것은?

가. 이 모형의 적절한 적용 예는 '교사평가'이다.
나. 이 모형을 공급자중심 평가모형으로 부르기도 한다.
다. 평가의 준거로서 내재적 준거와 외재적 준거가 활용된다.
라. 설정한 목표 달성 여부 외에 다른 유용한 판단 기준도 중요시한다.

7. 다음 중 평가 관련 요구분석 시 유의할 사항이 아닌 것은?

가. 충분한 자료출처 활용
나. 개인과 조직의 두 가지 개념 고려
다. 지식과 기능의 정확한 판단
라. 평가자의 주관성과 공정성 유지

8. 학생이 평가자라고 한다면 교육과정 평가모형 중 어느 모형을 선택하고 싶은가? 그 이유는 무엇인가?

9. 스크리븐(Scriven)의 탈목표 평가모형의 장·단점을 제시해 보시오.

10. 교육과정의 목적은 무엇인지 작성해 보시오.

Memo

형성평가 모범 답안

□ 객관식 문항

문항 \ 장	제1장	제2장	제3장	제4장	제5장	제6장	제7장	제8장	제9장	제10장	제11장
1	다	가	나	나	다	나	마	마	나	다	다
2	라	다	라	다	마	라	마	마	다	다	나
3	가	가	다	라	다	다	라	라	나	라	나
4	나	라	라	가	다	가		나	가	다	가
5	가	라	다	다	다	라		가	가	라	나
6	다	다	가	다	나	라		마	라		나
7	라	라	라	다	나	가		다	라		라
8	라	라	다	다	라	가		가	라		
9	나		다	다	나	라			가		
10			나	마		가			나		
11			가	라		다					
12			가	라		라					
13			마	다		마					
14				다							
15				나							

□ 완성형 문항

• 제3장 14번 문항

구분	시기	정의	실체	사상적 배경	개념의 폭
1) 교과중심 교육과정	1920~현재	교수요목	문서	이상·본질주의	매우 좁다
2) 경험중심 교육과정	1930~현재	지도된 경험	경험	진보·실용주의	넓다
3) 학문중심 교육과정	1960~현재	지식의 구조	문서	본질·실제주의	좁다
4) 인간중심 교육과정	1970~1980	경험의 총체	경험	실존·인본주의	매우 넓다

• 제5장 10, 11번 문항

문항	정답
10	(A)교육과정 계획/설계 (B)확산활동 (C)평가활동 (D)교육과정 정착
11	(A)강령 (B)설계

Appendix

부록

초·중등학교 교육과정 총론(교육부 고시 제2022-33호)

초·중등학교 교육과정 총론

교육부 고시 제2022-33호 [별책 1]

교육부 고시 제2022-33호

초·중등교육법 제23조제2항, 제48조 및 국가교육위원회법 부칙 제4조에 의거하여 초·중등학교 교육과정을 다음과 같이 고시한다.

2022년 12월 22일
교육부 장관

1. 초·중등학교 교육과정 총론은 【별책 1】과 같다.
2. 초등학교 교육과정은 【별책 2】와 같다.
3. 중학교 교육과정은 【별책 3】과 같다.
4. 고등학교 교육과정은 【별책 4】와 같다.
5. 국어과 교육과정은 【별책 5】와 같다.
6. 도덕과 교육과정은 【별책 6】과 같다.
7. 사회과 교육과정은 【별책 7】과 같다.
8. 수학과 교육과정은 【별책 8】과 같다.
9. 과학과 교육과정은 【별책 9】와 같다.
10. 실과(기술·가정)/정보과 교육과정은 【별책 10】과 같다.
11. 체육과 교육과정은 【별책 11】과 같다.

12. 음악과 교육과정은 【별책 12】와 같다.
13. 미술과 교육과정은 【별책 13】과 같다.
14. 영어과 교육과정은 【별책 14】와 같다.
15. 바른 생활, 슬기로운 생활, 즐거운 생활 교육과정은 【별책 15】와 같다.
16. 제2외국어과 교육과정은 【별책 16】과 같다.
17. 한문과 교육과정은 【별책 17】과 같다.
18. 중학교 선택 교과 교육과정은 【별책 18】과 같다.
19. 고등학교 교양 교과 교육과정은 【별책 19】와 같다.
20. 과학 계열 선택 과목 교육과정은 【별책 20】과 같다.
21. 체육 계열 선택 과목 교육과정은 【별책 21】과 같다.
22. 예술 계열 선택 과목(연극 과목 포함) 교육과정은 【별책 22】와 같다.
23. 전문 교과 교육과정은 【별책 23~39】와 같다.
24. 창의적 체험활동 교육과정은 【별책 40】과 같다.
25. 한국어 교육과정 【별책 41】과 같다.

부 칙

1. 이 교육과정은 학교급별, 학년별로 다음과 같이 시행한다.
   가. 2024년 3월 1일 : 초등학교 1, 2학년
   나. 2025년 3월 1일 : 초등학교 3, 4학년, 중학교 1학년, 고등학교 1학년
   다. 2026년 3월 1일 : 초등학교 5, 6학년, 중학교 2학년, 고등학교 2학년
   라. 2027년 3월 1일 : 중학교 3학년, 고등학교 3학년
2. 다만, 한국어 교육과정【별책 41】은 교육부 고시 제2017-131호에 따른다.
3. 교육부 고시 제2015-74호(2015.09.23.), 교육부 고시 제2015-80호(2015.12.01.), 교육부 고시 제2017-108호(2017.01.06.), 교육부 고시 제2017-131호(2017.09.29.), 교육부 고시 제2018-150호(2018.04.19.), 교육부 고시 제2018-162호(2018.7.27.), 교육부 고시 제2019-211호(2019.12.27.), 교육부 고시 제2020-225호(2020.04.14.), 교육부 고시 제2020-236호(2020.09.11.), 교육부 고시 제2020-248호(2020.12.31.), 교육부 고시 제2022-2호(2022.01.17.)의 초·중등학교 교육과정은 2027년

2월 28일로 폐지한다.

4. 「훈령·예규 등의 발령 및 관리에 관한 규정」(대통령훈령 제431호, 2021. 2.5.)에 따라 이 고시 발령 후의 법령이나 현실 여건의 변화 등을 검토하여 이 고시의 폐지, 개정 등의 조치를 하여야 하는 기한은 2027년 2월 28일까지로 한다.

〈참고〉

초·중등학교 교육과정 개정 고시의 전문은 교육부 홈페이지와 국가교육과정정보센터에 게재되어 있습니다.

※ 교육부 홈페이지(www.moe.go.kr)〉법령 정보〉입법·행정 예고

※ 국가교육과정정보센터(ncic.re.kr)〉교육과정 자료실〉교육과정 원문 및 해설서

교육과정의 성격

이 교육과정은 초·중등교육법 제23조제2항에 의거하여 고시한 것으로, 초·중등학교의 교육 목적을 달성하기 위해 초·중등학교에서 운영하여야 할 학교 교육과정의 공통적이고 일반적인 기준을 국가 수준에서 제시한 것이다.

이 교육과정 기준의 성격은 다음과 같다.

가. 국가 수준의 공통성을 바탕으로 지역, 학교, 개인 수준의 다양성을 추구할 수 있도록 학교 교육과정의 기준과 내용에 관한 기본사항을 제시한다.

나. 학교 교육과정이 학생을 중심에 두고 주도성과 자율성, 창의성의 신장 등 학습자 성장을 지원할 수 있도록 교육과정의 기준과 내용을 제시한다.

다. 학교의 전반적인 교육 체제를 교육과정 중심으로 운영할 수 있도록 교육과정의 기준과 내용을 제시한다.

라. 학교 교육과정이 추구하는 교육 목적의 실현을 위해 학교와 시·도 교육청, 지역사회, 학생·학부모·교원이 함께 협력적으로 참여하는 데 필요한 사항을 제시한다.

마. 학교 교육의 질적 수준을 국가와 시·도 교육청, 학교 수준에서 관리하고 개선하기 위해 기반으로 삼아야 할 교육과정의 기준과 내용을 제시한다.

Ⅰ. 교육과정 구성의 방향

이 장에서는 국가 교육과정의 개정 배경과 중점을 설명하고, 이 교육과정으로 교육을 받는 사람이 갖출 것으로 기대하는 모습과 중점적으로 기르고자 하는 핵심역량 및 교육 목표를 제시한다.

- '교육과정 구성의 중점'에서는 교육과정 개정의 주요 배경과 이에 따른 개정 중점을 제시한다.
- '추구하는 인간상'은 초·중등 교육을 통해 학생들이 갖출 것으로 기대하는 특성을 나타낸 것으로, 교육의 본질과 방향을 제시하는 기능을 한다.
- '핵심역량'은 추구하는 인간상을 구현하기 위해 학교 교육의 전 과정을 통해 중점적으로 기르고자 하는 능력이다.
- '학교급별 교육 목표'는 추구하는 인간상과 핵심역량을 바탕으로 초·중·고등학교별로 달성하기를 기대하는 교육 목표이다.

1. 교육과정 구성의 중점

우리나라 초·중등학교 교육과정은 사회 변화와 시대적 요구를 반영하여 지속적으로 개정되고 발전해 왔다. 우리 사회는 새로운 변화와 도전에 직면해 있으며, 이에 대응하기 위해 교육과정을 개정할 필요성이 제기되었다. 교육과정의 변화를 요청하는 주요 배경은 다음과 같다.

첫째, 인공지능 기술 발전에 따른 디지털 전환, 감염병 대유행 및 기후·생태환경 변화, 인구 구조 변화 등에 의해 사회의 불확실성이 증가하고 있다.

둘째, 사회의 복잡성과 다양성이 확대되고 사회적 문제를 해결하기 위한 협력의 필요성이 증가함에 따라 상호 존중과 공동체 의식을 함양하는 것이 더욱 중요해지고 있다.

셋째, 학생 개개인의 특성과 진로에 맞는 학습을 지원해 주는 맞춤형 교육에 대한 요구가 증가하고 있다.

넷째, 교육과정 의사 결정 과정에 다양한 교육 주체들의 참여를 확대하고 교육과정 자율화 및 분권화를 활성화해야 한다는 요구가 높아지고 있다.

이에 그동안의 교육과정 발전 방향을 계승하면서 미래 사회를 살아갈 학생들이 주도적으로 삶을 이끌어가는 능력을 함양할 수 있도록 교육과정을 구성한다.

이 교육과정은 우리나라 교육과정이 추구해 온 교육 이념과 인간상을 바탕으로, 미래 사회가 요구하는 핵심역량을 함양하여 포용성과 창의성을 갖춘 주도적인 사람으로 성장하게 하는 데 중점을 둔다.

이를 위한 교육과정 구성의 중점은 다음과 같다.

가. 디지털 전환, 기후·생태환경 변화 등에 따른 미래 사회의 불확실성에 능동적으로 대응할 수 있는 능력과 자신의 삶과 학습을 스스로 이끌어가는 주도성을 함양한다.

나. 학생 개개인의 인격적 성장을 지원하고, 사회 구성원 모두의 행복을 위해 서로 존중하고 배려하며 협력하는 공동체 의식을 함양한다.

다. 모든 학생이 학습의 기초인 언어·수리·디지털 기초소양을 갖출 수 있도록 하여 학교 교육과 평생 학습에서 학습을 지속할 수 있게 한다.

라. 학생들이 자신의 진로와 학습을 주도적으로 설계하고, 적절한 시기에 학습할 수 있도록 학습자 맞춤형 교육과정 체제를 구축한다.

마. 교과 교육에서 깊이 있는 학습을 통해 역량을 함양할 수 있도록 교과 간 연계와 통합, 학생의 삶과 연계된 학습, 학습에 대한 성찰 등을 강화한다.

바. 다양한 학생 참여형 수업을 활성화하고, 문제 해결 및 사고의 과정을 중시하는 평가를 통해 학습의 질을 개선한다.

사. 교육과정 자율화·분권화를 기반으로 학교, 교사, 학부모, 시·도 교육청, 교육부 등 교육 주체들 간의 협조 체제를 구축하여 학습자의 특성과 학교 여건에 적합한 학습이 이루어질 수 있도록 한다.

2. 추구하는 인간상과 핵심역량

우리나라의 교육은 홍익인간의 이념 아래 모든 국민으로 하여금 인격을 도야하고, 자주적 생활 능력과 민주시민으로서 필요한 자질을 갖추어 인간다운 삶을 영위하고, 민주 국가의 발전과 인류 공영의 이상을 실현할 수 있도록 함을 목적으로 한다.

이러한 교육 이념과 교육 목적을 바탕으로, 이 교육과정이 추구하는 인간상은 다음과 같다.

가. 전인적 성장을 바탕으로 자아정체성을 확립하고 자신의 진로와 삶을 스스로 개척하는 자기주도적인 사람

나. 폭넓은 기초 능력을 바탕으로 진취적 발상과 도전을 통해 새로운 가치를 창출하는 창의적인 사람

다. 문화적 소양과 다원적 가치에 대한 이해를 바탕으로 인류 문화를 향유하고 발전시키는 교양 있는 사람

라. 공동체 의식을 바탕으로 다양성을 이해하고 서로 존중하며 세계와 소통하는 민주시민으로서 배려와 나눔, 협력을 실천하는 더불어 사는 사람

이 교육과정이 추구하는 인간상을 구현하기 위해 교과 교육과 창의적 체험활동을 포함한 학교 교육 전 과정을 통해 중점적으로 기르고자 하는 핵심역량은 다음과 같다.

가. 자아정체성과 자신감을 가지고 자신의 삶과 진로를 스스로 설계하며 이에 필요한 기초 능력과 자질을 갖추어 자기주도적으로 살아갈 수 있는 자기관리 역량

나. 문제를 합리적으로 해결하기 위하여 다양한 영역의 지식과 정보를 깊이 있게 이해하고 비판적으로 탐구하며 활용할 수 있는 지식정보처리 역량

다. 폭넓은 기초 지식을 바탕으로 다양한 전문 분야의 지식, 기술, 경험을 융합적으로 활용하여 새로운 것을 창출하는 창의적 사고 역량

라. 인간에 대한 공감적 이해와 문화적 감수성을 바탕으로 삶의 의미와 가치를 성찰하고 향유하는 심미적 감성 역량

마. 다른 사람의 관점을 존중하고 경청하는 가운데 자신의 생각과 감정을 효

과적으로 표현하며 상호협력적인 관계에서 공동의 목적을 구현하는 협력적 소통 역량

바. 지역·국가·세계 공동체의 구성원에게 요구되는 개방적·포용적 가치와 태도로 지속 가능한 인류 공동체 발전에 적극적이고 책임감 있게 참여하는 공동체 역량

3. 학교급별 교육 목표

가. 초등학교 교육 목표

초등학교 교육은 학생의 일상생활과 학습에 필요한 기본 습관 및 기초 능력을 기르고 바른 인성을 함양하는 데 중점을 둔다.

1) 자신의 소중함을 알고 건강한 생활 습관을 기르며, 풍부한 학습 경험을 통해 자신의 꿈을 키운다.
2) 학습과 생활에서 문제를 발견하고 해결하는 기초 능력을 기르고, 이를 새롭게 경험할 수 있는 상상력을 키운다.
3) 다양한 문화 활동을 즐기며 자연과 생활 속에서 아름다움과 행복을 느낄 수 있는 심성을 기른다.
4) 일상생활과 학습에 필요한 규칙과 질서를 지키고 서로 돕고 배려하는 태도를 기른다.

나. 중학교 교육 목표

중학교 교육은 초등학교 교육의 성과를 바탕으로, 학생의 일상생활과 학습에 필요한 기본 능력을 기르고, 바른 인성 및 민주시민의 자질을 함양하는 데 중점을 둔다.

1) 심신의 조화로운 발달을 바탕으로 자아존중감을 기르고, 다양한 지식과 경험을 통해 책임감을 가지고 적극적으로 삶의 방향과 진로를 탐색한다.
2) 학습과 생활에 필요한 기본 능력 및 문제 해결력을 바탕으로, 도전정신과 창의적 사고력을 기른다.

3) 자신을 둘러싼 세계에서 경험한 내용을 토대로 우리나라와 세계의 다양한 문화를 이해하고 공감하는 태도를 기른다.
4) 공동체 의식을 바탕으로 타인을 존중하고 서로 소통하는 민주시민의 자질과 태도를 기른다.

다. 고등학교 교육 목표

고등학교 교육은 중학교 교육의 성과를 바탕으로, 학생의 적성과 소질에 맞게 진로를 개척하며 세계와 소통하는 민주시민으로서의 자질을 함양하는 데 중점을 둔다.

1) 성숙한 자아의식과 인간의 존엄성에 대한 존중을 바탕으로 일의 가치를 이해하고, 자신의 진로에 맞는 지식과 기능을 익히며 평생 학습의 기본 능력을 기른다.
2) 다양한 분야의 지식과 경험을 융합하여 창의적으로 문제를 해결하고, 새로운 상황에 능동적으로 대처하는 능력을 기른다.
3) 다양한 문화에 대한 이해를 바탕으로 자신의 삶을 성찰하고 새로운 문화 창출에 기여할 수 있는 자질과 태도를 기른다.
4) 국가 공동체에 대한 책임감을 바탕으로 배려와 나눔을 실천하며 세계와 소통하는 민주시민으로서의 자질과 태도를 기른다.

II. 학교 교육과정 설계와 운영

이 장에서는 초·중등교육법에 근거한 국가 교육과정에 따라 학교 교육과정을 설계하고 운영할 때 지향해야 할 방향과 고려해야 할 일반적인 원칙을 제시한다.

- '설계의 원칙'에서는 학교 교육과정을 설계하고 운영할 때 반영해야 할 주요 원칙들과 유의사항 및 절차 등을 안내한다.
- '교수·학습'에서는 학습의 일반적 원리에 근거하여 수업을 설계하고 운영할 때 고려해야 할 주요 원칙들을 제시한다.
- '평가'에서는 학교 교육과정 설계·운영의 맥락에서 평가가 학습자의 성장을 지원하는 데 고려해야 할 원칙과 유의사항을 제시한다.
- '모든 학생을 위한 교육기회의 제공'에서는 다양한 특성을 가진 학습자들이 차별을 받지 않고 적합한 교육기회를 갖게 하는 데 필요한 지원 과제를 안내한다.

1. 설계의 원칙

가. 학교는 이 교육과정을 바탕으로 학교 교육과정을 자율적으로 설계·운영하며, 학생의 특성과 학교 여건에 적합한 학습 경험을 제공한다.

1) 학습자의 발달 수준에 적합한 폭넓고 균형 있는 교육과정을 통해 다양한 영역의 세계를 탐색해보는 기회를 제공하고, 학습자의 전인적인 성장·발달이 가능하도록 학교 교육과정을 설계하여 운영한다.

2) 학생 실태와 요구, 교원 조직과 교육 시설·설비 등 학교 실태, 학부모 의견 및 지역사회 실정 등 학교의 교육 여건과 환경을 종합적으로 고려하여 학습자에게 적합한 학습 경험을 제공한다.

3) 학교는 학생의 필요와 요구에 따라 학교의 특성을 고려하여 다양한 교육 활동을 설계하여 운영할 수 있다.

4) 학교 교육 기간을 포함한 평생 학습에 필요한 기초소양과 자기주도 학

습 능력을 갖출 수 있도록 지원하며 학습 격차를 줄이도록 노력한다.

5) 학생들의 자발적인 참여를 원칙으로 하여 학교와 시·도 교육청은 학생과 학부모의 요구에 따라 방과 후 활동 또는 방학 중 활동을 운영·지원할 수 있다.

6) 학교는 학교 교육과정의 효율적인 설계와 운영을 위하여 지역사회의 인적, 물적 자원을 계획적으로 활용한다.

7) 학교는 가정 및 지역과 연계하여 학생이 건전한 생활 태도와 행동 양식을 가지고 학습할 수 있도록 지도한다.

나. 학교 교육과정은 모든 교원이 전문성을 발휘하여 참여하는 민주적인 절차와 과정을 거쳐 설계·운영하며, 지속적인 개선을 위해 노력한다.

1) 교육과정의 합리적 설계와 효율적 운영을 위해 교원, 교육 전문가, 학부모 등이 참여하는 학교 교육과정 위원회를 구성·운영하며, 이 위원회는 학교장의 교육과정 운영 및 의사 결정에 관한 자문 역할을 담당한다. 단, 특성화 고등학교와 산업수요 맞춤형 고등학교의 경우에는 산업계 전문가가 참여할 수 있고, 통합교육이 이루어지는 학교의 경우에는 특수교사가 참여할 것을 권장한다.

2) 학교는 학습 공동체 문화를 조성하고 동학년 모임, 교과별 모임, 현장 연구, 자체 연수 등을 통해서 교사들의 교육 활동 개선이 이루어지도록 한다.

3) 학교는 학교 교육과정 설계·운영의 적절성과 효과성 등을 자체 평가하여 문제점과 개선점을 추출하고, 다음 학년도의 교육과정 설계·운영에 그 결과를 반영한다.

2. 교수·학습

가. 학교는 학생들이 깊이 있는 학습을 통해 핵심역량을 함양할 수 있도록 교수·학습을 설계하여 운영한다.

1) 단편적 지식의 암기를 지양하고 각 교과목의 핵심 아이디어를 중심으

로 지식·이해, 과정·기능, 가치·태도의 내용 요소를 유기적으로 연계하며 학생의 발달 단계에 따라 학습 경험의 폭과 깊이를 확장할 수 있도록 수업을 설계한다.

2) 교과 내 영역 간, 교과 간 내용 연계성을 고려하여 수업을 설계하고 지도함으로써 학생들이 융합적으로 사고하고 창의적으로 문제를 해결하는 능력을 함양할 수 있도록 한다.

3) 학습 내용을 실생활 맥락 속에서 이해하고 적용하는 기회를 제공함으로써 학교에서의 학습이 학생의 삶에 의미 있는 학습 경험이 되도록 한다.

4) 학생이 여러 교과의 고유한 탐구 방법을 익히고 자신의 학습 과정과 학습 전략을 점검하며 개선하는 기회를 제공하여 스스로 탐구하고 학습할 수 있는 자기주도 학습 능력을 함양할 수 있도록 한다.

5) 교과의 깊이 있는 학습에 기반이 되는 언어·수리·디지털 기초소양을 모든 교과를 통해 함양할 수 있도록 수업을 설계한다.

나. 학교는 학생들이 수업에 능동적으로 참여하고 학습의 즐거움을 경험할 수 있도록 교수·학습을 설계하여 운영한다.

1) 학습 주제에서 다루는 탐구 질문에 관심과 호기심을 가지고 스스로 문제를 해결하는 학생 참여형 수업을 활성화하며, 토의·토론 학습을 통해 자신의 생각을 표현하는 기회를 가질 수 있도록 한다.

2) 실험, 실습, 관찰, 조사, 견학 등의 체험 및 탐구 활동 경험이 충분히 이루어질 수 있도록 한다.

3) 개별 학습활동과 함께 소집단 협동 학습활동을 통하여 협력적으로 문제를 해결하는 경험을 충분히 갖도록 한다.

다. 교과의 특성과 학생의 능력, 적성, 진로를 고려하여 학습활동과 방법을 다양화하고, 학교의 여건과 학생의 특성에 따라 다양한 학습 집단을 구성하여 학생 맞춤형 수업을 활성화한다.

1) 학생의 선행 경험, 선행 지식, 오개념 등 학습의 출발점을 파악하고 학생의 특성을 고려하여 학습 소재, 자료, 활동을 다양화한다.

2) 정보통신기술 매체를 활용하여 교수·학습 방법을 다양화하고, 학생 맞춤형 학습을 위해 지능정보기술을 활용할 수 있다.
3) 다문화 가정 배경, 가족 구성, 장애 유무 등 학습자의 개인적·사회문화적 배경의 다양성을 이해하고 존중하며, 이를 수업에 반영할 때 편견과 고정 관념, 차별을 야기하지 않도록 유의한다.
4) 학교는 학생 개개인의 학습 상황을 확인하여 학생의 학습 결손을 예방하도록 노력하며, 학습 결손이 발생한 경우 보충 학습 기회를 제공한다.

라. 교사와 학생 간, 학생과 학생 간 상호 신뢰와 협력이 가능한 유연하고 안전한 교수·학습 환경을 지원하고, 디지털 기반 학습이 가능하도록 교육공간과 환경을 조성한다.
1) 각 교과의 특성에 맞는 다양한 학습이 이루어질 수 있도록 교과 교실 운영을 활성화하며, 고등학교는 학점 기반 교육과정 운영을 위해 유연한 학습공간을 활용한다.
2) 학교는 교과용 도서 이외에 시·도 교육청이나 학교 등에서 개발한 다양한 교수·학습 자료를 활용할 수 있다.
3) 다양한 지능정보기술 및 도구를 활용하여 효율적인 학습을 지원할 수 있도록 디지털 학습 환경을 구축한다.
4) 학교는 실험 실습 및 실기 지도 과정에서 학생의 안전사고를 예방하기 위해 시설·기구, 기계, 약품, 용구 사용의 안전에 유의한다.
5) 특수교육 대상 학생 등 교육적 요구가 다양한 학생들을 위해 필요할 경우 의사소통 지원, 행동 지원, 보조공학 지원 등을 제공한다.

3. 평가

가. 평가는 학생 개개인의 교육 목표 도달 정도를 확인하고, 학습의 부족한 부분을 보충하며, 교수·학습의 질을 개선하는 데 주안점을 둔다.
1) 학교는 학생에게 평가 결과에 대한 적절한 정보를 제공하고 추수 지도

를 실시하여 학생이 자신의 학습을 지속적으로 성찰하고 개선할 수 있도록 한다.

2) 학교와 교사는 학생 평가 결과를 활용하여 수업의 질을 지속적으로 개선한다.

나. 학교와 교사는 성취기준에 근거하여 교수·학습과 평가 활동이 일관성 있게 이루어지도록 한다.

1) 학습의 결과만이 아니라 결과에 이르기까지의 학습 과정을 확인하고 환류하여, 학습자의 성공적인 학습과 사고 능력 함양을 지원한다.

2) 학교는 학생의 인지적·정의적 측면에 대한 평가가 균형 있게 이루어질 수 있도록 하며, 학생이 자신의 학습 과정과 결과를 스스로 평가할 수 있는 기회를 제공한다.

3) 학교는 교과목별 성취기준과 평가기준에 따라 성취수준을 설정하여 교수·학습 및 평가 계획에 반영한다.

4) 학생에게 배울 기회를 주지 않은 내용과 기능은 평가하지 않는다.

다. 학교는 교과목의 성격과 학습자 특성을 고려하여 적합한 평가 방법을 활용한다.

1) 수행평가를 내실화하고 서술형과 논술형 평가의 비중을 확대한다.

2) 정의적, 기능적 측면이나 실험·실습이 중시되는 평가에서는 교과목의 성격을 고려하여 타당하고 합리적인 기준과 척도를 마련하여 평가를 실시한다.

3) 학교의 여건과 교육활동의 특성을 고려하여 다양한 지능정보기술을 활용함으로써 학생 맞춤형 평가를 활성화한다.

4) 개별 학생의 발달 수준 및 특성을 고려하여 평가 계획을 조정할 수 있으며, 특수학급 및 일반학급에 재학하고 있는 특수교육 대상 학생을 위해 필요한 경우 평가 방법을 조정할 수 있다.

5) 창의적 체험활동은 내용과 특성을 고려하여 평가의 주안점을 학교에서 결정하여 평가한다.

4. 모든 학생을 위한 교육기회의 제공

가. 교육 활동 전반을 통하여 남녀의 역할, 학력과 직업, 장애, 종교, 이전 거주지, 인종, 민족, 언어 등에 관한 고정 관념이나 편견을 가지지 않도록 지도한다.

나. 학습자의 개인적 특성이나 사회·문화적 배경에 의해 교육의 기회와 학습 경험에서 부당한 차별을 받거나 소외되지 않도록 한다.

다. 학습 부진 학생, 특정 분야에서 탁월한 재능을 보이는 학생, 특수교육 대상 학생, 귀국 학생, 다문화 가정 학생 등이 학교에서 충실한 학습 경험을 누릴 수 있도록 필요한 지원을 한다.

라. 특수교육 대상 학생을 위해 특수학급을 설치·운영하는 경우, 학생의 장애 특성 및 정도를 고려하여, 이 교육과정을 조정하여 운영하거나 특수교육 교과용 도서 및 통합교육용 교수·학습 자료를 활용할 수 있다.

마. 다문화 가정 학생을 위한 특별 학급을 설치·운영하는 경우, 다문화 가정 학생의 한국어 능력을 고려하여 이 교육과정을 조정하여 운영하거나, 한국어 교육과정 및 교수·학습 자료를 활용할 수 있다. 한국어 교육과정은 학교의 특성, 학생·교사·학부모의 요구와 필요에 따라 주당 10시간 내외에서 운영할 수 있다.

바. 학교가 종교 과목을 개설할 때는 종교 이외의 과목과 함께 복수로 과목을 편성하여 학생에게 선택의 기회를 주어야 한다. 다만, 학생의 학교 선택권이 허용되는 종립 학교의 경우 학생·학부모의 동의를 얻어 단수로 개설할 수 있다.

III. 학교급별 교육과정 편성·운영의 기준

이 장에서는 학교 교육과정을 편성하고 운영할 때 고려해야 할 주요 기준들을 학교급별로 제시한다.

- '기본 사항'에서는 모든 학교급에 해당하는 학교 교육과정 편성·운영의 일반적인 기준을 제시한다.
- 초·중·고 학교급별 기준에서는 '편제와 시간(학점) 배당 기준'과 '교육과정 편성·운영 기준'을 제시한다.
- 특수한 학교에 대한 기준에서는 초·중등학교에 준하는 학교, 기타 특수한 학교와 초·중등교육법 별도 규정에 의하여 설립된 학교, 초·중등교육법 시행령에 따라 교육과정 운영의 특례를 받는 학교 등에 대한 교육과정 편성·운영 기준을 제시한다.

1. 기본 사항

가. 초등학교 1학년부터 중학교 3학년까지의 공통 교육과정과 고등학교 1학년부터 3학년까지의 학점 기반 선택중심 교육과정으로 편성·운영한다.

나. 학교는 학교 교육과정 편성·운영 계획을 바탕으로 학년(군)별 교육과정 및 교과(군)별 교육과정을 편성할 수 있다.

다. 학년 간 상호 연계와 협력을 통해 학교 교육과정을 유연하게 편성·운영할 수 있도록 학년군을 설정한다.

라. 공통 교육과정의 교과는 교육 목적상의 근접성, 학문 탐구 대상 또는 방법상의 인접성, 생활양식에서의 연관성 등을 고려하여 교과(군)로 재분류한다.

마. 고등학교 교과는 보통 교과와 전문 교과로 구분하며, 학생들의 기초소양 함양과 기본 학력을 보장하기 위하여 보통 교과에 공통 과목을 개설하여 모든 학생이 이수하도록 한다.

바. 교과와 창의적 체험활동의 내용 배열은 반드시 따라야 할 학습 순서를 의미하는 것은 아니며, 학생의 관심과 요구, 학교의 실정과 교사의 필요, 계절 및 지역의 특성 등에 따라 각 교과목의 학년군별 목표 달성을 위해 지도 내용의 순서와 비중, 교과 내 또는 교과 간 연계 지도 방법 등을 조정하여 운영할 수 있다.

사. 학업 부담을 적정화하고 의미 있는 학습활동이 이루어질 수 있도록 학기당 이수 교과목 수를 조정하여 집중이수를 실시할 수 있다.

아. 학교는 학교급 간 전환기의 학생들이 상급 학교의 생활 및 학습을 준비하는 데 필요한 교육을 지원하기 위해 진로연계교육을 운영할 수 있다.

자. 범교과 학습 주제는 교과와 창의적 체험활동 등 교육 활동 전반에 걸쳐 통합적으로 다루도록 하고, 지역사회 및 가정과 연계하여 지도한다.

> 안전·건강 교육, 인성 교육, 진로 교육, 민주시민 교육, 인권 교육, 다문화 교육, 통일 교육, 독도 교육, 경제·금융 교육, 환경·지속가능발전 교육

차. 학교는 가정과 학교, 사회에서의 위험 상황을 알고 대처할 수 있도록 체험 중심의 안전교육을 관련 교과와 창의적 체험활동과 연계하여 운영한다.

카. 학교는 필요에 따라 계기 교육을 실시할 수 있으며, 이 경우 계기 교육 지침에 따른다.

타. 학교는 필요에 따라 원격수업을 실시할 수 있으며, 이 경우 원격수업 운영기준은 관련 법령과 지침에 따른다.

파. 시·도 교육청과 학교는 필요에 따라 이 교육과정에 제시되어 있는 과목 외에 새로운 과목을 개설할 수 있다. 이 경우 시·도 교육감이 정하는 지침에 따라 사전에 필요한 절차를 거쳐야 한다.

하. 특수교육 대상 학생에 대해서는 이 교육과정 해당 학년군의 편제와 시간(학점 배당)을 따르되, 학생의 교육적 요구를 고려하여 특수교육 교육과정의 교과(군) 내용과 연계하거나 대체하여 수업을 설계·운영할 수 있다.

2. 초등학교

가. 편제와 시간 배당 기준

1) 편제

가) 초등학교 교육과정은 교과(군)와 창의적 체험활동으로 편성한다.

나) 교과(군)는 국어, 사회/도덕, 수학, 과학/실과, 체육, 예술(음악/미술), 영어로 한다. 다만, 1, 2학년의 교과는 국어, 수학, 바른 생활, 슬기로운 생활, 즐거운 생활로 한다.

다) 창의적 체험활동은 자율·자치 활동, 동아리 활동, 진로 활동으로 한다.

2) 시간 배당 기준

〈표 1〉

<table>
<tr><th colspan="2">구분</th><th>1~2학년</th><th>3~4학년</th><th>5~6학년</th></tr>
<tr><td rowspan="8">교
과
(군)</td><td>국어</td><td rowspan="7">국어 482
수학 256
바른 생활 144
슬기로운 생활 224
즐거운 생활 400</td><td>408</td><td>408</td></tr>
<tr><td>사회/도덕</td><td>272</td><td>272</td></tr>
<tr><td>수학</td><td>272</td><td>272</td></tr>
<tr><td>과학/실과</td><td>204</td><td>340</td></tr>
<tr><td>체육</td><td>204</td><td>204</td></tr>
<tr><td>예술(음악/미술)</td><td>272</td><td>272</td></tr>
<tr><td>영어</td><td>136</td><td>204</td></tr>
<tr><td>소계</td><td>1,506</td><td>1,768</td><td>1,972</td></tr>
<tr><td colspan="2">창의적 체험활동</td><td>238</td><td>204</td><td>204</td></tr>
<tr><td colspan="2">학년군별 총 수업 시간 수</td><td>1,744</td><td>1,972</td><td>2,176</td></tr>
</table>

① 1시간의 수업은 40분을 원칙으로 하되, 기후 및 계절, 학생의 발달 정도, 학습 내용의 성격, 학교 실정 등을 고려하여 탄력적으로 편성·운영할 수 있다.

② 학년군의 교과(군)별 및 창의적 체험활동 시간 배당은 연간 34주를 기준으로 2년간의 기준 수업 시수를 나타낸 것이다.

③ 학년군별 총 수업 시간 수는 최소 수업 시수를 나타낸 것이다.

④ 실과의 수업 시간은 5~6학년 과학/실과의 수업 시수에만 포함된다.

⑤ 정보교육은 실과의 정보영역 시수와 학교자율시간 등을 활용하여 34시간 이상 편성·운영한다.

나. 교육과정 편성·운영 기준

1) 학교는 학년(군)별 교과(군)와 창의적 체험활동의 수업 시수를 학년별, 학기별로 자율적으로 편성할 수 있다.
   가) 학교는 학생이 학년(군)별로 이수해야 할 교과를 학년별, 학기별로 편성하여 학생과 학부모에게 안내한다.
   나) 학교는 모든 교육 활동을 통해 학생이 기본 생활 습관, 기초 학습 능력, 바른 인성을 함양할 수 있도록 교육과정을 편성·운영한다.
   다) 학교는 학교의 특성, 학생·교사·학부모의 요구 및 필요에 따라 자율적으로 교과(군)별 및 창의적 체험활동의 20% 범위 내에서 시수를 증감하여 편성·운영할 수 있다. 단, 체육, 예술(음악/미술) 교과는 기준 수업 시수를 감축하여 편성·운영할 수 없다.
   라) 학교는 교육의 효과를 높이기 위하여 필요한 경우 학년별, 학기별로 교과 집중이수를 실시할 수 있다.
   마) 학교는 창의적 체험활동의 영역을 학생들의 발달 수준, 학교의 여건 등을 고려하여 학년(군)별로 자율적으로 편성·운영한다.
2) 학교는 모든 학생의 학습 기회를 보장할 수 있도록 학교 교육과정을 편성·운영한다.
   가) 학교는 각 교과의 기초적, 기본적 요소들이 체계적으로 학습되도록 교육과정을 편성·운영한다. 특히 국어사용 능력과 수리 능력의 기초가 부족한 학생들을 대상으로 기초 학습 능력 향상을 위한 별도의 프로그램을 편성·운영할 수 있다.
   나) 전입 학생이 특정 교과를 이수하지 못할 경우, 시·도 교육청과 학교에서는 보충 학습 과정 등을 통해 학습 결손이 발생하지 않도록 한다.
   다) 학년을 달리하는 학생을 대상으로 복식 학급을 편성·운영하는 경우에는 교육 내용의 학년별 순서를 조정하거나 공통 주제를 중심으로 교재를 재구성하여 활용할 수 있다.
3) 학교는 3~6학년별로 지역과 연계하거나 다양하고 특색 있는 교육과정 운영을 위해 학교자율시간을 편성·운영한다.
   가) 학교자율시간을 활용하여 이 교육과정에 제시되어 있는 교과 외에 새

로운 과목이나 활동을 개설할 수 있으며, 이 경우 시·도 교육감이 정하는 지침에 따라 사전에 필요한 절차를 거쳐야 한다.

나) 학교자율시간에 운영하는 과목과 활동의 내용은 지역과 학교의 여건 및 학생의 필요에 따라 학교가 결정하되, 다양한 과목과 활동으로 개설하여 운영한다.

다) 학교자율시간은 학교 여건에 따라 연간 34주를 기준으로 한 교과별 및 창의적 체험활동 수업 시간의 학기별 1주의 수업 시간을 확보하여 운영한다.

4) 학교는 입학 초기 및 상급 학교(학년)으로 진학하기 전 학기의 일부 시간을 활용하여 학교급 간 연계 및 진로 교육을 강화하는 진로연계교육을 편성·운영한다.

가) 학교는 1학년 학생의 학교생활 적응 및 한글 해득 교육 등의 입학 초기 적응 프로그램을 교과와 창의적 체험활동 시간을 활용하여 진로연계교육으로 운영한다.

나) 학교는 중학교의 생활 및 학습 준비, 진로 탐색 등의 프로그램을 교과와 창의적 체험활동 시간을 활용하여 진로연계교육을 자율적으로 운영한다.

다) 학교는 진로연계교육의 중점을 학생의 역량 함양 및 자기주도적 학습 능력 향상에 두고, 교과별 학습 내용 및 학습 방법의 학교급 간 연계, 교과와 연계한 진로 활동 등을 통해 학생의 학습과 성장을 지원한다.

5) 학교는 학생의 발달 특성을 고려하여 학교 교육과정을 편성·운영한다.

가) 학교는 1~2학년 학생에게 실내·외 놀이 및 신체 활동의 기회를 충분히 제공한다.

나) 1~2학년의 안전교육은 바른 생활·슬기로운 생활·즐거운 생활 교과의 64시간을 포함하여 교과 및 창의적 체험활동을 활용하여 편성·운영한다.

다) 정보통신 활용 교육, 보건 교육, 한자 교육 등은 관련 교과와 창의적 체험활동 시간을 활용하여 체계적인 지도가 이루어질 수 있도록 한다.

3. 중학교

가. 편제와 시간 배당 기준

1) 편제

가) 중학교 교육과정은 교과(군)와 창의적 체험활동으로 편성한다.

나) 교과(군)는 국어, 사회(역사 포함)/도덕, 수학, 과학/기술·가정/정보, 체육, 예술(음악/미술), 영어, 선택으로 한다.

다) 선택 교과는 한문, 환경, 생활 외국어(생활 독일어, 생활 프랑스어, 생활 스페인어, 생활 중국어, 생활 일본어, 생활 러시아어, 생활 아랍어, 생활 베트남어), 보건, 진로와 직업 등의 과목으로 한다.

라) 창의적 체험활동은 자율·자치 활동, 동아리 활동, 진로 활동으로 한다.

2) 시간 배당 기준

〈표 2〉

구 분		1~3학년
교과(군)	국어	442
	사회(역사 포함)/도덕	510
	수학	374
	과학/기술·가정/정보	680
	체육	272
	예술(음악/미술)	272
	영어	340
	선택	170
	소계	3,060
창의적 체험활동		306
총 수업 시간 수		3,366

① 1시간 수업은 45분을 원칙으로 하되, 기후 및 계절, 학생의 발달 정도, 학습 내용의 성격,

학교 실정 등을 고려하여 탄력적으로 편성·운영할 수 있다.

② 교과(군)별 및 창의적 체험활동 시간 배당은 연간 34주를 기준으로 3년간의 기준 수업 시수를 나타낸 것이다.

③ 총 수업 시간 수는 3년간의 최소 수업 시수를 나타낸 것이다.

④ 정보는 정보 수업 시수와 학교자율시간 등을 활용하여 68시간 이상 편성·운영한다.

나. 교육과정 편성·운영 기준

1) 학교는 교과(군)와 창의적 체험활동의 수업 시수를 학년별, 학기별로 자율적으로 편성할 수 있다.

가) 학교는 학생이 3년간 이수해야 할 교과목을 학년별, 학기별로 편성하여 학생과 학부모에게 안내한다.

나) 학교는 학교의 특성, 학생·교사·학부모의 요구 및 필요에 따라 자율적으로 교과(군)별 및 창의적 체험활동의 20% 범위 내에서 시수를 증감하여 편성·운영할 수 있다. 단, 체육, 예술(음악/미술) 교과는 기준 수업 시수를 감축하여 편성·운영할 수 없다.

다) 학교는 학생의 학업 부담을 적정화하고 의미 있는 학습활동이 이루어질 수 있도록 학기당 이수 교과목 수를 8개 이내로 편성한다. 단, 체육, 예술(음악/미술) 교과 및 선택 과목과 학교자율시간에 편성한 과목은 이수 교과목 수 제한에서 제외하여 편성할 수 있다.

라) 학교는 선택 과목을 개설할 경우, 2개 이상의 과목을 동시에 개설하여 학생의 선택권을 보장한다. 학교는 필요한 경우 새로운 선택 과목을 개설할 수 있으며, 이 경우 시·도 교육감이 정하는 지침에 따라 사전에 필요한 절차를 거쳐야 한다.

마) 학교는 창의적 체험활동의 영역을 학생들의 발달 수준, 학교의 여건 등을 고려하여 자율적으로 편성·운영한다.

2) 학교는 모든 학생의 학습 기회를 보장할 수 있도록 학교 교육과정을 편성·운영한다.

가) 전입 학생이 특정 교과목을 이수하지 못할 경우, 시·도 교육청과 학교에서는 학습 결손이 발생하지 않도록 보충 학습 과정 등을 제공한다.

나) 교과목 개설이 어려운 소규모 학교, 농산어촌학교 등에서는 학습 결손

이 발생하지 않도록 온라인 활용 및 지역 내 교육자원 공유·협력을 활성화한다. 이 경우 시·도 교육감이 정하는 지침에 따른다.

3) 학교는 지역과 연계하거나 다양하고 특색 있는 교육과정 운영을 위해 학교자율시간을 편성·운영한다.

가) 학교자율시간을 활용하여 이 교육과정에 제시되어 있는 교과목 외에 새로운 선택 과목을 개설할 수 있다.

나) 학교자율시간에 개설되는 과목의 내용은 지역과 학교의 여건 및 학생의 필요에 따라 학교가 결정하되, 학생의 선택권을 고려하여 다양한 과목을 개설·운영한다.

다) 학교자율시간은 학교 여건에 따라 연간 34주를 기준으로 한 교과별 및 창의적 체험활동 수업 시간의 학기별 1주의 수업 시간을 확보하여 운영한다.

4) 학교는 학생들이 자신의 적성과 미래에 대해 탐색하고 학습의 즐거움을 경험할 수 있도록 자유학기와 진로연계교육을 편성·운영한다.

가) 중학교 과정 중 한 학기는 자유학기로 운영하되, 해당 학기의 교과 및 창의적 체험활동을 자유학기 취지에 부합하도록 편성·운영한다.

(1) 자유학기에는 지역 및 학교 여건을 고려하여 자율적으로 학생 참여 중심의 주제선택 활동과 진로 탐색 활동을 운영한다.

(2) 자유학기에는 토의·토론 학습, 프로젝트 학습 등 학생 참여형 수업을 강화하고, 학습의 과정을 중시하는 다양한 평가 방법을 활용하되, 일제식 지필 평가는 지양한다.

나) 학교는 상급 학교(학년)로 진학하기 전 학기나 학년의 일부 시간을 활용하여 학교급 간 연계 및 진로 교육을 강화하는 진로연계교육을 편성·운영한다.

(1) 학교는 고등학교 생활 및 학습 준비, 진로 탐색, 진학 준비 등을 위해 교과와 창의적 체험활동 시간을 활용하여 진로연계교육을 자율적으로 운영한다.

(2) 학교는 진로연계교육의 중점을 학생의 역량 함양 및 자기주도적 학습 능력 향상에 중점을 두고 교과별 내용 및 학습 방법 등의 학교급 간 연계를 통해 학생의 학습과 성장을 지원한다.

(3) 학교는 진로연계교육을 창의적 체험활동의 진로 활동 및 자유학기의 활동과 연계하여 운영한다.

5) 학교는 학생들이 삶 속에서 스포츠 문화를 지속적으로 향유하여 건전한 심신 발달과 정서 함양이 이루어질 수 있도록 학교스포츠클럽 활동을 편성·운영한다.

가) 학교스포츠클럽 활동은 창의적 체험활동의 동아리 활동으로 편성하고 학년별 연간 34시간 운영하며, 매 학기 편성하도록 한다.

나) 학교스포츠클럽 활동의 종목과 내용은 학생들의 희망을 반영하여 학교가 결정하되, 다양한 종목을 개설하여 학생들의 선택권이 보장되도록 한다.

4. 고등학교

가. 편제와 시간 배당 기준

1) 편제

가) 고등학교 교육과정은 교과(군)와 창의적 체험활동으로 편성한다.

나) 교과는 보통 교과와 전문 교과로 한다.

(1) 보통 교과

(가) 보통 교과의 교과(군)는 국어, 수학, 영어, 사회(역사/도덕 포함), 과학, 체육, 예술, 기술·가정/정보/제2외국어/한문/교양으로 한다.

(나) 보통 교과는 공통 과목과 선택 과목으로 구분한다. 선택 과목은 일반 선택 과목, 진로 선택 과목, 융합 선택 과목으로 구분한다.

(2) 전문 교과

(가) 전문 교과의 교과(군)는 국가직무능력표준 등을 고려하여 경영·금융, 보건·복지, 문화·예술·디자인·방송, 미용, 관광·레저, 식품·조리, 건축·토목, 기계, 재료, 화학 공업, 섬유·의류, 전기·전자, 정보·통신, 환경·안전·소방, 농림·축산, 수산·해운, 융복

합·지식 재산 과목으로 한다.

(나) 전문 교과의 과목은 전문 공통 과목, 전공 일반 과목, 전공 실무 과목으로 구분한다.

다) 창의적 체험활동은 자율·자치 활동, 동아리 활동, 진로 활동으로 한다.

2) 학점 배당 기준

가) 일반 고등학교와 특수 목적 고등학교(산업수요 맞춤형 고등학교 제외)

〈표 3〉

<table>
<tr><th>교과(군)</th><th>공통 과목</th><th>필수 이수 학점</th><th>자율 이수 학점</th></tr>
<tr><td>국어</td><td>공통국어1, 공통국어2</td><td>8</td><td rowspan="10">학생의 적성과
진로를
고려하여 편성</td></tr>
<tr><td>수학</td><td>공통수학1, 공통수학2</td><td>8</td></tr>
<tr><td>영어</td><td>공통영어1, 공통영어2</td><td>8</td></tr>
<tr><td rowspan="2">사회
(역사/도덕 포함)</td><td>한국사1, 한국사2</td><td>6</td></tr>
<tr><td>통합사회1, 통합사회2</td><td>8</td></tr>
<tr><td>과학</td><td>통합과학1, 통합과학2
과학탐구실험1, 과학탐구실험2</td><td>10</td></tr>
<tr><td>체육</td><td></td><td>10</td></tr>
<tr><td>예술</td><td></td><td>10</td></tr>
<tr><td>기술·가정/정보/
제2외국어/
한문/교양</td><td></td><td>16</td></tr>
<tr><td colspan="2">소계</td><td>84</td></tr>
<tr><td colspan="2">창의적 체험활동</td><td colspan="2">18(288시간)</td></tr>
<tr><td colspan="2">총 이수 학점</td><td colspan="2">192</td></tr>
</table>

① 1학점은 50분을 기준으로 하여 16회를 이수하는 수업량이다.

② 1시간의 수업은 50분을 원칙으로 하되, 기후 및 계절, 학생의 발달 정도, 학습 내용의 성격, 학교 실정 등을 고려하여 탄력적으로 편성·운영할 수 있다.

③ 공통 과목의 기본 학점은 4학점이며, 1학점 범위 내에서 감하여 편성·운영할 수 있다. 단, 한국사1, 2의 기본 학점은 3학점이며 감하여 편성·운영할 수 없다.

④ 과학탐구실험1, 2의 기본 학점은 1학점이며 증감 없이 편성·운영하는 것을 원칙으로 한다.

단, 과학, 체육, 예술 계열 고등학교의 경우 학교 실정에 따라 탄력적으로 운영할 수 있다.

⑤ 필수 이수 학점 수는 해당 교과(군)의 최소 이수 학점이다. 특수 목적 고등학교의 경우 예술 교과(군)는 5학점 이상, 기술·가정/정보/제2외국어/한문/교양 교과(군)는 12학점 이상 이수하도록 한다.

⑥ 국어, 수학, 영어 교과의 이수 학점 총합은 81학점을 초과하지 않도록 하며, 교과 이수 학점이 174학점을 초과하는 경우에는 초과 이수 학점의 50%를 넘지 않도록 한다.

⑦ 창의적 체험활동의 학점 수는 최소 이수 학점이며 ( ) 안의 숫자는 이수 학점을 시간 수로 환산한 것이다.

⑧ 총 이수 학점 수는 고등학교 졸업을 위해 3년간 이수해야 할 최소 이수 학점을 의미한다.

나) 특성화 고등학교와 산업수요 맞춤형 고등학교

〈표 4〉

<table>
<tr><th></th><th>교과(군)</th><th>공통 과목</th><th>필수 이수 학점</th><th>자율 이수 학점</th></tr>
<tr><td rowspan="10">보통 교과</td><td>국어</td><td>공통국어1, 공통국어2</td><td rowspan="3">24</td><td rowspan="9">학생의 적성과 진로를 고려하여 편성</td></tr>
<tr><td>수학</td><td>공통수학1, 공통수학2</td></tr>
<tr><td>영어</td><td>공통영어1, 공통영어2</td></tr>
<tr><td rowspan="2">사회
(역사/도덕 포함)</td><td>한국사1, 한국사2</td><td>6</td></tr>
<tr><td>통합사회1, 통합사회2</td><td rowspan="2">12</td></tr>
<tr><td>과학</td><td>통합과학1, 통합과학2</td></tr>
<tr><td>체육</td><td></td><td>8</td></tr>
<tr><td>예술</td><td></td><td>6</td></tr>
<tr><td>기술·가정/정보/
제2외국어/
한문/교양</td><td></td><td>8</td></tr>
<tr><td colspan="2">소계</td><td>64</td><td rowspan="2">30</td></tr>
<tr><td>전문 교과</td><td colspan="2">17개 교과(군)</td><td>80</td></tr>
<tr><td colspan="3">창의적 체험활동</td><td colspan="2">18(288시간)</td></tr>
<tr><td colspan="3">총 이수 학점</td><td colspan="2">192</td></tr>
</table>

① 1학점은 50분을 기준으로 하여 16회를 이수하는 수업량이다.

② 1시간의 수업은 50분을 원칙으로 하되, 기후 및 계절, 학생의 발달 정도, 학습 내용의 성격 등과 학교 실정 등을 고려하여 탄력적으로 편성·운영할 수 있다.

③ 공통 과목의 기본 학점은 4학점이며, 1학점 범위 내에서 감하여 편성·운영할 수 있다. 단, 한국사1, 2의 기본 학점은 3학점이며 감하여 편성·운영할 수 없다.

④ 필수 이수 학점 수는 해당 교과(군)의 최소 이수 학점이다.

⑤ 자연현장 실습 등 체험 위주의 교육을 전문적으로 실시하는 특성화 고등학교의 전문 교과 필수 이수 학점은 시·도 교육감이 정한다.

⑥ 창의적 체험활동의 학점 수는 최소 이수 학점이며 ( ) 안의 숫자는 이수 학점을 시간 수로 환산한 것이다.

⑦ 총 이수 학점 수는 고등학교 졸업을 위해 3년간 이수해야 할 최소 이수 학점을 의미한다.

3) 보통 교과

〈표 5〉

교과(군)	공통 과목	선택 과목		
		일반 선택	진로 선택	융합 선택
국어	공통국어1 공통국어2	화법과 언어, 독서와 작문, 문학	주제 탐구 독서, 문학과 영상, 직무 의사소통	독서 토론과 글쓰기, 매체 의사소통, 언어생활 탐구
수학	공통수학1 공통수학2 기본수학1 기본수학2	대수, 미적분Ⅰ, 확률과 통계	기하, 미적분Ⅱ, 경제 수학, 인공지능 수학, 직무 수학	수학과 문화, 실용 통계, 수학과제 탐구
영어	공통영어1 공통영어2 기본영어1 기본영어2	영어Ⅰ, 영어Ⅱ, 영어 독해와 작문	영미 문학 읽기, 영어 발표와 토론, 심화 영어, 심화 영어 독해와 작문, 직무 영어	실생활 영어 회화, 미디어 영어, 세계 문화와 영어
사회 (역사/ 도덕 포함)	한국사1 한국시2 통합사회1 통합사회2	세계시민과 지리, 세계사, 사회와 문화, 현대사회와 윤리	한국지리 탐구, 도시의 미레 탐구, 동아시아 역사 기행, 정치, 법과 사회, 경제, 윤리와 사상, 인문학과 윤리, 국제 관계의 이해	여행지리, 역사로 탐구하는 현내 세계, 사회문제 탐구, 금융과 경제생활, 윤리문제 탐구, 기후변화와 지속가능한 세계
과학	통합과학1 통합과학2	물리학, 화학, 생명과학, 지구과학	역학과 에너지, 전자기와 양자, 물질과 에너지, 화학 반응의 세계,	과학의 역사와 문화, 기후변화와 환경생태, 융합과학 탐구

교과(군)	공통 과목	선택 과목		
		일반 선택	진로 선택	융합 선택
	과학탐구실험1 과학탐구실험2		세포와 물질대사, 생물의 유전, 지구시스템과학, 행성우주 과학	
체육		체육1, 체육2	운동과 건강, 스포츠 문화*, 스포츠 과학*	스포츠 생활1, 스포츠 생활2
예술		음악, 미술, 연극	음악 연주와 창작, 음악 감상과 비평, 미술 창작, 미술 감상과 비평	음악과 미디어, 미술과 매체
기술·가정/정보		기술·가정	로봇과 공학세계, 생활과학 탐구	창의 공학 설계, 지식 재산 일반, 생애 설계와 자립*, 아동발달과 부모
		정보	인공지능 기초, 데이터 과학	소프트웨어와 생활
제2외국어/한문		독일어, 프랑스어, 스페인어, 중국어, 일본어, 러시아어, 아랍어, 베트남어	독일어 회화, 프랑스어 회화, 스페인어 회화, 중국어 회화, 일본어 회화, 러시아어 회화, 아랍어 회화, 베트남어 회화, 심화 독일어, 심화 프랑스어, 심화 스페인어, 심화 중국어, 심화 일본어, 심화 러시아어, 심화 아랍어, 심화 베트남어	독일어권 문화, 프랑스어권 문화, 스페인어권 문화, 중국 문화, 일본 문화, 러시아 문화, 아랍 문화, 베트남 문화
		한문	한문 고전 읽기	언어생활과 한자
교양		진로와 직업, 생태와 환경	인간과 철학, 논리와 사고, 인간과 심리, 교육의 이해, 삶과 종교, 보건	인간과 경제활동, 논술

① 선택 과목의 기본 학점은 4학점이다. 단, 체육, 예술, 교양 교과(군)의 기본 학점은 3학점이다.
② 선택 과목은 1학점 범위 내에서 증감하여 편성·운영할 수 있다.
③ * 표시한 과목의 기본 학점은 2학점이며, 1학점 범위 내에서 감하여 편성·운영할 수 있다.
④ 체육 교과는 매 학기 이수하도록 한다. 단, 특성화 고등학교와 산업수요 맞춤형 고등학교의 경우, 현장 실습이 있는 학년에는 탄력적으로 운영할 수 있다.

〈표 6〉

계열	교과(군)	선택 과목				
		진로 선택				융합 선택
과학 계열	수학	전문 수학	이산 수학	고급 기하	고급 대수	
		고급 미적분				
	과학	고급 물리학	고급 화학	고급 생명과학	고급 지구과학	물리학 실험 화학 실험
		과학과제 연구				생명과학 실험 지구과학 실험
	정보	정보과학				
체육 계열	체육	스포츠 개론	육상	체조	수상 스포츠	스포츠 교육
		기초 체육 전공 실기	심화 체육 전공 실기	고급 체육 전공 실기	스포츠 경기 체력	스포츠 생리의학
		스포츠 경기 기술	스포츠 경기 분석			스포츠 행정 및 경영
예술 계열	예술	음악 이론	음악사	시창·청음	음악 전공 실기	음악과 문화
		합창·합주	음악 공연 실습			
		미술 이론	드로잉	미술사	미술 전공 실기	미술 매체 탐구
		조형 탐구				미술과 사회
		무용의 이해	무용과 몸	무용 기초 실기	무용 전공 실기	무용과 매체
		안무	무용 제작 실습	무용 감상과 비평		
		문예 창작의 이해	문장론	문학 감상과 비평	시 창작	문학과 매체
		소설 창작	극 창작			
		연극과 몸	연극과 말	연기	무대 미술과 기술	연극과 삶
		연극 제작 실습	연극 감상과 비평	영화의 이해	촬영·조명	영화와 삶
		편집·사운드	영화 제작 실습	영화 감상과 비평		
		사진의 이해	사진 촬영	사진 표현 기법	영상 제작의 이해	사진과 삶
		사진 감상과 비평				

① 특수 목적 고등학교 선택 과목은 과학, 체육, 예술 계열에 관한 과목으로 한다.
② 특수 목적 고등학교 선택 과목의 기본 학점 및 증감 범위는 시·도 교육감이 정한다.

4) 전문 교과

〈표 7〉

교과(군)	선택 과목				기준 학과
	전문 공통	전공 일반	전공 실무		
경영·금융	성공적인 직업 생활 노동 인권과 산업 안전 보건 디지털과 직업 생활	상업 경제 기업과 경영 사무 관리 회계 원리 회계 정보 처리 시스템 기업 자원 통합 관리 세무 일반 유통 일반 무역 일반 무역 영어 금융 일반 보험 일반 마케팅과 광고 창업 일반 비즈니스 커뮤니케이션 전자 상거래 일반	총무 노무 관리 사무 행정 회계 실무 유통 관리 자재 관리 공급망 관리 물류 관리 원산지 관리 무역 금융 업무 전자 상거래 실무	인사 비서 예산·자금 세무 실무 구매 조달 공정 관리 품질 관리 수출입 관리 창구 사무 고객 관리 매장 판매	경영사무과 세무회계과 유통과 금융정보과 마케팅과
보건·복지		인간 발달 보육 원리와 보육 교사 보육 과정 아동 생활 지도 아동 복지 보육 실습 영유아 교수 방법 생활 서비스 산업의 이해 복지 서비스의 기초 사회 복지 시설의 이해 공중 보건 인체 구조와 기능 간호의 기초 기초 간호 임상 실무 보건 간호 보건 의료 법규 치과 간호 임상 실무	영유아 건강·안전·영양 지도 사회 복지 시설 실무 요양 지원	영유아 놀이 지도 대인 복지 서비스	보육과 복지과 간호과
문화·예술·디자인·방송		문화 콘텐츠 산업 일반 미디어 콘텐츠 일반 영상 제작 기초 애니메이션 기초 음악 콘텐츠 제작 기초 디자인 제도	영화 콘텐츠 제작 광고 콘텐츠 제작 게임 디자인 애니메이션 콘텐츠 제작 캐릭터 제작 VR·AR 콘텐츠 제작	음악 콘텐츠 제작 게임 기획 게임 프로그래밍 만화 콘텐츠 제작 스마트 문화 앱 콘텐츠 제작	문화콘텐츠과 디자인과 공예과 방송과

교과(군)	선택 과목				기준 학과
	전문 공통	전공 일반	전공 실무		
		디자인 일반 조형 색채 일반 컴퓨터 그래픽 공예 일반 공예 재료와 도구 방송 일반	제품 디자인 실내 디자인 편집 디자인 목공예 방송 콘텐츠 제작	시각 디자인 디지털 디자인 색채 디자인 도자기 공예 금속 공예 방송 제작 시스템 운용	
미용		미용의 기초 미용 안전·보건	헤어 미용 메이크업	피부 미용 네일 미용	미용과
관광·레저		관광 일반 관광 서비스 관광 영어 관광 일본어 관광 중국어 관광 문화와 자원 관광 콘텐츠 개발 전시·컨벤션·이벤트 일반 레저 서비스 일반	호텔 식음료 서비스 실무 국내 여행 서비스 실무 전시·컨벤션·이벤트 실무	호텔 객실 서비스 실무 국외 여행 서비스 실무 카지노 서비스 실무	관광과 레저산업과
식품·조리		식품과 영양 기초 조리 디저트 조리 식음료 기초 식품 과학 식품 위생 식품 가공 기술 식품 분석	한식 조리 중식 조리 바리스타 식공간 연출 축산 식품 가공 건강 기능 식품 가공 음료·주류 가공 떡 제조 제빵	양식 조리 일식 조리 바텐더 수산 식품 가공 유제품 가공 김치·반찬 가공 식품 품질 관리 제과	조리과 식음료과 식품가공과 제과제빵과
건축·토목		공업 일반 기초 제도 건축 일반 건축 기초 실습 건축 도면 해석과 제도 토목 일반 토목 도면 해석과 제도 건설 재료 역학 기초 토질·수리 측량 기초 드론 기초 스마트 시티 기초 건물 정보 관리 기초	철근 콘크리트 시공 건축 마감 시공 건축 설계 토목 시공 측량 공간 정보 융합 서비스 국토 도시 계획 주거 서비스	건축 목공 시공 건축 도장 시공 토목 설계 지적 공간 정보 구축 소형 무인기 운용·조종 교통 계획·설계	건축과 건축인테리어과 토목과 공간정보과 스마트시티과
기계		기계 제도 기계 기초 공작	기계요소 설계 선반 가공	기계 제어 설계 밀링 가공	기계과 공조산업

교과(군)	선택 과목			기준 학과
	전문 공통	전공 일반	전공 실무	
		전자 기계 이론 기계 일반 자동차 일반 기계 기초 역학 냉동 공조 일반 유체 기계 산업 설비 자동차 기관 자동차 섀시 자동차 전기·전자 제어 선박 이론 선박 구조 선박 건조 선체 도면 독도와 제도 항공기 일반 항공기 실무 기초	연삭 가공 측정 특수 가공 기계 소프트웨어 개발 건설 광산 기계 설치·정비 승강기 설치·정비 자전거 정비 사출 금형 제작 사출 금형 조립 프레스 금형 제작 프레스 금형 조립 냉동 공조 설계 보일러 설치·정비 피복 아크 용접 가스 텅스텐 아크 용접 보일러 장치 설치 자동차 전기·전자 장치 정비 자동차 섀시 정비 자동차 도장 자동차 튜닝 전장 생산 항공기 기체 제작 항공기 기체 정비 항공기 왕복 엔진 정비 항공기 전기·전자 장비 정비 항공기 정비 관리 컴퓨터 활용 생산 성형 가공 기계 수동 조립 운반 하역 기계 설치·정비 공작 기계 설치·정비 오토바이 정비 사출 금형 설계 사출 금형 품질 관리 프레스 금형 설계 프레스 금형 품질 관리 배관 시공 냉동 공조 유지 보수 관리 판금·제관 이산화탄소 가스 메탈 아크 용접 로봇 용접 냉동 공조 장치 설치 자동차 엔진 정비 자동차 차체 정비 자동차 정비 검사 선체 조립 선체 생산 설계 항공기 전기·전자 장비 제작 항공기 가스 터빈 엔진 정비 항공기 계통 정비 소형 무인기 정비	설비과 자동차과 조선과 항공과
재료		재료 일반 재료 시험 세라믹 재료 세라믹 원리·공정	제선 압연 금속 재료 가공 도금 도자기 용융 세라믹 제조 제강 주조 금속 열처리 금속 재료 신뢰성 시험 탄소 재료	금속재료과 세라믹과
화학 공업		공업 화학 제조 화학 스마트 공정 제어 화공 플랜트 기계 화공 플랜트 전기 바이오 기초 화학 에너지 공업 기초	화학 분석 화학 공정 유지 운영 고분자 제품 제조 바이오 화학 제품 제조 에너지 설비 유틸리티 화학 물질 관리 기능성 정밀 화학 제품 제조 바이오 의약품 제조 화장품 제조 신재생 에너지 실무	화학공업과 바이오화학공업과 에너지화학공업과

교과(군)	선택 과목			기준 학과
	전문 공통	전공 일반	전공 실무	
		에너지 화공 소재 생산		
섬유·의류		섬유 재료 섬유 공정 염색·가공 기초 패션 소재 패션 디자인의 기초 의복 구성의 기초 편물 패션 마케팅	텍스타일 디자인 제포 패션 디자인의 실제 서양 의복 구성과 생산 한국 의복 구성과 생산 패션 상품 유통 관리 방적·방사 염색·가공 패턴 메이킹 니트 의류 생산 패션 소품 디자인과 생산 비주얼 머천다이징	섬유과 의류과
전기·전자		전기 회로 전기 기기 전기 설비 자동화 설비 전기·전자 일반 전자 회로 전기·전자 측정 디지털 논리 회로 전자 제어	발전 설비 운영 전기 기기 설계 전기 기기 유지 보수 내선 공사 자동 제어 기기 제작 자동 제어 시스템 운영 전기 철도 시설물 유지 보수 전자 제품 생산 전자 제품 설치 정비 가전 기기 하드웨어 개발 산업용 전자 기기 하드웨어 개발 산업용 전자 기기 소프트웨어 개발 정보 통신 기기 소프트웨어 개발 전자 응용 기기 기구 개발 전자 부품 기구 개발 반도체 제조 반도체 재료 로봇 하드웨어 설계 로봇 소프트웨어 개발 로봇 유지 보수 의료 기기 인허가 LED 기술 개발 3D 프린터용 제품 제작 송·변전 배전 설비 운영 전기 기기 제작 전기 설비 운영 외선 공사 자동 제어 시스템 유지 정비 전기 철도 시공 철도 신호 제어 시공 전자 부품 생산 가전 기기 시스템 소프트웨어 개발 가전 기기·기구 개발 산업용 전자 기기·기구 개발 정보 통신 기기 하드웨어 개발 전자 응용 기기 하드웨어 개발 전자 응용 기기 소프트웨어 개발 반도체 개발 반도체 장비 디스플레이 생산 로봇 기구 개발 로봇 지능 개발 의료 기기 연구 개발 의료 기기 생산 3D 프린터 개발	전기과 전자과
정보·통신		통신 일반 통신 시스템 정보 통신 정보 처리와 관리 컴퓨터 구조	네트워크 구축 무선 통신 구축·운용 응용 프로그래밍 개발 시스템 프로그래밍 네트워크 프로그래밍 유선 통신 구축·운용 초고속망 서비스 관리 운용 응용 프로그래밍 화면 구현	통신과 정보컴퓨터과 소프트웨어과

<table>
<tr><th rowspan="2">교과(군)</th><th colspan="3">선택 과목</th><th rowspan="2">기준 학과</th></tr>
<tr><th>전문 공통</th><th>전공 일반</th><th>전공 실무</th></tr>
<tr><td></td><td></td><td>프로그래밍
자료 구조
알고리즘 설계
컴퓨터 시스템 일반
컴퓨터 네트워크
인공지능 일반
사물 인터넷과 센서 제어</td><td>빅 데이터 분석
데이터베이스 프로그래밍
정보 보호 관리
사물 인터넷 서비스 기획
시스템 관리 및 지원
인공지능 모델링
컴퓨터 보안</td><td></td></tr>
<tr><td>환경·안전·소방</td><td></td><td>인간과 환경
환경 화학 기초
환경 기술
환경과 생태
산업 안전 보건 기초
소방 기초
소방 법규
소방 건축
소방 기계
소방 전기</td><td>대기 관리
수질 관리
폐기물 관리
소음 진동 관리
토양·지하수 관리
환경 유해 관리
환경 생태 복원 관리
기계 안전 관리
전기 안전 관리
건설 안전 관리
화공 안전 관리
가스 안전 관리
소방 시설 설계
소방 시설 공사
소방 안전 관리</td><td>환경과
산업안전과
소방과</td></tr>
<tr><td>농림·축산</td><td></td><td>농업 이해
농업 기초 기술
농업 경영
재배
농산물 유통
농산물 거래
관광 농업
친환경 농업
생명 공학 기술
농업 정보 관리
농업 창업 일반
원예
생산 자재
조경 식물 관리
화훼 장식 기초
산림 휴양
산림 자원
임산 가공
조림
조경
동물 자원
반려동물 관리
곤충 산업 일반
농업 기계
농업 기계 공작
농업 기계 운전 작업</td><td>수도작 재배
전특작 재배
육종
종자 생산
농촌 체험 상품 개발
농촌 체험 시설 운영
스마트 팜 운영
채소 재배
과수 재배
화훼 재배
화훼 장식
버섯 재배
임업 종묘
산림 조성
산림 보호
임산물 생산
목재 가공
펄프·종이 제조
조경 설계
조경 시공
조경 관리
종축
수의 보조
애완동물 미용
젖소 사육
돼지 사육
가금 사육
한우 사육
말 사육
곤충 사육
농업용 기계 설치·정비
농업 생산 환경 조성</td><td>농업과
원예과
산림자원과
조경과
동물자원과
농업기계과
농업토목과</td></tr>
</table>

교과(군)	선택 과목			기준 학과
	전문 공통	전공 일반	전공 실무	
		농업용 전기·전자 농업 토목 제도·설계 농업 토목 시공·측량 농업 생산 환경 일반		
수산·해운		해양의 이해 수산·해운 산업 기초 해양 생산 일반 해양 오염·방제 전자 통신 운용 어선 전문 수산 일반 수산 생물 수산 양식 일반 수산 경영 수산물 유통 양식 생물 질병 관상 생물 기초 수산 해양 창업 활어 취급 일반 해양 레저 관광 요트 조종 잠수 기술 항해 기초 해사 일반 해사 법규 선박 운용 선화 운송 항만 물류 일반 해사 영어 항해사 직무 열기관 선박 보조 기계 선박 전기·전자 기관 실무 기초 기관 직무 일반	근해 어업 원양 어업 해면 양식 수산 종묘 생산 내수면 양식 수산 질병 관리 수상 레저 기구 조종 일반 잠수 산업 잠수 어촌 체험 상품 개발 어촌 체험 시설 운영 선박 통신 선박 갑판 관리 선박 운항 관리 선박 안전 관리 선박 기기 운용 기관사 직무 선박 기관 정비 선박 보조 기계 정비	해양생산과 수산양식과 해양레저과 항해과 기관과
융복합·지식 재산		스마트 공장 일반 스마트 공장 운용 스마트 공장 설계와 구축 발명·특허 기초 발명과 기업가 정신 발명과 디자인 발명과 메이커	스마트 설비 실무 특허 정보 조사·분석 특허 출원의 실제 지식 재산 관리	스마트공장과 발명특허과

• 전문 교과의 과목 기본 학점 및 증감 범위는 시·도 교육감이 정한다.

나. 교육과정 편성·운영 기준

1) 공통 사항

가) 고등학교 교육과정의 총 이수 학점은 192학점이며 교과(군) 174학점, 창의적 체험활동 18학점(288시간)으로 편성한다.

나) 학교는 학생이 3년간 이수할 수 있는 과목을 학기별로 편성하여 학생과 학부모에게 안내한다.

다) 학교는 학생이 자신의 진로에 적합한 과목을 이수할 수 있도록 진로·학업 설계 지도와 연계하여 선택 과목에 대한 정보를 적극적으로 안내한다.

라) 과목의 이수 시기와 학점은 학교에서 자율적으로 편성·운영하되, 다음의 각호를 따른다.

(1) 학생이 학기 단위로 과목을 이수할 수 있도록 편성·운영한다.

(2) 공통 과목은 해당 교과(군)의 선택 과목 이수 전에 편성·운영하는 것을 원칙으로 한다.

(3) 학생의 발달 수준 등을 고려하여 공통수학1, 2와 공통영어1, 2를 기본수학1, 2와 기본영어1, 2로 대체하여 이수하도록 편성·운영할 수 있다. 이와 관련된 구체적인 사항은 시·도 교육감이 정하는 지침에 따른다.

(4) 선택 과목 중에서 위계성을 갖는 과목의 경우, 계열적 학습이 가능하도록 편성한다. 단, 학교의 실정 및 학생의 요구, 과목의 성격에 따라 탄력적으로 편성·운영할 수 있다.

마) 학교는 학생의 학업 부담을 완화하고 깊이 있는 학습이 이루어질 수 있도록 학기당 이수하는 학점을 적정하게 편성한다.

바) 학교는 학생의 필요와 학업 부담을 고려하여 교과(군) 총 이수 학점을 초과 이수하는 학점이 적정화되도록 하며, 특수 목적 고등학교는 특수 목적 고등학교 선택 과목에 한하여, 특성화 고등학교 및 산업수요 맞춤형 고등학교는 전문 교과의 과목에 한하여 초과 이수할 수 있다.

사) 학교는 일정 규모 이상의 학생이 이 교육과정에 제시된 선택 과목의 개설을 요청할 경우 해당 과목을 개설해야 한다. 이와 관련된 구체적

인 사항은 시·도 교육감이 정하는 지침에 따른다.

아) 학교는 다양한 방식으로 학생의 선택 과목 이수 기회를 확대하기 위해 노력하되, 다음의 각호를 따른다.

(1) 학교에서 개설하지 않은 선택 과목 이수를 희망하는 학생이 있을 경우 그 과목을 개설한 다른 학교에서의 이수를 인정한다. 이와 관련된 구체적인 사항은 시·도 교육감이 정하는 지침에 따른다.

(2) 학교는 필요에 따라 이 교육과정에 제시되어 있는 과목 외에 새로운 과목을 개설할 수 있다. 이 경우 시·도 교육감이 정하는 지침에 따라 사전에 필요한 절차를 거쳐야 한다.

(3) 학교는 학생의 필요에 따라 지역사회 기관에서 이루어진 학교 밖 교육을 과목 또는 창의적 체험활동으로 이수를 인정한다. 이와 관련된 구체적인 사항은 시·도 교육감이 정하는 지침에 따른다.

(4) 학교는 필요에 따라 대학 과목 선이수제의 과목을 개설할 수 있고, 국제적으로 공인된 교육과정이나 과목을 개설할 수 있다. 이와 관련된 구체적인 사항은 시·도 교육감이 정하는 지침에 따른다.

자) 학교는 창의적 체험활동의 영역을 학생의 발달 수준, 학교의 여건 등을 고려하여 자율적으로 편성·운영하고, 학생의 진로 및 적성과 연계하여 다양한 활동이 이루어질 수 있도록 한다.

차) 학교는 학생이 교과 및 창의적 체험활동의 이수 기준을 충족한 경우 학점 취득을 인정한다. 이수 기준은 출석률과 학업성취율을 반영하여 설정하며, 이와 관련된 구체적인 사항은 교육부 장관이 정하는 지침에 따른다.

카) 학교는 과목별 최소 성취수준을 보장하기 위해 학교의 여건 등을 고려하여 다양한 방식으로 예방·보충 지도를 실시한다.

타) 학교는 학교급 전환 시기에 학교급 간 연계 및 진로 교육을 강화하는 진로연계교육을 편성·운영한다.

(1) 학교는 학생의 진로·학업 설계 지도를 위해 교과와 창의적 체험활동 시간을 활용하여 진로연계교육을 자율적으로 운영한다.

(2) 졸업을 앞둔 시기에 교과와 창의적 체험활동 시간을 활용하여 대학 생활에 대한 이해, 대학 선이수 과목, 사회생활 안내와 적응 활

동 등을 운영한다.

파) 학교는 특수교육 대상 학생을 위해 필요시 특수교육 전문 교과의 과목을 개설할 수 있다. 이 경우 진로 선택 과목 또는 융합 선택 과목으로 편성한다.

2) 일반 고등학교

가) 교과(군) 174학점 중 필수 이수 학점은 84학점으로 한다. 단, 필요한 경우 학교는 학생의 진로 및 발달 수준 등을 고려하여 필수 이수 학점 수를 학생별로 다르게 정할 수 있으며, 이와 관련된 구체적인 사항은 시·도 교육감이 정하는 지침에 따른다.

나) 학교는 교육과정을 보통 교과 중심으로 편성하되, 필요에 따라 전문 교과의 과목을 개설할 수 있다. 이 경우 진로 선택 과목으로 편성한다.

다) 학교가 제2외국어 과목을 개설할 경우, 2개 이상의 과목을 동시에 개설하도록 노력해야 한다.

라) 학교가 필요에 따라 이 교육과정에 제시되어 있는 과목 외에 새로운 과목을 개설할 경우 진로 선택 과목 또는 융합 선택 과목으로 편성한다.

마) 학교는 교육과정을 특성화하기 위해 특정 교과를 중심으로 중점학교를 운영할 수 있다. 이 경우 자율 이수 학점의 30% 이상을 해당 교과(군)의 과목으로 편성하도록 권장하며, 이와 관련된 구체적인 사항은 시·도 교육감이 정하는 지침에 따른다.

바) 학교는 직업교육 관련 학과를 설치·운영하거나 직업 위탁 과정을 운영할 수 있다. 이 경우 특성화 고등학교와 산업수요 맞춤형 고등학교의 학점 배당 기준을 적용할 수 있으며, 이와 관련된 구체적인 사항은 시·도 교육감이 정하는 지침에 따른다.

3) 특수 목적 고등학교(산업수요 맞춤형 고등학교 제외)

가) 교과(군) 174학점 중 필수 이수 학점은 75학점으로 하고, 자율 이수 학점 중 68학점 이상을 특수 목적 고등학교 전공 관련 선택 과목으로

편성한다.

나) 이 교육과정에 제시되지 않은 계열의 교육과정은 유사 계열의 교육과정에 준한다. 부득이 새로운 계열을 설치하고 그에 따른 교육과정을 편성할 경우에는 시·도 교육감이 정하는 지침에 따라 사전에 필요한 절차를 거쳐야 한다.

다) 학교는 필요에 따라 전문 교과의 과목을 개설할 수 있다. 이 경우 진로 선택 과목으로 편성한다.

라) 학교가 필요에 따라 이 교육과정에 제시되어 있는 과목 외에 새로운 과목을 개설할 경우 진로 선택 과목 또는 융합 선택 과목으로 편성한다.

4) 특성화 고등학교와 산업수요 맞춤형 고등학교

가) 학교는 산업수요와 직업의 변화를 고려하여 학과를 개설하고, 학과별 인력 양성 유형, 학생의 취업 역량과 경력 개발 등을 고려하여 학생이 직업기초능력 및 직무능력을 함양할 수 있도록 교육과정을 편성·운영한다.

(1) 교과(군)의 총 이수 학점 174학점 중 보통 교과의 필수 이수 학점은 64학점, 전문 교과의 필수 이수 학점은 80학점으로 한다. 단, 필요한 경우 학교는 학생의 진로 및 발달 수준 등을 고려하여 필수 이수 학점을 학생별로 다르게 정할 수 있으며, 이와 관련된 구체적인 사항은 시·도 교육감이 정하는 지침에 따른다.

(2) 학교는 두 개 이상의 교과(군)의 과목을 선택하여 전문 교과를 편성·운영할 수 있다.

(3) 학교는 모든 교과(군)에서 요구되는 전문 공통 과목을 학교 여건과 학생 요구를 반영하여 편성·운영할 수 있다.

(4) 전공 실무 과목은 국가직무능력표준의 성취기준에 적합하게 교수·학습이 이루어지도록 하며, 내용 영역인 능력단위 기준으로 평가한다.

나) 학교는 학과를 운영할 때 필요한 경우 세부 전공, 부전공 또는 자격 취득 과정을 개설할 수 있다. 이와 관련된 구체적인 사항은 시·도 교

육감이 정하는 지침에 따른다.

다) 전문 교과의 기초가 되는 과목을 선택하여 이수할 경우, 이와 관련되는 보통 교과의 선택 과목 이수로 간주할 수 있다.

라) 내용이 유사하거나 관련되는 보통 교과의 선택 과목과 전문 교과의 과목을 교체하여 편성·운영할 수 있다. 이 경우 시·도 교육감이 정하는 지침에 따라 사전에 필요한 절차를 거쳐야 한다.

마) 학교는 산업계의 수요 등을 고려하여 전문 교과의 교과 내용에 주제나 내용 요소를 추가하여 구성할 수 있다. 단, 전공 실무 과목의 경우에는 국가직무능력표준에 기반을 두어야 하며, 학교 및 학생의 필요에 따라 내용 영역(능력단위) 중 일부를 선택하여 운영할 수 있다.

바) 다양한 직업적 체험과 현장 적응력 제고 등을 위해 학교에서 배운 지식과 기술을 경험하고 적용하는 현장 실습을 교육과정에 포함하여 운영한다.

(1) 현장 실습은 교육과정과 관련된 직무를 경험할 수 있도록 운영한다. 특히, 산업체를 기반으로 실시하는 현장 실습은 학생이 참여 여부를 선택하도록 하되, 학교와 산업계가 현장 실습 프로그램을 공동으로 개발하고 현장 실습의 과정과 결과를 평가하도록 한다.

(2) 현장 실습은 지역사회 기관들과 연계하여 다양한 형태로 운영할 수 있으며, 이와 관련된 구체적인 사항은 시·도 교육감이 정하는 지침에 따른다.

사) 학교는 실습 관련 과목을 지도할 경우 사전에 수업 내용과 관련된 산업안전보건 등에 대한 교육을 실시해야 하고, 안전 장구 착용 등 안전 조치를 취한다.

아) 창의적 체험활동은 학생의 진로 및 경력 개발, 인성 계발, 취업 역량 제고 등을 목적으로 프로그램을 운영할 수 있다.

자) 이 교육과정에 제시되지 않은 교과(군)의 교육과정은 유사한 교과(군)의 교육과정에 준한다. 부득이 새로운 교과(군)의 설치 및 그에 따른 교육과정을 편성·운영하고자 할 경우에는 시·도 교육감이 정하는 지침에 따라 사전에 필요한 절차를 거쳐야 한다.

차) 학교가 필요에 따라 이 교육과정에 제시되어 있는 과목 외에 새로운

전공 실무 과목을 개설하여 운영할 경우 국가직무능력표준에 기반을 두어야 하며, 이 경우 시·도 교육감이 정하는 지침에 따라 사전에 필요한 절차를 거쳐야 한다.

카) 산업수요 맞춤형 고등학교는 산업계의 수요와 직접 연계된 맞춤형 교육과정 운영이 가능하도록 교육과정 편성·운영의 자율권을 부여하고, 이와 관련된 구체적인 사항은 시·도 교육감이 정하는 지침에 따른다.

5. 특수한 학교

가. 초·중·고등학교에 준하는 학교의 교육과정은 이 교육과정에 따라서 편성·운영한다.

나. 국가가 설립 운영하는 학교의 교육과정은 해당 시·도 교육청의 편성·운영 지침을 참고하여 학교장이 편성한다.

다. 고등공민학교, 고등기술학교, 근로 청소년을 위한 특별 학급 및 산업체 부설 중·고등학교, 기타 특수한 학교는 이 교육과정을 바탕으로 학교의 실정과 학생의 특성에 알맞은 학교 교육과정을 편성하고, 시·도 교육감의 승인을 얻어 운영한다.

라. 야간 수업을 하는 학교의 교육과정은 이 교육과정을 따르되, 다만 1시간의 수업을 40분으로 단축하여 운영할 수 있다.

마. 방송통신중학교 및 방송통신고등학교는 이 교육과정에 제시된 중학교 및 고등학교 교육과정을 따르되, 시·도 교육감의 승인을 얻어 이 교육과정의 편제와 시간·학점 배당 기준을 다음과 같이 조정하여 운영할 수 있다.

1) 편제와 시간·학점 배당 기준은 중학교 및 고등학교 교육과정에 준하되, 중학교는 2,652시간 이상, 고등학교는 152학점 이상 이수하도록 한다.

2) 학교 출석 수업 일수는 연간 20일 이상으로 한다.

바. 자율학교, 재외한국학교 등 법령에 따라 교육과정 편성·운영의 자율성이 부여되는 학교와 특성화 중학교의 경우에는 학교의 설립 목적 및 특성에 따른 교육이 가능하도록 교육과정 편성·운영의 자율권을 부여하고, 이와 관련한 구체적인 사항은 시·도 교육감(재외한국학교의 경우 교육부 장관)

이 정하는 지침에 따른다.

사. 효율적인 학교 운영을 위해 통합하여 운영하는 학교의 경우에는 이 교육과정을 따르되, 학교의 실정과 학생의 특성에 맞는 학교 교육과정을 운영할 수 있도록 교육과정 편성·운영의 자율권을 부여하고 이와 관련된 구체적인 사항은 시·도 교육감이 정하는 지침에 따른다.

아. 교육과정의 연구 등을 위해 새로운 방식으로 교육과정을 편성·운영하고자 하는 학교는 교육부 장관의 승인을 받아 이 교육과정의 기준과는 다르게 학교 교육과정을 편성·운영할 수 있다.

Ⅳ. 학교 교육과정 지원

이 장에서는 학교 교육과정의 충실한 설계와 운영을 위해 국가와 시·도 교육청 수준에서 이루어져야 하는 행·재정적 지원 사항들을 유형별로 제시한다.

- '교육과정의 질 관리'에서는 학교 교육과정의 질 관리와 개선을 위한 지원 사항을 제시한다.
- '학습자 맞춤교육 강화'에서는 다양한 특성을 가진 학습자들의 학습을 지원하는 데 필요한 사항을 제시한다.
- '학교의 교육 환경 조성'에서는 변화하는 교육 환경에 대응하여 학생들의 역량과 소양을 함양하는 데 필요한 지원 사항을 제시한다.

1. 교육과정 질 관리

가. 국가 수준의 지원

1) 이 교육과정의 질 관리를 위하여 주기적으로 학업 성취도 평가, 교육과정 편성·운영에 관한 평가, 학교와 교육 기관 평가를 실시하고 그 결과를 교육과정 개선에 활용한다.

가) 교과별, 학년(군)별 학업 성취도 평가를 실시하고, 평가 결과는 학생의 학습 지원, 학력의 질 관리, 교육과정의 적절성 확보 및 개선 등에 활용한다.

나) 학교의 교육과정 편성·운영과 교육청의 교육과정 지원 상황을 파악하기 위하여 학교와 교육청에 대한 평가를 주기적으로 실시한다.

다) 교육과정에 대하여 조사, 분석 및 점검을 실시하고 그 결과를 교육과정 개선에 반영한다.

2) 교육과정 편성·운영과 지원 체제의 적절성 및 실효성을 평가하기 위한 연구를 수행한다.

나. 교육청 수준의 지원

1) 지역의 특수성, 교육의 실태, 학생·교원·주민의 요구와 필요 등을 반영하여 교육청 단위의 교육 중점을 설정하고, 학교 교육과정 개발을 위한 시·도 교육청 수준 교육과정 편성·운영 지침을 마련하여 안내한다.

2) 시·도의 특성과 교육적 요구를 구현하기 위하여 시·도 교육청 교육과정 위원회를 조직하여 운영한다.

가) 이 위원회는 교육과정 편성· 운영에 관한 조사 연구와 자문 기능을 담당한다.

나) 이 위원회에는 교원, 교육 행정가, 교육학 전문가, 교과 교육 전문가, 학부모, 지역사회 인사, 산업체 전문가 등이 참여할 수 있다.

3) 학교 교육과정의 질 관리를 위해 각급 학교의 교육과정 편성·운영 실태를 정기적으로 파악하고, 교육과정 운영 지원 실태를 점검하여 효과적인 교육과정 운영과 개선에 필요한 지원을 한다.

가) 학교 교육과정 편성·운영 체제의 적절성 및 실효성을 높이기 위하여 학업 성취도 평가, 학교 교육과정 평가 등을 실시하고 그 결과를 교육과정 개선에 활용한다.

나) 교육청 수준의 학교 교육과정 지원에 대한 자체 평가와 교육과정 운영 지원 실태에 대한 점검을 실시하고 개선 방안을 마련한다.

2. 학습자 맞춤교육 강화

가. 국가 수준의 지원

1) 학교에서 학생의 성장과 성공적인 학습을 지원하는 평가가 원활히 이루어질 수 있도록 다양한 방안을 개발하여 학교에 제공한다.
   가) 학교가 교과 교육과정의 목표에 부합되는 평가를 실시할 수 있도록 교과별로 성취기준에 따른 평가기준을 개발·보급한다.
   나) 교과목별 평가 활동에 활용할 수 있는 다양한 평가 방법, 절차, 도구 등을 개발하여 학교에 제공한다.
2) 특성화 고등학교와 산업수요 맞춤형 고등학교가 기준 학과별 국가직무능력표준이나 직무분석 결과에 기초하여 학교의 특성 및 학과별 인력 양성 유형을 고려하여 교육과정을 편성·운영할 수 있도록 지원한다.
3) 학습 부진 학생, 느린 학습자, 다문화 가정 학생 등 다양한 특성을 가진 학생을 위해 필요한 지원 방안을 마련한다.
4) 특수교육 대상 학생에 대한 정당한 편의 제공을 위해 필요한 교수·학습 자료, 교육 평가 방법 및 도구 등의 제반 사항을 지원한다.

나. 교육청 수준의 지원

1) 지역 및 학교, 학생의 다양한 특성을 반영하여 학교 교육과정이 운영될 수 있도록 지원한다.
   가) 학교가 이 교육과정에 제시되어 있는 과목 외에 새로운 교과목을 개설·운영할 수 있도록 관련 지침을 마련한다.
   나) 통합운영학교 관련 규정 및 지침을 정비하고, 통합운영학교에 맞는 교육과정 운영이 이루어질 수 있도록 지원한다.
   다) 학교 밖 교육이 지역 및 학교의 여건, 학생의 희망을 고려하여 운영될 수 있도록 우수한 학교 밖 교육 자원을 발굴·공유하고, 질 관리에 힘쓴다.
   라) 개별 학교의 희망과 여건을 반영하여 필요한 경우 공동으로 교육과정

을 운영할 수 있도록 지원한다.

마) 지역사회와 학교의 여건에 따라 초등학교 저학년 학생을 학교에서 돌볼 수 있는 기능을 강화하고, 이에 대해 행·재정적 지원을 한다.

바) 학교가 학생과 학부모의 요구에 따라 방과 후 또는 방학 중 활동을 운영할 수 있도록 행·재정적 지원을 한다.

2) 학생의 진로 및 발달적 특성을 고려하여 자신의 진로를 스스로 설계해 갈 수 있도록 다양한 방안을 마련하여 지원한다.

가) 학교급과 학생의 발달적 특성에 맞는 진로 활동 및 학교급 간 연계 교육을 강화하는 데 필요한 지원을 한다.

나) 학교급 전환 시기 진로연계교육을 위한 자료를 개발·보급하고, 각 학교급 교육과정에 대한 교사의 이해 증진 및 학교급 간 협력 관계 구축을 위한 지원을 확대한다.

다) 중학교 자유학기 운영을 지원하기 위해 각종 자료의 개발·보급, 교원의 연수, 지역사회와의 연계가 포함된 자유학기 지원 계획을 수립하여 추진한다.

라) 고등학교 교육과정이 학점을 기반으로 내실 있게 운영될 수 있도록 각종 자료의 개발·보급, 교원의 연수, 학교 컨설팅, 최소 성취수준 보장, 지역사회와의 연계 등 지원 계획을 수립하여 추진한다.

마) 인문학적 소양 및 통합적 읽기 능력 함양을 위해 독서 활동을 활성화하도록 다양한 지원을 한다.

3) 학습자의 다양성을 존중하고 학습 소외 및 교육 격차를 방지할 수 있도록 맞춤형 교육을 지원한다.

가) 지역 간, 학교 간 교육 격차를 완화할 수 있도록 농산어촌학교, 소규모 학교에 대한 지원 체제를 마련한다.

나) 모든 학생이 학습에서 소외되지 않도록 교육공동체가 함께 협력하여 학생 개개인의 필요와 요구에 맞는 맞춤형 교육 활동을 계획하고 실행할 수 있도록 지원한다.

다) 전·입학, 귀국 등에 따라 공통 교육과정의 교과와 고등학교 공통 과목을 이수하지 못한 학생들이 해당 과목을 이수할 수 있도록 다양한 기회를 마련해 주고, 학생들이 공공성을 갖춘 지역사회 기관을 통해 이수

한 과정을 인정해 주는 방안을 마련한다.

라) 귀국자 및 다문화 가정 학생을 포함하는 다양한 배경의 학생들이 그들의 교육 경험의 특성과 배경에 의해 이 교육과정을 이수하는 데 어려움이 없도록 지원한다.

마) 특정 분야에서 탁월한 재능을 보이는 학생, 학습 부진 학생, 특수교육 대상 학생들을 위한 교육 기회를 마련하고 지원한다.

바) 통합교육 실행 및 개선을 위해 교사 간 협력 지원, 초·중학교 교육과정과 특수교육 교육과정을 연계할 수 있는 자료 개발 및 보급, 관련 연수나 컨설팅 등을 제공한다.

3. 학교의 교육 환경 조성

가. 국가 수준의 지원

1) 교육과정 자율화·분권화를 바탕으로 교육 주체들이 각각의 역할과 책임을 충실하게 수행할 수 있는 협조 체제를 구축하고 지원한다.
2) 시·도 교육청의 교육과정 지원 활동과 단위 학교의 교육과정 편성·운영 활동이 상호 유기적으로 이루어질 수 있도록 행·재정적 지원을 한다.
3) 이 교육과정이 교육 현장에 정착될 수 있도록 교육청 수준의 교원 연수와 전국 단위의 교과 연구회 활동을 적극적으로 지원한다.
4) 디지털 교육 환경 변화에 부합하는 미래형 교수·학습 방법과 평가체제 구축을 위해 교원의 에듀테크 활용 역량 함양을 지원한다.
5) 학교 교육과정이 원활히 운영될 수 있도록 학교 시설 및 교원 수급 계획을 마련하여 제시한다.

나. 교육청 수준의 지원

1) 학교가 이 교육과정에 근거하여 학교 교육과정을 편성·운영할 수 있도록 다음의 사항을 지원한다.

   가) 학교 교육과정 편성·운영을 위해서 교육 시설, 설비, 자료 등을 정비하고 확충하는 데 필요한 행·재정적 지원을 한다.

나) 복식 학급 운영 등 소규모 학교의 정상적인 교육과정 운영을 지원하기 위해 교원의 배치, 학생의 교육받을 기회 확충 등에 필요한 행·재정적 지원을 한다.

다) 수준별 수업을 효율적으로 운영하도록 지원하며, 기초학력 향상과 학습 결손 보충이 가능하도록 보충 수업을 운영하는 데 필요한 행·재정적 지원을 한다.

라) 학교 교육활동 전반에 걸쳐 종합적인 안전교육 계획을 수립하고 사고 예방을 위한 행·재정적 지원을 한다.

마) 고등학교에서 학생의 과목 선택권을 보장할 수 있도록 교원 수급, 시설 확보, 유연한 학습 공간 조성, 프로그램 개발 등 필요한 행·재정적 지원을 한다.

바) 특성화 고등학교와 산업수요 맞춤형 고등학교가 산업체와 협력하여 특성화된 교육과정과 실습 과목을 편성·운영하는 경우, 학생의 현장 실습과 전문교과 실습이 안전하고 내실 있게 운영될 수 있도록 행·재정적 지원을 한다.

2) 학교가 새 학년도 시작에 앞서 교육과정 편성·운영에 관한 계획을 수립할 수 있도록 교육과정 편성·운영 자료를 개발·보급하고, 교원의 전보를 적기에 시행한다.

3) 교과와 창의적 체험활동 등에 필요한 교과용 도서의 개발, 인정, 보급을 위해 노력한다.

4) 학교가 지역사회의 관계 기관과 적극적으로 연계·협력해서 교과, 창의적 체험활동, 학교스포츠클럽활동, 자유학기 등을 내실 있게 운영할 수 있도록 지원하며, 관내 학교가 활용할 수 있는 우수한 지역 자원을 발굴하여 안내한다.

5) 학교 교육과정의 효과적 운영을 위하여 학생의 배정, 교원의 수급 및 순회, 학교 간 시설과 설비의 공동 활용, 자료의 공동 개발과 활용에 관하여 학교 간 및 시·도 교육(지원)청 간의 협조 체제를 구축한다.

6) 단위 학교의 교육과정 편성·운영 및 교수·학습, 평가를 지원할 수 있도록 교원 연수, 교육과정 컨설팅, 연구학교 운영 및 연구회 활동 지원 등에 대한 계획을 수립하여 시행한다.

가) 교원의 학교 교육과정 편성·운영 능력과 교과 및 창의적 체험활동에 대한 교수·학습, 평가 역량을 제고하기 위하여 교원에 대한 연수 계획을 수립하여 시행한다.

나) 학교 교육과정의 효율적인 편성·운영을 지원하기 위해 교육과정 컨설팅 지원단 등 지원 기구를 운영하며 교육과정 편성·운영을 위한 각종 자료를 개발하여 보급한다.

다) 학교 교육과정 편성·운영의 개선과 수업 개선을 위해 연구학교를 운영하고 연구 교사제 및 교과별 연구회 활동 등을 적극적으로 지원한다.

7) 온오프라인 연계를 통한 효과적인 교수·학습과 평가가 이루어질 수 있도록 하며, 지능정보기술을 활용한 맞춤형 수업과 평가가 가능하도록 지원한다.

가) 원격수업을 효과적으로 지원하기 위해 학교의 원격수업 기반 구축, 교원의 원격수업 역량 강화 등에 필요한 행·재정적 지원을 한다.

나) 수업 설계·운영과 평가에서 다양한 디지털 플랫폼과 기술 및 도구를 효율적으로 활용할 수 있도록 시설·설비와 기자재 확충을 지원한다.

참고문헌

국가교육과정정보센터(National Curriculum Information Center: NCIC) http://www.ncic.re.kr/

교육부(2009). 2009 개정 교육과정 총론(교육부고시 제2009-41호).

교육부(2015). 2015 개정 교육과정 총론(교육부고시 제2015-74호).

교육과학기술부 편(2010). 초·중·고등학교 국가수준 교육과정의 변천.

곽영우 외(1996). 교사론. 서울: 교육과학사.

권낙원, 민용성, 한희정, 최화숙, 이재철(2012). 교육과정. 서울: 동문사.

권낙원, 김민환, 한승록, 추광재(2011). 교사를 위한 교육과정론. 경기: 공동체.

김대현, 김석우(2007). 교육과정 및 교육평가. 서울: 학지사.

김재춘, 부재율, 소경희, 채선희(2002). 예비·현직교사를 위한 교육과정과 교육평가(개정판). 경기: 교육과학사.

김종서(1987). 잠재적 교육과정의 이론과 실제. 경기: 교육과학사.

김종서, 이영덕, 황정규, 이홍우(1988). 교육과정과 교육평가. 경기: 교육과학사.

김진규(2015). 교육과정과 교육평가(제3판). 서울: 동문사.

김희수(2007). 글로벌시대의 인간자원개발론. 서울: 원미사.

김희수(2009). 교육방법 및 교육공학. 서울: 일문사.

김희수, 최정선, 홍성훈(2015). 교육학개론. 서울: 동문사.

김희수(2017). 교육심리학. 서울: 동문사.

박승배(2002). 교육과정학의 이해: 역사적 접근. 경기: 양서원.

박창언(2018). 현대 교육과정학. 서울: 학지사.

손충기(2006). 교육과정과 교육평가. 서울: 태영출판사.

오만록(2012). 교육과정론(제3판). 서울: 동문사.

오만록(2021). 교육과정론(제6판). 서울: 동문사.

이성호(1982). 교육과정: 개발전략과 절차. 서울: 문음사.

이성호(2010). 교육과정론. 서울: 양서원.

이홍우(1986). 교육과정 탐구. 서울: 박영사.

임창재(1999). 교육심리학. 서울: 학지사.

이지원 편(2019). 교육학논술(I). 서울: 동문사.

정종진(1999). 교육평가의 이해. 경기: 양서원.

정찬기오, 문승환(1997). **교육과정 및 교육평가 특론**. 경기: 교육과학사.

정찬기오, 문승환, 이광우, 김훈희, 양은진, 정다운(2014). **교육과정 개발과 수업설계: 교육공학적 접근**. 경기: 양서원.

전성연 편(2011). **교수-학습의 이론적 탐색**. 서울: 원미사.

진영은(2005). **교육과정 이론과 실제**. 서울: 학지사.

한혜정, 조덕주(2016). **교육과정**. 서울: 학지사.

함종규(1981). **학습지도의 이론과 실제**. 서울: 숙명여자대학교출판부.

황정규(1988). **학교학습과 교육평가**. 경기: 교육과학사.

황정규(1998). **학교학습과 교육평가(개정판)**. 경기: 교육과학사.

황정규(1999). **교육측정·평가의 새 지평**. 경기: 교육과학사.

홍후조(2011). **알기쉬운 교육과정**. 서울: 학지사.

Adler, M. J.(1984). *The Program*. New York: Macmillan.

Allport, G.(1961). *Pattern and Growth in Personality*. New york: Holt, Rinehart & Iston.

Allport, G. W.(1962). Psychological model of Guidance. *Harvard Educational Review, 32*(4), 373-381.

Allport, G.(1961). *Pattern and growth in personality*. New York: Holt, Rinehart and winston, Inc.

Apple, M. W.(1979). *Ideology and Curriculum*. London: Routledge & Kegan Paul.

Ames, C., Ames, R., & Felker, D. W.(1977). Effects of competitive reward structure and valence of outcome on children's achievement attributions. *Journal of Educational Psychology, 69*, 1-8.

Amstrong, D. G. et al.(1978). *Education: An Introduction*. New York: Macmillan Publishing Co., Inc.

Ausubel, D. P.(1963). *The Psychology of Meaningful Verbal Learning: An Introduction to School to Learning*. New York: Grune & Stratton, Inc.

Bandura, A.(1977). Self-efficacy: Toward a unified theory of behavioral change. *Psychological Review. 84*, 191-215.

Baumrind, D.(1978). A dialectical materist's perspective on knowing social reality. In W. Damon(Ed.), *New directions for child development: Moral*

Development(No. 2, pp.61~82). San Francisco: Jossey-Bass.

Berrie, P. J.(1976). *Needs Assessment*. Ankeny, Iowa: Area Ⅱ Education Agency.

Bestor, A.(1956). *The Restoration of Learning*. New York: Alfred A. Knopf.

Bobbitt, J. F.(1918). *The Curriculum*. Boston: Houghton-Mifflin.

Borich, G. D., & Tombari, M. L.(1995). *Educational Psychology*. Harper Collins College Publisher.

Bowlby, J.(1969). *Attachment and Loss*. New York: Hogarth Press.

Breland, K., & Breland, M.(1961). The Misbehavior of Organisms. *American Psychologist, 16*, 681-684.

Brophy, J. E.(1983). Research on the self-fulfilling prophecy and teacher expectations. *Jouranal of Educational Psychology, 75*(5), 631-661.

Brophy, J. E., & Evertson, C. M.(1976). *Learning from Teaching: A Developmental Perspective*. Boston: Allyn and Bacon.

Brophy, J. E., & Good, J. L.(1974): T*eacher-student Relationships: Causes and Consequences*. New York: Holt, Rinehart and Wiston.

Bruner, J. S.(1966). *Toward a theory of Instruction*. Cambridge, Mass.: Belknap Press.

Bruno, F. J.(1977). *Human Adjustment and Personal Growth: Seven Pathways*. New York: John Wiley & Sons.

Caswell, H. L., & Campbell, D. S.(1935). *Curriculum Development*. New York: American Book.

Colby, A., & Kohlberg, L.(1987). *The measurement of moral judgement*(Vols. 1~2). New York: Cambridge University Press.

Combs, A. W.(1962). *Perceiving, Behaving, Becoming: Humanistic Approach to the Study of Persons*. 1962 Yearbook. Washington, D. C.: Association for Supper vision and Curriculum Development.

Combs, A. W.(1965). *The Professional Education of Teachers: A Perceptual View of Teacher Preparation*. Boston: Allyn & Bacon, Inc.

Cooper, H. M., & Baron, R. M.(1977). Academic expectations and attributed Responsibility as Predictors of Professional Teacher's Reinforcement Behavior. *Journal of Educational Psychology, 68*, 409-418.

Cronbach, L. J.(1977). *Educational Psychology*. New York: Harcourt Brace Jovanvich, Inc.

Cronbach, L. J., & Snow, R. E.(1977). *Aptitudes and Instructional Methods: A Handbook for Research on Interactions*. New York: Irvington.

David, E. H., & Edumund, V. S.(1974). *Between Psychology and Education*. Illinois: The Dryded Press.

Dembo, M. H.(1991). *Applying Educational Psychology in the Classroom*(4th ed.). Longman Publishing Group.

Eisner, E. W.(1979). *The Educational Imagination*. New York: Macmillan.

Finch, C.(1999). *Curriculum Development in Vocational and Technical Education*. Boston: Allyn and Bacon Inc.

Gagne, R. M.(1977). *The Conditions of Learning*. New York: Holt.

Gage, N. L., & Berliner, D. C.(1979). *Educational Psychology*(2rd ed.). Chicago: Rand McNally.

Gagne, R. M., & Paradise, N. E.(1961). *Abilities and Learning sets in Knowledge Adquistion*. Psychological Monographs, 75, 14.

Gagne, R. M.(1977). *The conditions of Learning*(3rd ed). New York: Holt, Rinehart and winston.

Gardner, H.(1983). *Frames of mind: The theory of multiple intelligences*. New York: Basic Books.

Gronlund, N. E.(1981). *Measurement and Evaluation in Teaching*(4th ed.). New York: Macmillan Publishing Co.. Inc.

Guilford, J. P.(1967). *The Nature of Human Intelligence*. New York: McGraw-Hill.

Hutchins, R. M.(1936). *The Higher Learning in America*. Conn.: Yale University Press.

Jackson, P. W.(1968). *Life is Classrooms*. New York: Holt, Rinehart & Winston.

Jung, C. G.(1954). *The Development of Personality*. New York: Pantheon.

Kahl, J. A.(1963). Education and Occupational Aspiration of Common Man and Boys. *Harvard Educational Review*, *23*, 186-203.

Kaufman, R. A., & English, F. W.(1979). *Needs Assessment: Concept and*

Application. Englewood Cliffs, N.J.: Education Technology Publication.

Lerner, R. M.(1978). Nature, Nurture, and dynamic interactionism. *Human Development, 21*, 1-20.

Russell, B.(1926). *On Education*. London: GAU.

Sternberg, R. J.(1986). *The triarchic mind: A new theory of human intelligence*. New York: Veking.

Taba, H.(1962). *Curriculum Development: Theory and Practice*. New York: Harcourt and World.

Tyler, R.(1949). *Basic Principles of Curriculum and Instruction*. Chicago: University of Chicago Press.

저자 소개

김희수

중앙대학교 대학원 교육학과 졸업(교육학박사)
현) 동원과학기술대학교 유아교육과 교수

황청일

연세대학교 대학원 교육학과 졸업(교육학박사)
현) 연성대학교 유아교육과 교수

정철민

성균관대학교 대학원 교육학과 졸업(교육학박사)
현) 경인여자대학교 교수

미래 교사를 위한

교육과정학

이론과 실제의 통합적 이해

초판 1쇄 인쇄 / 2025년 8월 20일
초판 1쇄 발행 / 2025년 8월 25일

•

공저자 / 김희수 · 황청일 · 정철민
발행인 / 이 중 수
발행처 / **동 문 사**

•

서울특별시 서대문구 홍제원 1길 12
(홍제동 137-8)
Tel : 02)736-3718(대), 736-3710, 3720
Fax : 02)736-3719
등록번호 : 1974.04.27 제9-17호
가격 : 25,000원

•

ISBN : 979-11-6328-671-4(93370)
E-mail : dong736@naver.com
www.dongmunsa.com